新相続法と信託で解決する
相続法務・税務
Q&A

税理士法人タクトコンサルティング
ほがらか信託株式会社　［共編］

JN048391

日本法令

はしがき

　2018年になされた民法の相続編の改正は、翌2019年7月1日から原則施行されています。この改正を受けた実務書がすでに多数出版されている中、あえて本書を出版することにしたのは、相続実務において法務と税務はいわば車の両輪であり、いずれか一方の知識・経験のみでは遂行し得ないこと、ますます多様化・複雑化する顧客ニーズに民法のみでは十分な対応が困難であり、ニーズに応えるには「信託」の活用が欠かせないことから、改正された相続法の下での実務上の留意点を実務家の方々にお伝えすることは、相続と信託に関する法務・税務についてこれまで多くの経験をさせていただいている者としての責務であるとの想いからでした。

　本書の共同編者である税理士法人タクトコンサルティングは、2007年改正信託法の施行間もないころから、資産税に関するプロフェッショナルとして民事信託に着目し、これを多数提案・実行してきました。2016年からは関連会社である株式会社タクトコンサルティングがほがらか信託株式会社の信託契約代理店登録を得て、商事信託・民事信託の使い分け／組合せにより、顧客の資産承継の課題を解決しています。

　また、ほがらか信託株式会社は、弁護士法人中村綜合法律事務所を母体とし、高齢者をメイン顧客とする管理型信託会社であり、受託者として多数の信託を引き受ける一方で、商事信託による引受け

が困難な案件については民事信託を積極的に提案し、かつ、設定後も信託の運営を支援し続けています。

　本書は、「信託」と「相続」を共通項としつつ、税理士法人タクトコンサルティングに所属する公認会計士・税理士、並びにほがらか信託株式会社及び中村綜合法律事務所に所属する弁護士が、互いの領分とするところについて、疑問に思っていることをぶつけ合い、それを全力で打ち返すことで、信託と相続に関する法務と税務についての理解を深め、各手法の選択／併用の指針になることを目指して執筆しました。

　第1部は新相続法と信託について法務の概要を、第2部は新相続法と信託について税務の概要を解説しています。また、第3部は新相続法の主な改正項目ごとにⅠ～Ⅴに分け（Ⅰ配偶者居住権等、Ⅱ預貯金の払戻し、Ⅲ自筆証書遺言、Ⅳ遺留分に関する見直し等、Ⅴ特別寄与料）、それぞれ最初に事例設定をした上で、その事例を解決する手段として新相続法により解決する場合の法務（**1**）・税務（**2**）、信託により解決する場合の法務（**3**）・税務（**4**）についてQ&A形式で解説しました。

　本書が実務家の皆様の執務に資することを願っています。

　なお、新相続法は、相続による承継に対抗要件主義を導入しました（民法899条の2）。これは信託の新しい活用の機縁になり得るものと考えていますが、研究はまだまだこれからとの認識の下、本書では詳しく扱っていません。

最後になりましたが、本書の刊行は、株式会社日本法令の絶大なるご支援の下に可能になりました。企画段階から校正・出版までご担当者の竹渕学さんのご尽力なくしては本書出版には至りませんでした。心よりお礼申し上げます。

　2020 年 1 月

税理士法人タクトコンサルティング
ほがらか信託株式会社

第1部 法務の概要

第2部 税務の概要

［信託による解決（遺言代用信託）］

Ⅲ 資産承継の方法の選択（自筆証書遺言）… 231

［新相続法による解決（自筆証書遺言）］

Ⅳ　同族会社の事業承継（遺留分に関する見直し等）…… 295

V　相続人以外の者への資産承継（特別寄与料）… 371

［新相続法による解決（特別寄与料）］

凡　例

本書中、法令・通達・判例・書籍の名称については、以下のとおり省略しております。

＜法令＞

法令名	略称
信託法	信法
相続税法	相法
所得税法	所法
消費税法	消法
租税特別措置法	措法
登録免許税法	登法
地方税法	地法
国税通則法	通法
相続税法施行令	相令
相続税法施行規則	相規
租税特別措置法施行令	措令
所得税法施行規則	所規
信託法施行規則	信規
社債、株式等の振替に関する法律	社債株式振替法
法務局における遺言書の保管等に関する法律	遺言書保管法

＊法令の表記
（例）租税特別措置法第 69 条の 4 第 3 項第 1 号
　　→　措法 69 の 4 ③一

<通達>

通達名	略称
相続税法基本通達	相基通
財産評価基本通達	財基通
所得税基本通達	所基通
法人税基本通達	法基通
消費税法基本通達	消基通
租税特別措置法（山林所得・譲渡所得関係）の取扱いについて／措置法第37条の10《一般株式等に係る譲渡所得等の課税の特例》・第37条の11《上場株式等に係る譲渡所得等の課税の特例》共通関係	措通

＊通達の表記
（例）相続税法基本通達 9-13 の 2
　　　→　　相基通 9-13 の 2

<判例>

判例集	略称
最高裁判所判例集	民集
最高裁判所裁判集民事	集民
家庭裁判所月報	家月
判例時報	判時
旬刊金融法務事情	金法
税務訴訟資料	税資

＊判例の表記（本文中、括弧内）
（例）最高裁昭和 29 年 4 月 8 日判決
　　　→　　最判昭 29.4.8

<書籍>

書籍名	略称
堂薗幹一郎・野口宣大「一問一答 新しい相続法──平成 30 年民法等（相続法）改正、遺言書保管法の解説」（商事法務）	一問一答
堂薗幹一郎・神吉康二「概説 改正相続法─平成 30 年民法等改正、遺言書保管法制定─」（きんざい）	堂薗
中込一洋「実務解説 改正相続法」（弘文堂）	中込
道垣内弘人編「条解信託法」（弘文堂）	条解
寺本昌弘「逐条解説 新しい信託法〔補訂版〕」（商事法務）	寺本
村松秀樹・鈴木秀昭・三木原聡・富澤賢一郎「概説 新信託法」（きんざい）	村松ほか
東京家庭裁判所家事第 5 部「家庭の法と裁判（Family Court Journal）号外 東京家庭裁判所家事第 5 部（遺産分割部）における相続法改正を踏まえた新たな実務運用」（日本加除出版）	家事部
潮見佳男「詳解 相続法」（弘文堂）	潮見

本書における前提

　本書の出版日現在において施行が予定されている民法の条文番号については、読みやすさを重視し、施行後の前提にて記載しております（例：民法1028）。

第1部

法務の概要

I 新相続法の法務

1 配偶者の居住権を保護するための方策

(1) 配偶者短期居住権

　本書で取り扱う新相続法（民法及び家事事件手続法の一部を改正する法律（平成 30 年法律第 72 号）、以下「新相続法」といいます）では、一方配偶者が死亡した際に、他方配偶者の居住を保護するための方策として、「配偶者は、被相続人の財産に属した建物に相続開始の時に無償で居住していた場合には、（中略）、その居住していた建物の所有権を相続又は遺贈により取得した者に対し、居住建物について無償で使用する権利を有する。」という配偶者短期居住権という制度が新設されました（民法 1037）。

　配偶者短期居住権とは、被相続人の配偶者が、相続開始時に被相続人所有の建物に無償で住んでいた場合に認められることとなった、一定期間、配偶者が居住建物を無償で使用することができる権利です。かねてより、判例は、単独所有者である一方配偶者（多くは夫）が死亡した場合に、残された他方配偶者（多くは妻）が居住建物に住み続けるため、一方配偶者を使用貸人、他方配偶者を使用借人とする、黙示の使用貸借契約の存在を推認して、その居住の保護を図っていました（最判平 8.12.17・民集 50 巻 10 号 2778 ペー

ジ）。新相続法では、この権利を法律上明文化し、かつ、その適用要件を明確にしています。

　ただし、過去の判例法理とは異なり、「居住建物について配偶者を含む共同相続人間で遺産の分割をすべき場合」であるか否か、言い換えれば、配偶者が遺産分割により居住建物の所有権を取得できる場合かそうでないかにより、配偶者居住権の存続期間や消滅の時期が異なることとされています。

　前者の場合（「居住建物について配偶者を含む共同相続人間で遺産の分割をすべき場合」）には、「遺産の分割により居住建物の帰属が確定した日又は相続開始の時から6箇月を経過する日のいずれか遅い日」までの間、配偶者短期居住権が発生するとされています。言い換えれば、最低6か月は配偶者の居住が保障され、その後は、遺産分割が成立するまでは配偶者短期居住権が認められることとなります。したがって、例えば一方配偶者の死亡後に遺産分割をせずに放置されている事案では、他方配偶者の居住は、この配偶者短期居住権に基づくものとして法的に整理することができると思われます。

　他方、後者の場合（「前号に掲げる場合以外の場合」）、具体的には遺贈等によって配偶者以外の者に居住用不動産の所有権が移転してしまっている場合には、「第3項の申入れの日から6箇月を経過する日」とされており、受贈者らが、配偶者居住権の消滅請求をした日から6か月で配偶者居住権が消滅するとされています。後者の場合には、受贈者らの使用収益の利益と、他方配偶者の居住の利益が先鋭に対立する場合があり得るため、消滅請求から6か月間の猶予を設けることによって、両者の調和を図ったものと思われます。

　以上のとおり、過去の判例法理とは細かな違いはありますが、いずれも、一方配偶者の死亡のみによって他方配偶者が過酷な状況に追い込まれることのないように配慮した規定として、今回の配偶者

短期居住権は制定されたものといえます。

(2) 配偶者居住権

　配偶者の居住権を保護する方策として、「配偶者は、被相続人の財産に属した建物に相続開始の時に居住していた場合において、（中略）、その居住していた建物の全部について無償で使用及び収益をする権利」という配偶者居住権が新設されました（民法1028）。この権利は、配偶者に、原則として終身（ただし、遺言等で別段の定めをした場合にはその期間）、居住建物の使用及び収益を認めることを内容とする法定の権利です。

　これまでの相続法では、配偶者が遺産分割後も居住建物に居住し続けたいのであれば、基本的には遺産分割時に居住建物の所有権自体を取得することが一般的でした。しかしながら、居住建物の評価が高い場合などは、法定相続分どおりに分割すると、配偶者は居住建物のみしか取得できず、老後の資金としてためていた預貯金を他の相続人に渡さざるを得ないという事態が生じ、配偶者にとって過酷な状況となり得る場合がありました。そこで、新相続法では、配偶者に所有権ではなく「配偶者居住権」という別の権利を取得させることによって、配偶者の居住をなるべく確保するべく、法定の権利を新設したものです。

　イメージとしては、所有権のもつ排他的独占権のうち、使用収益権のみを分離して独立の権利とし、①使用収益権と、②使用収益権を除く所有権とを、相続人間で分属させることを認めたものといえます。

　「配偶者短期居住権」と「配偶者居住権」は、いずれも配偶者の居住権を保護する方策として制定されたものであるうえ、文言上も「短期」が付くか付かないかという違いしかありません。他方、「配

偶者居住権」は遺産分割後の配偶者の居住を保護するためのものとして遺産分割や遺贈・死因贈与に際して問題となるものですが、「配偶者短期居住権」は配偶者死亡直後からの配偶者の居住を保護するために一定の要件の下に配偶者の居住建物の使用を権利として認めるものです。名前こそ似てはいますが、適用場面（相続開始後当然に問題となるのか、遺産分割時や遺贈・死因贈与時に問題となるのかの違い）、権利の及ぶ範囲、権利の消滅時期（前者は消滅請求権など消滅が観念されているものですが、後者は終身の権利として設定することもできます）、当事者の意思の要否（前者は法律上当然に発生する権利ですが、後者は遺産分割・遺贈・死因贈与時に一定の要件の下に発生させることのできる権利です）などといった点で大きな違いがあるといえます。

(3)　施　行　日

　配偶者短期居住権・配偶者居住権ともに、令和2年4月1日から施行されることとなります。特に、配偶者居住権を遺贈の対象とするためには、令和2年4月1日以降に遺言書を作成する必要がありますので、注意が必要です。

〈参考文献〉　一問一答9ページ以下、家事部62ページ以下、潮見316ページ以下

（玉置　大悟）

2 遺産分割等に関する見直し

(1)　持戻し免除の意思表示推定規定

　新相続法では、「婚姻期間が20年以上の夫婦の一方である被相続

人が、他の一方に対し、その居住の用に供する建物又はその敷地について遺贈又は贈与したときは、当該被相続人は、その遺贈又は贈与について第1項の規定を適用しない旨の意思を表示したものと推定する」（民法903④）として、一定の要件を満たす配偶者の受けた居住用不動産の遺贈・贈与について、「持戻し免除の意思表示」があったと推定する旨の規定を設けました。

20年以上婚姻を継続していた夫婦において居住用不動産を遺贈・贈与する場合には、通常、一方配偶者の死亡後の相手方配偶者の生活を保障する意図をもって遺贈・贈与する場合が多いといえます。しかし、遺産分割時にこの贈与・遺贈を特別受益として持ち戻して評価することを許容すると、配偶者の安定した生活に支障が出る可能性があり、被相続人の上記意図に反する場合が多いといえることから、このような制度が新設されたものです。

あくまで推定規定であるため、反証により覆すことも理論上は可能と考えられますが、対象が居住用不動産に限られていることからすれば、この推定を覆すだけの反証を他の相続人がすることは、容易ではないと考えられます。

(2) 遺産分割前の預貯金の払戻し制度

新相続法では、「各共同相続人は、遺産に属する預貯金債権のうち相続開始の時の債権額の3分の1に《法定相続分等》を乗じた額については、単独でその権利を行使することができる。」（民法909の2）として、遺産分割前の預貯金の一部の払戻しを認めました。

被相続人死亡後遺産分割前の預貯金の引出しについては、最高裁平成28年12月19日決定（民集70巻8号2121ページ）が預貯金についても遺産分割の対象となる旨を明示したため、「仮分割の仮処分」（家事事件手続法200③）以外の方法で遺産分割前に預貯金

の払戻しを受けることができなくなる可能性が高くなっていました。しかし、相続人の一部が被相続人の預貯金のみで生計を立てていた場合などには、突如預貯金が使用できなくなり、過酷な状況に追い込まれることとなりかねません。そこで、仮分割の仮処分の要件を緩和するとともに、かかる制度を導入することにより、一定の要件の下に一定金額の払戻しを認め、最高裁判決による不都合をなるべく回避することとなりました。

　この制度に基づき払戻しを求めることができる金額は、相続開始時点における預貯金債権額の3分の1に、その相続人の法定相続分を乗じた額です。例えば、夫が死亡し、妻と子が相続人である場合で、夫が90万円の預貯金を4口持っていた場合は、妻はその金融機関から15万円（90万円×1／3×1／2）×4口の計60万円の払戻しを受けることができることとなります。

　なお、家事事件手続法上の「仮分割の仮処分」を利用する場合には、保全の必要性・他の共同相続人の利益を害しないことなどの要件を満たす必要がありますが、民法909条の2に基づく払戻しは、そのような制限はありません。

　他方、民法909条の2に基づく払戻しは、施行令（民法第九百九条の二に規定する法務省令で定める額を定める省令）により、金融機関「ごとに」、150万円が上限とされました。金融機関ごとに考えるため、複数の金融機関に分散して預貯金が存在する場合のほうが、遺産分割を経ずに払戻しを受けることができる金額が多くなります。

　これらの制度は、遺産分割前に預貯金の払戻しを受けられるという意味で便利な制度ではありますが、その後の遺産分割時にこの払戻し済みの預貯金については、一部分割がされたものとして扱われるため、計算上注意が必要です。

(3) 遺産分割前に遺産に属する財産を処分した場合の遺産の範囲

　新相続法では、「遺産の分割前に遺産に属する財産が処分された場合であっても、共同相続人は、その全員の同意により当該処分された財産が遺産の分割時に遺産として存在するものとみなすことができる。」（民法906の2①）として、遺産分割前に遺産に属する財産が処分された場合にも、これを遺産分割の対象となる遺産としてみなす制度を新設しました。遺産分割の対象は、遺産分割時の相続財産であるため、相続開始後に処分された財産は、遺産分割の対象とはならないこととなります。しかし、例えば相続人の1人が相続開始後に他の相続人に無断で財産を処分した場合には、不法行為・不当利得によりこれを処理することが考えられますが、損害額の立証等の関係で、必ずしも相続人間の公平が担保できない場合があります。

　そこで、このような不公平が生じるのを防止すべく、相続開始後に処分された財産について、全員（処分をした相続人を除きます）の同意の下に、その処分された財産も遺産分割の対象とすることを認める制度を導入しました。

　これまでも、遺産分割調停の場では、事実上このような処理をして調停が成立していた場合もあるかと思いますが、相続人の1人が遺産を使い込んだことが疑われるなどして相続人間の心情的対立が先鋭化している事案において、従前に比べて公平な解決がしやすくなったといえます。

(4) 施 行 日

　これらの規定は、いずれも令和元年7月1日に施行されましたので、基本的には、施行日後に開始した相続については適用があります。他方、(1)の推定規定は、施行日前に行われた遺贈・贈与には適用がありませんので、ご注意ください。

　また、令和元年7月1日より前に開始した相続については(1)、(3)の規定は適用されませんが、(2)の預貯金の払戻し制度については、相続開始が令和元年7月1日より前であっても、払戻し請求が令和元年7月1日以降である場合には、新法の適用がありますので、注意してください。

〈参考文献〉 一問一答 57 ページ以下、家事部 14 ページ以下及び 86 ページ以下、潮見 162 ページ以下、198 ページ以下及び 244 ページ以下

（玉置　大悟）

3 遺言制度に関する見直し

(1) 自筆証書遺言の方式緩和

　新相続法では、「相続財産の全部又は一部の目録を添付する場合には、その目録については、自書することを要しない。」（民法 968 ②）として、すべてを自書によらなければならないとされている（民法 968 ①）自筆証書の一部につき、自書を求めないことにしました。不動産や預貯金が多い場合、すべての遺産を手書きで記載するのは手間ですし、誤記が発生すると、自筆証書遺言の内容に疑義が生じる可能性があります。

　そこで、新相続法では、別紙として添付する財産目録について、

パソコンでの目録を作成することや、登記情報サービスを印字したもの、通帳をコピーしたものなどを、目録として添付することを許容することとしました。具体的には、法務省の作成・公開している様式例（図表－1～5　11～15ページ）のとおりです。

　なお、このような目録を使用する場合には、自書と比べて偽造（差替え）がされやすいといえることもあり、目録には、ページごとに署名押印が必要とされました。

◆図表－1◆　遺言書本文の訂正方法

遺言書

一　長女花子に，別紙一の不動産及び別紙二の預
　　金を相続させる。

二　長男一郎に，別紙三の不動産を相続させる。

三　東京和男に，別紙四の(動産)を遺贈する。
　　　　　　　　　　　株式㊞

　　平成三十一年二月一日
　　　　　　法　務　五　郎　　㊞

　　上記三中，二字削除二字追加
　　　　　　　法　務　五　郎

　　（注）「行書体」で記載している部分は自書。

（出典：法務省ホームページより）

◆図表－2◆　目録の訂正方法

別紙一

目　録

一　所　　在　　東京都千代田区霞が関一丁目
　　地　　番　　○番○号
　　地　　目　　宅地
　　地　　積　　○平方メートル

霞が関 ㊞

二　所　　在　　東京都千代田区(九段南)一丁目○番○号
　　家屋番号　　○番○
　　種　　類　　居宅
　　構　　造　　木造瓦葺２階建て
　　床面積　　　１階　○平方メートル
　　　　　　　　２階　○平方メートル

法　務　五　郎　　㊞

上記二中，三字削除三字追加
法　務　五　郎

（出典：法務省ホームページより）

◆図表－3◆　通帳の写しを添付した預貯金目録の例

別紙二

<u>普通預金通帳</u>	○銀行
	○支店

お名前

法　務　五　郎　様

店番　　　　　　　　　　　口座番号

○○　　　　　　　　　　　○○○

※　通帳のコピー

法　務　五　郎　㊞

（出典：法務省ホームページより）

◆図表－4◆　登記事項証明書を添付した不動産目録の例

別紙三

様式例・1

表　題　部　（土地の表示）	調製	余 白		不動産番号	0000000000000
地図番号	余 白		筆界特定	余 白	
所　在	特別区南都町一丁目			余 白	

①　地　番	②地　目	③　　地　　積　　㎡	原因及びその日付〔登記の日付〕
101番	宅地	300:00	不詳〔平成20年10月14日〕

所　有　者　特別区南都町一丁目1番1号　甲　野　太　郎

権　利　部　（甲　区）　　（所　有　権　に　関　す　る　事　項）			
順位番号	登　記　の　目　的	受付年月日・受付番号	権　利　者　そ　の　他　の　事　項
1	所有権保存	平成20年10月15日第637号	所有者　特別区南都町一丁目1番1号　甲　野　太　郎
2	所有権移転	平成20年10月27日第718号	原因　平成20年10月26日売買所有者　特別区南都町一丁目5番5号　法　務　五　郎

権　利　部　（乙　区）　　（所　有　権　以　外　の　権　利　に　関　す　る　事　項）			
順位番号	登　記　の　目　的	受付年月日・受付番号	権　利　者　そ　の　他　の　事　項
1	抵当権設定	平成20年11月12日第807号	原因　平成20年11月4日金銭消費貸借同日設定債権額　金4,000万円利息　年2・60％（年365日日割計算）損害金　年14・5％（年365日日割計算）債務者　特別区南都町一丁目5番5号　法　務　五　郎抵当権者　特別区北都町三丁目3番3号　株　式　会　社　南　北　銀　行　（取扱店　南都支店）共同担保　目録㋑第2340号

共　同　担　保　目　録				
記号及び番号	㋑第2340号		調製	平成20年11月12日
番　号	担保の目的である権利の表示	順位番号	予　　備	
1	特別区南都町一丁目　101番の土地	1	余 白	
2	特別区南都町一丁目　101番地　家屋番号101番の建物	1	余 白	

法務五郎 ㊞

これは登記記録に記録されている事項の全部を証明した書面である。

平成21年3月27日
関東法務局特別出張所　　　　　　　　登記官　　　　　　　　法　務　八　郎

＊　下線のあるものは抹消事項であることを示す。　　　整理番号　D23992　　（1／1）　1／1

（出典：法務省ホームページより）

14　第1部　法務の概要

◆図表－5◆　株式についての目録の例

別紙四

目　録

私名義の株式会社法務組の株式　　１２０００株

法　務　五　郎　　㊞

（出典：法務省ホームページより）

(2)　遺言執行者の権限明確化

　新相続法では、①遺言執行者が就任した場合には遅滞なく相続人にその旨通知することを義務付ける一方（民法1007）、②遺贈の履行は遺言執行者が行うこと（民法1012）、③相続させる旨の遺言（特定財産承継遺言）により不動産を取得する場合の登記を遺言執行者が行えること（民法1014②）、④特定財産承継遺言がある場合に、遺言執行者が預貯金の解約申入れを行えること（民法1014③）、⑤遺言執行者の復任権を原則として可能とすること（民法1016①）等の規定を整備し、遺言執行者の権限を明確化しました。

　従前は、遺言の中に遺言執行者の権限について明確に記載しておいた場合はともかく、そうでない場合にはその権限に疑義が生じることがありました。そこで、今回の改正では、遺言執行者の権限につき、従前の法律で不明確となっていた部分を明確にしました。特に、相続させる旨の遺言（特定財産承継遺言）についての改正が大きなものといえます。

　ところで、新相続法では、相続させる旨の遺言によってある相続人が法定相続分を超える財産を取得する場合、その法定相続分を超える部分については対抗要件を備えなければ第三者に対抗できないとされました（民法899の2）。そして、今回の改正では、遺言執行者がこの場合の登記申請を行うことができる旨も明確にされています（民法1014②）。したがって、相続させる旨の遺言がある場合の遺言執行者は、就任後速やかに登記手続きを行うことが望ましいと思われます。

(3)　法務局における自筆証書遺言の保管制度

　自筆証書遺言は、公正証書遺言と異なり、公証役場等が関与することなく作成できる遺言であるため、その保管は通常遺言者自身が行うこととなります。しかし、認知症等の影響により、遺言書を保管した場所を失念してしまい、遺言を作成した意味がなくなる場合もありました。また、遺言者と同居していた相続人が遺言書を破棄してしまう場合や、逆に他の相続人が遺言書は破棄されたはずだと主張して無用な争訟を招く場合などがあり、遺言者が相続時にもめないように遺言を作成したのに、それがかえって紛争を招きかねないという実態がありました。

　そこで、自筆証書遺言をめぐるトラブルを可及的に防止すべく、遺言書を法務局で保管する制度が導入されました（遺言書保管法）。

　なお、保管を希望する遺言については、原本が保管されるのみならず、画像情報等の遺言書に係る情報が管理されるため、封をしてはならないこととなっています。また、令和元年12月中旬時点では、保管できる遺言書の様式については未確定であり、今後、法務省令で定められることとなっています（遺言書保管法4②）。

　保管される遺言は、その保管中、遺言者による閲覧請求ができることとなっています（遺言書保管法6②）が、遺言者の生存中、遺言者以外の者が閲覧等を請求する権利は認められていません。そのため、家庭内にて遺言を保管する場合に比べて、遺言者以外の者が遺言書を事前に見てしまう（そして無断で廃棄してしまう）などのトラブルは可及的に防げることとなります。

　他方、遺言者の死亡後は、相続人らが「遺言書情報証明書」という書面の交付を請求することができることとなっており、これによって遺言の内容を確認することができます（遺言書保管法9①）。

また、自己に関係する遺言の有無は「遺言書保管事実証明書」という書面の交付を求めることにより確認することができます（遺言書保管法 10 ①）。そのため、相続人が法務局（遺言書保管官）に対して請求をすれば、遺言書の有無（遺言書保管法 10 ①）ないし内容（遺言書保管法 9 ①）が確認できることとなります。この制度により、遺言書が見つからずに遺言の意味がなくなるという事態は、可及的に防げるようになりました。

さらに、遺言書情報証明書の交付や遺言書の閲覧が行われた場合には、遺言書保管官が、遺言を保管している旨を他の相続人等に通知を行う（遺言書保管法 9 ⑤）ので、相続人が遺言の存在を知る機会も増えることになりました。

(4)　施　行　日

(1)の自筆証書遺言の方式緩和は、平成 31 年 1 月 13 日にすでに施行されていますが、この規定は施行日後に作成された遺言について適用されることとなっていますので、それ以前に作成された自筆証書遺言については適用されません。誤って新法に従った遺言を施行日前に作成した場合には、再作成が必要と思われます。

(2)の遺言執行者の権限明確化に関する民法 1007 条 2 項（遺言執行者の就任の通知）及び民法 1012 条（遺言執行者の権利義務）の規定については、施行日（令和元年 7 月 1 日）前に開始した相続であっても、施行日後に遺言執行者には適用されます。他方、民法 1014 条 2 〜 4 項の規定は、施行日前にされた相続させる旨の遺言には適用されません。また、民法 1016 条の規定（遺言執行者の復任権）については、施行日前にされた遺言に係る遺言執行者の復任権については、旧法が適用されることとなります。

(3)の遺言書の保管制度は令和 2 年 7 月 10 日に施行となりますの

で、施行前に法務局に遺言の保管を申請することはできません。

〈参考文献〉　一問一答101ページ以下及び208ページ以下、潮見374ページ以下及び428ページ以下

（玉置　大悟）

4 遺留分に関する見直し

(1)　概　　要

　旧法の遺留分制度においては、遺留分を侵害された者は、受遺者らに対して遺留分減殺請求権という形成権を行使することとなっており、この行使により、遺贈や贈与はその範囲で失効し、遺贈等がなされた財産が遺留分を侵害された者との共有になることとなっていました。そのため、この共有状態を解消するためには、あらためて共有物分割等の手続きを行わなければならないとされていました。

　しかし、事業承継を行う場合などにもこのような共有状態が生じてしまうとすれば、円滑な事業承継の支障となり、遺言の活用が難しくなるとされていました。

　そこで、新相続法は、遺留分権者が遺留分減殺請求という形成権を行使するという旧法下の制度自体を全面的に見直し、遺留分権者は、遺留分侵害額の請求権という金銭債権を行使できるという制度にして、遺贈等の効力に影響を及ぼさないことを原則とする制度を導入しました。

　そのため、遺留分を侵害された者は、民法1046条1項に基づき、遺留分を侵害された金額を計算し（同②）、その金額に相当する金銭の給付を請求することとなりました。

なお、遺留分減殺請求が行われた場合には、旧法においては当然に共有となるという制度であり、特に猶予は定められておらず、遺留分減殺請求の行使のみにより、当然に共有状態が生じることとなっていました。これに対し、新法の遺留分侵害額請求権も同様に考えてしまうと、金銭を直ちに準備できない受遺者らにおいて困難な事態を生じてしまう可能性がありました。そこで、新相続法では、遺留分侵害額請求権が行使された場合に、一定の要件の下、金銭債務の支払いにつき、裁判所が相当の期限を許与することを可能としました。

　また、特別受益としての性質を持つ共同相続人の1人に対する贈与は、旧法下では期間を限ることなく遺留分算定の根拠に加えられていましたが、新法では、原則として相続開始前の10年間にされたものに限られるとされました。新法における遺留分侵害額請求に際しては、かかる贈与の時期が問題となるため、注意が必要です。

(2)　施　行　日

　施行日は、令和元年7月1日（施行済み）であり、施行日後に開始した相続については、遺留分侵害額請求の制度が適用されることとなります。他方、それ以前に開始した相続については、旧法と同じく、遺留分減殺請求によることとなります。

〈参考文献〉　一問一答122ページ以下、潮見506ページ以下

（玉置　大悟）

5 相続人以外の者の貢献を考慮するための方策（特別寄与料）

(1) 概　　要

① 制度の概要

　旧法下では、相続人の財産の維持・増加につき特別の寄与があった相続人について、具体的相続分を算定する際にこれを考慮するという制度（寄与分（民法 904 の 2））がありました。しかし、この制度は相続人に限られており、種々の不具合が生じていました。

　例えば、相続人の介護及び生計費の維持のため、仕事を辞め、長年にわたり相続人の介護に尽力し、生計を担っていたという者がいたとすれば、その者は相続人の財産の維持・増加に特別の寄与をしたと言い得る場合があると思われます。もっとも、寄与分は「相続人」にしか認められないため、この者が「相続人」でない場合には、この寄与を考慮されないこととなります。しかし、例えば妻が姑の介護を行う場合など、相続人以外の者が相続人の介護等に尽力し、その寄与が相当なものとなることは、今日でもよく見られるところであり、この場合に妻の貢献が一切考慮されないとすれば、相続人間の公平を害することとなります。

　従来このような事案における公平を図るため、下級審裁判例では、相続人の妻の貢献は「相続人の補助者」による貢献であると評価して、相続人の具体的相続分に考慮するという手法をとって、こういった不公平を是正していました（「注釈民法(27)相続(2)補訂版」谷口知平・久貴忠彦編 247 ページ）。しかし、相続人である夫が先に死亡していた場合には、結局寄与を考慮されないこととなりかねません。また、特別の寄与をしていたのが相続人ではなくその妻であるならば、その妻自身に寄与を認めるほうが、理論的に一貫する

場合もあると思われます。他方、相続人以外の者に何らかの権利を認めることは、かえって紛争を招く可能性もあります。

そこで、改正法では、相続人の「寄与分」という制度とは別に、相続人以外の「親族」(特別寄与者)に、「特別寄与料の請求」ができる余地を認め、このような不具合を防ぐ制度を導入しました。具体的には、「被相続人に対して無償で療養看護その他の労務の提供をしたことにより被相続人の財産の維持又は増加について特別の寄与をした被相続人の親族は、相続の開始後、相続人に対し、特別寄与者の寄与に応じた額の金銭の支払を請求することができる。」(民法1050)という制度です。

② 特別寄与者

被相続人の「親族」のうち相続人以外の者がその対象となります。そして、「親族」とは民法上、(イ)6親等内の血族、(ロ)配偶者、(ハ)3親等内の姻族を指すため、この(イ)〜(ハ)のうち相続人とならない者が、「特別寄与料」を請求できる「特別寄与者」となる可能性があります。具体的には、被相続人の親や子が生存している場合の兄弟姉妹や、被相続人の子の妻などが当たります。

条文上は、「親族」であっても、「相続人」であればこの条文の適用は排除されていることになっていますので、この特別寄与料の請求をする場合には、自らが「相続人」となるのか、「親族」となるのかを確認することが肝要です。

③ 特別の寄与

特別寄与料においては、「特別の寄与」がなければならないとされており、ただお見舞いに一度行っただけの親族という程度では特別の寄与と認められないことは、おそらく争いがないと思われます。

もっとも、寄与分(民法904の2)の「特別の寄与」と、特別寄

与料の請求における「特別の寄与」は、必ずしも一致しない可能性があり、注意が必要です。

すなわち、相互に扶養義務を負う親子においては、その子が親の介護をするのは当然に期待されていると考えれば、ある相続人が長期間にわたり介護を行ったとしても、必ずしも「特別の寄与」であると認められるとは言い難いと思われます。

他方、被相続人の親族にすぎないとすれば、自らの生活を犠牲にしてまで介護をするということまで求められているといえるかは、疑問です。

そうすると、この「特別の寄与」の意味は、「寄与分」と「特別寄与料」とでは、内容が異なるという結論になる可能性があります。いずれにしても、どのような場合に特別寄与料における「特別の寄与」があるといえるかについては、今後の裁判所での審判例の集積を待つほかないと思われます（なお、立案担当者は、上記のように別個に解する見解を採るとのことです）。

④ 権利行使の順序

特別の寄与を主張して特別寄与料を請求する場合には、まず、特別寄与者が相続人らと協議をすることが求められています。そして、協議が調わないときもしくは協議ができないときには、家庭裁判所に対して協議に代わる処分を求める処分を請求するということになります。なお、遺産分割に関連する事件であるため、家庭裁判所は、審判を求められた場合であっても親族間でできるかぎり円満に解決する要請に鑑み、特別寄与者が審判を求めた場合であっても、調停に付して調停を先行させる場合が多いと思われます（一問一答122ページ）。

⑤ 期間制限

相続の開始及び相続人を知ったときから6か月を経過したとき、

又は、相続の開始の時から1年を経過したときは、特別寄与料の請求はできなくなります。この期間経過後に特別寄与料の請求をすることはできませんので、親族らが被相続人の財産の維持・増加につき貢献を主張して金銭請求をするのであれば、従前と同じく、(イ)相続人の補助者との構成で遺産分割においてその寄与を主張する（ただし、特別寄与料の制度が導入された結果、このような主張は認められないとの考え方も成り立ち得るところです）、(ロ)事務管理や準委任契約に基づく請求、(ハ)不当利得返還請求による請求といった民事訴訟を提起して主張をする方法が考えられます。

⑥　相続人側の負担額

　相続人らは、特別寄与料の請求がなされた場合には、その法定相続分に従って、特別寄与料の支払いの義務を負うこととなります。

(2)　施　行　日

　特別寄与料の制度は、令和元年7月1日に施行されましたので、同日以降に開始した相続については、特別寄与料の主張をすることができます。他方、それ以前に相続が開始した事案については、従前の法的主張（事務管理・準委任契約に基づく請求等）によることとなります。

〈**参考文献**〉　一問一答176ページ以下、家事部114ページ以下、潮見349ページ以下

（玉置　大悟）

Ⅱ 信託の法務

1 信託とは

　信託について、まず理解しておくとよい、信託の意義、民事信託と商事信託、自益信託と他益信託について説明します（図表－1）。

◆図表－1◆　信託の概要図

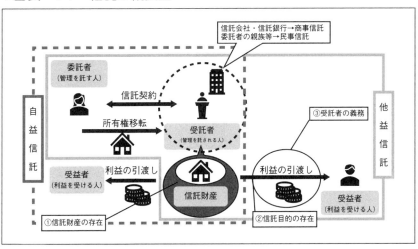

(1) 信託の意義

　「信託」とは、信託契約等により、受託者が一定の目的に従い、財産の管理又は処分及びその他の当該目的の達成のために必要な行為をすべきものとすることをいいます（信法2①）。

　したがって、「信託」であるためには、次の要素が必要です。

---

①　財産（信託財産）があること
②　一定の目的（信託目的）があること
③　受託者が義務を負うこと

---

(2) 民事信託と商事信託

　いずれも法律上の用語ではなく、定まった定義のある用語ではありません。本書では、受託者が信託銀行や信託会社であって信託業法の適用を受ける信託を「商事信託」、受託者が委託者の親族等であり信託業法の適用を受けない信託を「民事信託」と呼ぶこととします。

(3) 自益信託と他益信託

　委託者と受益者とが同一人であるものを「自益信託」、委託者以外の者が受益者であるものを「他益信託」といいます。

　日本において高齢者の財産管理や資産承継のために利用される民事信託では、財産管理を委ねる高齢者（委託者）の生存中は、その者が受益者となることが多いため、当初は自益信託であることが多いです。その委託者兼受益者が死亡すると、配偶者や子が受益者となり他益信託となります。

（金森　健一）

② 信託のしくみ

　信託は、特定の財産について、その権利者（名義人）とそこから
の利益を受ける者とが分離するという特徴があります。この特徴に
ついて、財産の移転、信託財産と固有財産、受託者の義務、信託の
利益のゆくえの各観点から敷衍します（図表－2）。また、実務上、
信託の説明の際に用いられることの多い「権利」「名義」「利益」と
いう言葉についての注意点にも触れます。

◆図表－2◆　信託のしくみ

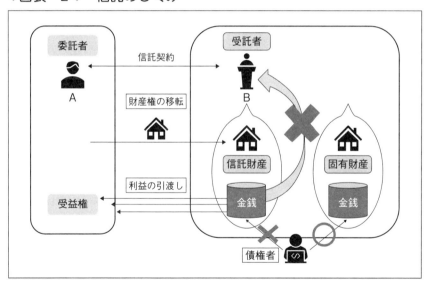

(1)　財産の移転

　委託者の財産が受託者へ移転します。不動産を信託の対象とした
場合には、その不動産の所有権が受託者へ移転し、以後受託者がそ

の不動産の所有者になります。

(2)　信託財産と固有財産

　受託者に移転した財産は、「信託財産」（信法2③）となります。また、信託と無関係な受託者の財産（受託者の個人的な財産）を「固有財産」といいます。信託財産は、信託法により次の①〜③のような特別な取扱いを受けます。これは、信託財産の独立性と呼ばれることがあります。

①　強制執行等の禁止

　受託者が受託者としてではなく個人として借入れを行った場合、その債権者は、信託財産に属する財産に対して強制執行をすることができません（信法23①）。

②　破産手続き等の対象外

　受託者が受託者としてではなく個人として負っている債務を返済できず破産手続きが開始した場合であっても、破産管財人は、信託財産に属する財産を破産財団とし、破産手続きの対象とすることはできません（信法25）。

③　相殺の制限

　受託者が受託者としてではなく個人として負っている債務についての債権者は、信託財産に属する債権との相殺を原則することができません（信法22）。

(3)　受託者の義務

　受託者は、信託財産の権利者（所有者）になりますが、これはその財産を管理する手段としてですので、他人の財産を管理する者として厳しい義務を負います。

(4) 信託の利益のゆくえ

　受託者は、信託財産の権利者（所有者）であるものの、その財産から利益を得ることは禁止されます（信法8）。例えば、信託財産である金銭を自己の債務の支払いに充てることはできません。自分の所有物ではあるものの、そこからの利益を得られないからこそ、前述の信託財産の独立性が認められます。

　信託財産から得られる利益は、受益者に与えられることになります。例えば、受託者が賃貸物件を信託財産として管理し、賃料を得た場合には、その賃料は受益者へ引き渡されることになります。

(5) 「権利」「名義」「利益」という言葉

　信託において問題となる「権利」には、委託者が受託者へ移転する財産で信託財産となる所有権等である「権利」と、受益者が受託者に対して信託財産の引渡し等を請求することができる受益権である「権利」とがあります。このように信託をすることで、受託者も受益者も「権利」を得ます。

　また、例えば、不動産が信託財産となるときは、不動産登記をすることになりますが、その所有者「名義」は受託者名となります。受益者は信託目録中の受益者欄に記載されますが「名義」人にはなりません。

　さらに、信託財産である財産（例えば賃貸物件）を賃貸したことにより得られる賃料は、賃貸人である受託者が受け取りますが、これを受託者が自分のものとして使用することはできません。信託により得られる「利益」は受益者が得ることになります。受託者は、受け取った賃料を受益権に基づいて受益者に引き渡さなければなりません。

　なお、「名義は受託者に、権利は受益者に」とか「贈与ではでき

ない、『名義』と『権利』とを分けることができます」というような信託の説明がなされることがあるようです。そこでいわれる「権利」は受益権を指しているようですが、信託財産に属する「権利」（例えば不動産所有権）は受託者が取得します。また、「名義」というと"形式的なもの"という語感が伴いますが、信託において受託者が取得する「名義」は「権利」（所有権）を伴うものです。受託者を「仮の所有者」とし、受益者を「真の所有者」として、説明されることもあるようです。信託をするとあたかも受益者が信託財産の権利者のようになるとの理解は、理論的には否定されるものではないものの、信託法務の理解において誤りであり、信託税務の理解を妨げることにもなりますので注意が必要です（図表−3）。

◆図表−3◆　信託における「権利」「名義」「利益」

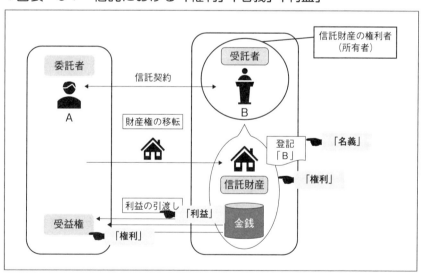

（金森　健一）

❸ 信託の設定方法

　信託を利用するためには、法律上、次の三つのいずれかの方法を
とる必要があります。民事信託実務では、契約信託が最も多いと思
われます。

(1) 契約信託

　委託者と受託者との間での契約の締結により信託の設定をしま
す。契約書の作成は、法律上不要ですが（諾成契約）、実務におい
ては契約書を作成し、民事信託の場合には公正証書によることが多
いです（図表－4）。

◆図表－4◆　契約信託

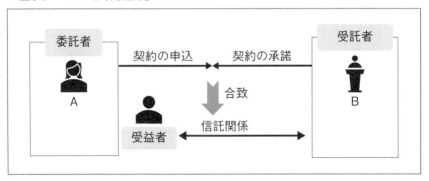

(2) 遺言信託

　委託者が作成する遺言により信託の設定をします。作成や撤回等に
ついて遺言の規律が妥当します。遺言の効力開始時、つまり遺言者
（委託者）の死亡時に信託の効力が発生します（信法4②）（図表－

5)。

◆図表－5◆　遺言信託

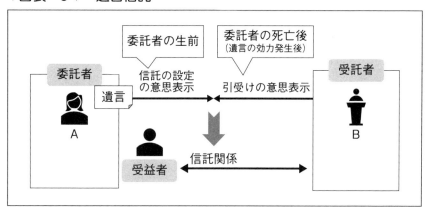

(3)　自己信託

委託者が自ら受託者にもなり、公正証書の作成等により信託の設定をします（図表－6)。

◆図表－6◆　自己信託

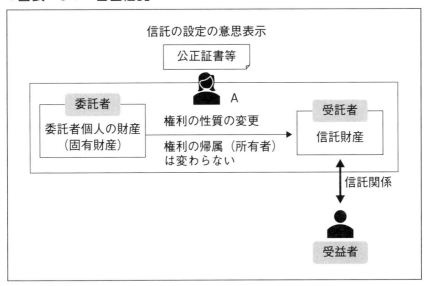

（金森　健一）

4 信託関係者の死亡

　信託は、その関係者が死亡した場合であっても継続させることができます。各関係者が死亡した場合には次のようになります（図表－7）。

◆図表－7◆　信託関係者の死亡

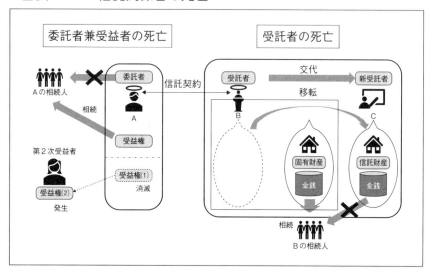

(1)　委託者が死亡した場合

　委託者の地位は、相続の対象となり、相続人が委託者になります（ただし、遺言信託の場合は、原則相続されません（信法 147））。資産承継のために利用される信託の場合、法定相続とは異なる配分による承継を希望することが多いので、相続人が委託者となり、信託上の権限を有することは信託の運営上好ましくありません。そのため、委託者の死亡により、その権利を消滅させる旨の定めをすることが通常です（登録免許税に関する対応はとりあえず措きます）。

(2)　受託者が死亡した場合

　受託者が死亡したときは、受託者の任務が終了します（信法 56 ①一）。1 年の間に次の受託者が就任しないと信託が終了します（信

法163三)。

受託者が死亡した場合、信託財産は法人となるため（信法74①）、受託者の相続財産には含まれません。

(3) 受益者が死亡した場合

受益者が死亡した場合にその受益権が相続財産となるかどうかは、受益権に関する定め次第です。受益者が死亡しても受益権が消滅せず存続する場合は、その相続財産に属します。

受益者の死亡により、その受益者が有する受益権が消滅し、他の者が新たな受益権を取得する旨の定めがある信託（後継ぎ遺贈型受益者連続信託（信法91））の場合には、死亡により消滅した受益権はその相続財産に含まれません。もっとも、特別受益として扱われます。

（金森　健一）

第2部

税務の概要

I ┃ 新相続法の税務

1 配偶者の居住権を保護するための方策

(1) はじめに

「配偶者短期居住権」は、使用借権に類似した法定債権であり、財産性がないことから、税務上の評価額はゼロとなります。また、配偶者短期居住権はそれが設定された建物の評価にも影響を与えません。したがって、以下の税務に関する解説においては、「配偶者居住権」の設定があった場合のみを前提とします。

(2) 税務上の基本的な取扱い

① 配偶者居住権の成立時

配偶者居住権が成立した場合には、配偶者、ならびに配偶者居住権が設定された建物（以下「居住建物」）又はその敷地等の所有権を取得した相続人又は受遺者は、それぞれ図表－1の財産をその被相続人から相続又は遺贈により取得したものとされます（それぞれの評価方法については下記(3)参照）。

◆図表-1◆　配偶者居住権の成立時に取得したとされる財産

取得者	建物（居住建物）	土地（居住建物の敷地）
配偶者	配偶者居住権	配偶者敷地利用権
相続人又は受遺者	居住建物の所有権	居住建物の敷地の所有権等

②　関係者が死亡した場合（二次相続発生時）

㈣　配偶者が死亡した場合

　配偶者が死亡した場合には、民法の規定により配偶者居住権が消滅するものであり、配偶者から居住建物の所有者に相続を原因として移転する財産はないため、相続税の課税関係は生じません（相基通9-13の2（注））。

㈦　配偶者より先に居住建物の所有者が死亡した場合

　配偶者より先に居住建物の所有者が死亡した場合には、居住建物の所有権部分について所有者の相続人に相続税が課されます。

　この場合、配偶者居住権は存続中であるため、居住建物の所有者の相続開始時において配偶者居住権の成立時と同様に評価することが考えられます（居住建物の敷地についても同様）（財務省「令和元年度　税制改正の解説」504ページ）。

③　存続期間の中途で放棄、合意解除等があった場合

㈣　配偶者居住権の消滅事由

　上記②㈣のほか、配偶者居住権は、次のような事由によってもその存続中に消滅すると解されています。

　ⓐ　配偶者が放棄した
　ⓑ　配偶者と居住建物の所有者との間で合意解除があった

> ⓒ 配偶者が民法の用法遵守義務に違反した場合において、居住建物の所有者が、配偶者居住権を消滅させた（民法1032①）

(ロ) 消滅の対価の支払いがない場合

　上記(イ)に掲げる事由が生じた場合には、配偶者居住権が消滅したことにより、配偶者から、その居住建物の所有者又はその居住建物の敷地の用に供される土地の所有者（以下「建物所有者等」）に対して、その居住建物等を使用収益する権利が移転したものと考えられます。

　そこで、上記(イ)の事由により配偶者居住権を消滅させた場合において、その建物所有者等が対価を支払わなかったとき、又は著しく低い価額の対価を支払ったときは、原則として、配偶者から建物所有者等に対して、次の金額の贈与があったものとみなして、その建物所有者等に贈与税が課税されます（相法9、相基通9-13の2、財務省「令和元年度　税制改正の解説」504ページ）。

> **＜建物の所有者に対して贈与があったとみなされる金額＞**
> 消滅直前に配偶者が有していた「配偶者居住権の価額に相当する利益」相当額 ― 対価の額
>
> **＜土地の所有者に対して贈与があったとみなされる金額＞**
> 消滅直前に配偶者が有していた「配偶者敷地利用権の価額に相当する利益」相当額 ― 対価の額

(ハ) 消滅の対価の支払いがある場合

　配偶者居住権及び配偶者居住権に基づき居住建物の敷地を使用する権利（第2部及び第3部QⅠ-2-1～QⅠ-2-5において「配偶

者敷地利用権」）の消滅に際して配偶者が対価の支払いを受ける場合には、配偶者における譲渡所得の金額の計算上控除する取得費は、次のとおり計算します（財務省「令和2年度税制改正の大綱」11ページ）。

ⓐ **配偶者居住権**

$$\left(\begin{array}{l}\text{被相続人に係る} \\ \text{配偶者居住権の} \\ \text{目的となってい} \\ \text{る建物の取得費}\end{array} - \begin{array}{l}\text{建物の取得の日} \\ \text{から設定の日ま} \\ \text{での期間に係る} \\ \text{減価の額}\end{array}\right) \times \begin{array}{l}\text{配偶者} \\ \text{居住権} \\ \text{等割合}^※\end{array} - \begin{array}{l}\text{配偶者居住権の} \\ \text{設定から消滅ま} \\ \text{での期間に係る} \\ \text{減価の額}\end{array}$$

ⓑ **配偶者敷地利用権**

$$\begin{array}{l}\text{被相続人に係る配偶者居} \\ \text{住権の目的となっている} \\ \text{建物の敷地の用に供され} \\ \text{る土地等の取得費}\end{array} \times \begin{array}{l}\text{配偶者} \\ \text{居住権} \\ \text{等割合}^※\end{array} - \begin{array}{l}\text{配偶者居住権の} \\ \text{設定から消滅ま} \\ \text{での期間に係る} \\ \text{減価の額}\end{array}$$

※ $\begin{array}{l}\text{配偶者} \\ \text{居住権} \\ \text{等割合}\end{array} = \dfrac{\text{配偶者居住権の設定の時における配偶者居住権又は配偶者敷地利用権の価額に相当する金額}}{\text{配偶者居住権の目的となっている建物又はその建物の敷地の用に供される土地等（以下「居住建物等」）の価額に相当する金額}}$

(3) 評価方法

相続税法における評価方法は、次のとおりです。

① **建物等の評価**（評価の考え方は、図表－2参照）

(イ) 配偶者居住権（相法23の2①、22、相令5の8①・②・③、相規12の3、12の4、財基通89）

> ⓐ 建物の自用評価額 ×（1－賃貸割合^{※1}）× 被相続人の持分割合
>
> ⓑ ⓐ × $\dfrac{\text{分母の年数} － \text{配偶者居住権の存続年数}^{※4}}{\text{耐用年数に}^{※2}\text{準ずる年数} － \text{築後経過年数}^{※3}}$ ^{※5} × 配偶者居住権の存続年数に応じた法定利率による複利現価率^{※6}
>
> ⓒ 評価額
>
> 　上記ⓐの額－上記ⓑの額

※1　賃貸割合（次の割合。以下②(イ)ⓐにおいて同じ）

$$\text{賃貸割合} = \dfrac{\text{分母のうち、課税時期において賃貸されている各独立部分の床面積の合計}}{\text{その家屋の各独立部分の床面積の合計}}$$

※2　耐用年数に準ずる年数

建物の構造等		耐用年数に準ずる年数
木造		33 年
木造モルタル		30 年
鉄骨鉄筋コンクリート		71 年
軽量鉄骨造	（骨格材の肉厚）	
	3mm 以下	29 年
	3mm 超 4mm 以下	41 年
	4mm 超	51 年

※3　6か月以上は1年とし、6か月未満は切捨て

※4 次の年数（6か月以上は1年とし、6か月未満は切捨て）

配偶者居住権の存続期間	配偶者居住権の存続年数
配偶者の終身の間	配偶者居住権の設定時における配偶者の平均余命（厚生労働省が作成する完全生命表おける年齢・性別に応じたもの[6]）
上記以外 （存続期間を定めた場合）	次のうちいずれか短い年数 (イ) 定めた存続期間 (ロ) 配偶者居住権の設定時における配偶者の平均余命

※5 分母又は分子が0以下の場合、ⓑは0として計算

※6 （参考）女性の平均余命及び法定利率が3%の場合の複利現価率

年齢	平均余命 （端数処理後）	法定利率が3%の 場合の複利現価率
60	29	0.424
65	24	0.492
70	20	0.554
75	16	0.623
80	12	0.701
85	8	0.789
90	6	0.837

（出典：厚生労働省「第22回生命表（完全生命表）」をもとに作成）

(ロ) 居住建物の所有権（相法23の2②、22）

配偶者居住権が設定されていないものとした場合の建物の時価[7] － 上記(イ)ⓒの額

※7　相続税法22条の時価（財産評価基本通達で評価したもの）をいいます。すなわち、居住建物が被相続人の単独所有である店舗兼住宅（建物の一部が貸家）である場合には、「建物の固定資産税評価額×1.0×（1−借家権割合30%×賃貸割合）」により計算した金額となります（財基通89、93）。

②　**土地等の評価**（評価の考え方は、図表−3参照）
㋑　居住建物の敷地の所有権等（相法23の2③、相令5の8④）

> ⓐ　土地の自用評価額 ×（1 − 賃貸割合）× 被相続人の持分割合
>
> ⓑ　ⓐ ×　配偶者居住権の存続年数に応じた法定利率による複利現価率（上記①㋑※4・6参照）
>
> ⓒ　評価額
> 　　上記ⓐの額−上記ⓑの額

㋺　居住建物の敷地の所有権等（相法23の2④）

> 配偶者居住権が設定されていないものとした場合の土地等の時価※8 − 上記㋑ⓒの額

※8　相続税法22条の時価（財産評価基本通達で評価したもの）をいいます。すなわち、居住建物が被相続人の単独所有である店舗兼住宅（土地の一部が貸家建付地）である場合には「土地の自用評価額×（1−借地権割合×借家権割合×賃貸割合）」により計算した金額となります（財基通26）。

◆図表－2◆　建物等の評価の考え方

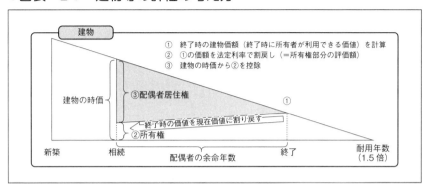

（出典：財務省「令和元年度　税制改正の解説」498 ページ）

◆図表－3◆　土地等の評価の考え方

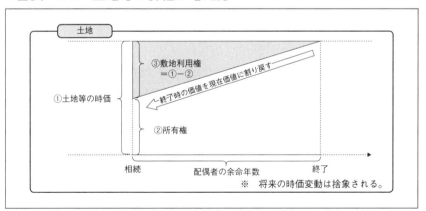

（出典：財務省「令和元年度　税制改正の解説」501 ページ）

（4）　小規模宅地等の特例の適用関係

①　小規模宅地等の特例とは

　相続税の計算上、被相続人の親族が相続又は遺贈により取得した

財産のうちに、その相続開始直前において、その被相続人又はその被相続人と生計を一にしていた被相続人の親族の事業の用又は居住の用に供されていた宅地等で建物又は構築物の敷地の用に供されていたものがある場合において、一定要件を満たすときは、一定の限度面積までは一定の減額割合を乗じて計算した金額をその宅地等の本来の評価額から減額することができ、これを小規模宅地等の特例といいます（措法69の4）。

② 取扱い

　小規模宅地等の特例の適用対象となる「宅地等」とは、「土地又は土地の上に存する権利をいう」とされていますので、配偶者が取得する「配偶者敷地利用権」や配偶者以外の者が取得する「居住建物の敷地の所有権等」についても、取得者や保有継続等の要件を満たせば、この特例の適用があります（措法69の4①）。

③ 面積調整

　宅地等の面積は、図表－4のように、その面積に、「配偶者敷地利用権」の価額又は「居住建物の敷地の所有権等」の価額がこれらの価額の合計額のうちに占める割合を乗じて得た面積であるものとみなして計算をし、限度面積要件を判定します（措令40の2⑥）。

◆図表－4◆　配偶者居住権が設定されている場合における小規模
　　　　　　　宅地等の面積調整

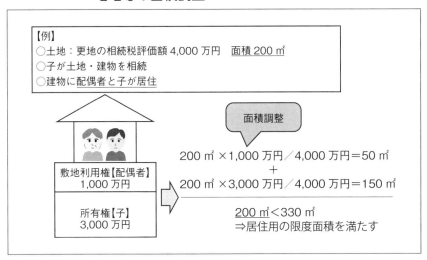

【例】
○土地：更地の相続税評価額 4,000 万円　面積 200 ㎡
○子が土地・建物を相続
○建物に配偶者と子が居住

面積調整

敷地利用権【配偶者】
1,000 万円

所有権【子】
3,000 万円

200 ㎡×1,000 万円／4,000 万円＝50 ㎡
＋
200 ㎡×3,000 万円／4,000 万円＝150 ㎡

200 ㎡＜330 ㎡
⇒居住用の限度面積を満たす

（出典：財務省「令和元年度　税制改正の解説」539 ページ）

(5)　配偶者居住権等の消滅前に居住建物等が譲渡された場合の相続人における取得費の計算

　相続により居住建物等を取得した相続人が、配偶者居住権及び配偶者敷地利用権が消滅する前にその居住建物等を譲渡した場合には、その相続人の譲渡所得の金額の計算上控除する取得費は、次のとおり計算します（財務省「令和２年度税制改正の大綱」11 ～ 12 ページ）。

①　居住建物の所有権

被相続人に
係る建物の　－
取得費

取得の日から譲渡
の日までの期間に　－
係る減価の額

配偶者居住権の取得費
（上記(2)③ハ@参照）※

② 居住建物の敷地の所有権等

被相続人に係る ＿ 配偶者敷地利用権の取得費
土地等の取得費　　（上記(2)③(ハ)ⓑ参照）※

※　配偶者居住権の設定の日から譲渡の日までの期間に係る減価の額を控除
して計算したもの

(6)　適用関係

　上記の改正は、令和2年4月1日以後に開始する相続により取得
する財産に係る相続税について適用されます（令和元年改正法附則
1七ロ、令和元年改正相令附則①二、民法及び家事事件手続法の一
部を改正する法律附則10）。　　　　　　　　　　　（宮田　房枝）

2 遺産分割等に関する見直し

【参　考】贈与税の「配偶者控除」

①　概　　要
　贈与税には、「配偶者控除」という制度があります。これは、婚
姻期間が20年以上の夫婦の間で、居住用不動産又は居住用不動産
を取得するための金銭の贈与が行われた場合には、贈与税の計算
上、基礎控除110万円のほかに最高2,000万円まで控除（配偶者控
除）することができるというものです（相法21の6①）。

②　「持戻し免除の意思表示の推定規定」との主な差異
　民法903条4項の「持戻し免除の意思表示の推定規定」と贈与税
の「配偶者控除」との主な差異は図表－5のとおりです。

要件等	制度	持戻し免除の意思表示の推定規定	贈与税の配偶者控除
婚姻期間		20年以上	20年以上
対象財産	居住用不動産	○	国内：○ 国外：×
	居住用不動産を取得するための金銭	×	○
限度額		－	2,000万円
移転方法	遺贈	○	×
	贈与	○	○

（宮田　房枝）

3 遺留分に関する見直し

(1) 令和元年度税制改正の概要

　民法改正に伴い、遺留分に関する規定が物権的効力から金銭請求権へと変化したものの、権利行使によって生ずる担税力の増減は改正前と同様であると考えられることから、課税関係は改正前と同様とし、民法において「遺留分による減殺の請求」という用語が「遺留分侵害額の請求」と改正されたことに伴う規定の整備のみが行われました。

(2) 税務上の基本的な取扱い

　遺留分侵害額請求に基づき、遺留分権利者への支払額が確定した

場合には、遺留分侵害額の支払義務者は申告済みの相続税又は贈与税について更正の請求をすることができ（下記(3)参照）、遺留分権利者は相続税の修正申告等をすることができます（下記(4)参照）。

ただし、これらの申告等（更正の請求及び修正申告等）をしたとしても、しなかった場合と比べて相続税の総額は変わらないため、実務的にはこれらの申告等を行わず、当事者間で修正税額の精算のみを行うこともあります。

(3) 遺留分侵害額の支払義務者における取扱い

相続税又は贈与税の申告書を提出した者又は決定を受けた者は、遺留分侵害額請求に基づき支払うべき金銭の額が確定したこと（令和元年6月30日以前の相続の場合は、遺留分の減殺請求に基づき返還すべき、又は弁償すべき額が確定したこと）により、その申告又は決定に係る課税価格及び税額が過大となったときは、その額が確定したことを知った日の翌日から4か月以内に、更正の請求をすることができます（相法32①三）。

(4) 遺留分権利者における取扱い

① すでに申告書を提出していた又は決定を受けていた場合

すでに相続税の申告書を提出し又は決定を受けていた遺留分権利者は、上記(3)の更正の請求がされる場合には、すでに確定した相続税額に不足を生じることになるため、更正があるまでは、修正申告書を提出することができます（通法24、相法31①、35③）。この場合の相続税の納期限はその修正申告書の提出日であり、その提出日までに追加分の相続税を納付した場合には、延滞税は課税されません（通法60①・②、相法51②一ハ）。

②　期限内申告書を提出していなかった場合

　遺留分侵害額請求により新たに申告書を提出すべき要件に該当した遺留分権利者は、上記(3)の更正の請求がされる場合には、決定があるまでは、期限後申告書を提出することができます（通法25、相法30①、35③）。この場合の相続税の納期限はその期限後申告書の提出日であり、その提出日までに相続税を納付した場合には延滞税は課税されません（通法60①・②、相法51②一ハ）。

⑸　金銭の支払いに代えて資産を渡した場合

　遺留分侵害額請求権は金銭債権であるため、受遺者又は受贈者が遺留分侵害額に相当する金銭の支払いに代えて、その債務の全部又は一部の履行として、その有する資産を遺留分権利者に移転した場合には、代物弁済があったものとして、その履行をした者は、原則として、その履行があった時にその履行により消滅した債務の額に相当する価額によりその資産を譲渡したものとして取り扱われます（民法482、所法33①、財務省「令和元年度　税制改正の解説」111ページ、所基通33-1の6）。

⑹　適用関係

　上記の改正は、令和元年7月1日以後に開始する相続に係る相続税又は贈与税について適用され、同日前に開始した相続に係る返還すべき、又は弁償すべき額に係る相続税又は贈与税については、従前どおりとされています（令和元年改正法附則23④）。

（宮田　房枝）

4 相続人以外の者の貢献を考慮するための方策(特別寄与料)

(1) 令和元年度税制改正の概要

　特別寄与料は相続人以外の親族から相続人に対して請求するものであり、被相続人から相続又は遺贈により取得した財産ではないものの、被相続人の死亡と密接な関係を有し、経済的には遺産の取得に近い性質を有することから、所得税や贈与税ではなく、相続税の課税関係で処理されることになりました。

(2) 税務上の取扱い

　特別寄与料は、当事者間で協議が調うまで、又は家庭裁判所の審判があるまでは、その支払いが確定しません（民法1050②）。したがって、その支払確定時期により、相続税法における取扱いも異なります。

　支払確定前における取扱いは図表－6、支払確定後における取扱いは図表－7のとおりです。相続税の課税価格を計算した結果、納付すべき相続税額がある相続人又は特別寄与者は、申告期限までに相続税の期限内申告書又は修正申告書を提出し、相続税を納付する必要があります（更正の請求をするかどうかは任意です）。

◆図表－6◆　支払確定前における相続税法の取扱い

対象者 区分	相続人	特別寄与者	
		特別寄与料以外の遺贈を受けた場合	左記以外の場合
課税価格計算	特別寄与料の支払いがないものとして計算		
申告期限等		相続の開始があったことを知った日の翌日から10か月以内に期限内申告書を提出し、相続税を納付（相法27①、33）	－ （申告不要）

◆図表－7◆　支払確定後における相続税法の取扱い

区分 \ 対象者	相続人	特別寄与者	
		特別寄与料以外の遺贈を受けた場合	左記以外の場合
課税価格計算	相続又は遺贈により取得した財産の価額から特別寄与料の額のうち各相続人の負担に属する部分の金額を控除して計算（相法13④）	特別寄与料の額に相当する金額を被相続人から遺贈により取得したものとみなして計算（相法4②）	
申告期限等　相続開始後10か月以内に支払確定した場合	相続の開始があったことを知った日の翌日から10か月以内に期限内申告書を提出し、相続税を納付（相法27①、33）		特別寄与料の額が確定したことを知った日の翌日から10か月以内に期限内申告書を提出し、相続税を納付（相法29①、33）
申告期限等　相続開始後10か月経過後に支払確定した場合	特別寄与料の額が確定したことを知った日の翌日から4か月以内に更正の請求をすることができる（相法32①）※	特別寄与料の額が確定したことを知った日の翌日から10か月以内に修正申告書を提出し、相続税を納付（相法31②、33)※	

※　相続税の期限内申告・納付をしている場合を前提。

(3)　相続税計算上の主な留意点等

①　相続税額の2割加算

(イ)　相続税額の2割加算の適用対象者

　相続もしくは遺贈又は相続時精算課税に係る贈与によって財産を取得した者が、<u>次に掲げる者以外の者</u>である場合には、その者の相

続税額にその相続税額の2割に相当する金額が加算されます（相法18、21の15、21の16、相基通18-3）。

> ⓐ　被相続人の1親等の血族（代襲相続人となった、被相続人の直系卑属を含む)※
> ⓑ　被相続人の配偶者

※　養子は1親等の法定血族であることから相続税額の2割加算の対象とはなりませんが、被相続人の直系卑属が養子となっている場合には、その者が代襲相続人であるときを除き、相続税額の2割加算の対象になります。

㈹　特別寄与者となり得る者

特別寄与者となり得るのは被相続人の親族（相続人、相続放棄をした者、及び相続権を失った者を除く）のうち一定の者です（民法1050①）。

㈻　対象者の比較

相続税額の2割加算の適用対象者、及び特別寄与者となり得る者の範囲の比較は、図表-8のとおりです。特別寄与者となり得る者の多くは、相続税額の2割加算の適用対象者でもあるため、特別寄与料の支払いがあった場合には、同一の被相続人に係る相続税の納税総額は増加するケースが多いことに留意が必要です。

◆図表－8◆ 相続税額の２割加算の適用対象者、及び特別寄与者となり得る者の範囲の比較

被相続人との関係				身分	２割加算	特別寄与者
配偶者				相続人	－	
一親等の血族	子	実子		相続人	－	－
		養子	直系卑属 代襲相続人			
			直系卑属 代襲相続人以外		対象	
			直系卑属以外			
	親	直系卑属がいる場合		相続人以外	－	対象
		直系卑属がいない場合		相続人		－
子以外の直系卑属	代襲相続人			相続人	－	－
	代襲相続人以外	養子			対象	
		養子以外		相続人以外		対象
親以外の直系尊属	直系卑属及び親がいない場合			相続人		－
	直系卑属又は親がいる場合			相続人以外		対象
上記以外で、相続人となった者（直系卑属及び直系尊属がいない場合の兄弟姉妹等）				相続人	対象	－
上記以外の親族（子の配偶者等）				相続人以外		対象
上記以外の者（内縁の妻等）				相続人以外		－

②　相続開始前3年以内に被相続人からの暦年贈与があった場合

㈠　相続税の課税価格計算（贈与財産の加算）

相続又は遺贈により財産を取得した者が、被相続人からその相続開始前3年以内に贈与を受けた財産がある場合には、贈与税の課税の有無にかかわらず、その贈与を受けた財産の贈与の時の価額をその者の相続税の課税価格に加算します（相法19①、相基通19-1）。

㈡　相続税の税額計算（贈与税額控除）

上記㈠により加算された財産の価額に対応する贈与税の額は、加算された者の相続税の計算上控除します（相法19①）。

㈢　特別寄与者が相続開始前3年以内に被相続人から贈与を受けた財産がある場合

特別寄与者が納付すべき相続税額を計算する場合において、その特別寄与者が被相続人からその相続開始前3年以内に贈与を受けた財産があるときは、上記㈠の贈与財産の加算と㈡の贈与税額控除の適用があります。特別寄与料の額のみを申告すればよいわけではない点に留意が必要です。

(4)　被相続人の住所が国外にある場合

①　財産の所在に関する判定

特別寄与料が国内財産に該当するか国外財産に該当するかの判定は、被相続人の住所の所在により行うとされています（相法10③、相基通10-7）。したがって、被相続人の住所が国外にある場合の特別寄与料は国外財産となるため、特別寄与者が相続税法における制限納税義務者であるときは、その特別寄与料については日本の相続税は課税されません（相法1の3①三・四、2②）。

② 特別寄与料の額が特別寄与者の相続税の課税価格に算入されない場合における、相続人の課税価格計算

上記①のとおり、特別寄与料が国外財産とされる場合において、特別寄与者が制限納税義務者であるときは、その特別寄与料の額はその特別寄与者に係る相続税の課税価格に算入されないことから、相続人が支払う特別寄与料についても「相続又は遺贈により取得した財産の価額から特別寄与料の額のうち各相続人の負担に属する部分の金額を控除して計算する」という取扱いはありません（相法13④、図表－7参照、相基通13-8の2）。すなわち、相続人は、特別寄与料の支払いを考慮せずに相続税の課税価格を計算することとなります。

(5) 実務上の留意点等

① 特別寄与料を金銭ではなく、不動産や有価証券等の現物で支払った場合

特別寄与者が有する特別寄与料の支払請求権は、民法上、金銭債権とされています（民法1050①）。したがって、相続人がその金銭債権に係る債務を履行するために、特別寄与者に対して不動産や有価証券等の現物を移転した場合には、その相続人が代物弁済をしたものとして取り扱われます（民法482）。

税務上、代物弁済があった場合には、その代物弁済により移転する資産の譲渡があったものとして取り扱われます。すなわち、代物弁済により譲渡所得の基因となる資産を移転する場合には、原則として代物弁済により消滅する債務の額を譲渡所得の総収入金額として譲渡所得を計算することになります。

② 民法の特別寄与の制度によらず、特別寄与料に相当する金額の贈与をする場合

特別寄与者が納付すべき相続税額を計算する際には、上記(3)①に記載のとおり相続税額の2割加算の適用があることが多く、その場合には、特別寄与料の支払いがない場合と比べて、相続人、受遺者及び特別寄与者全体の相続税の納税総額は増加します。

また、相続人に係る期限内申告書の提出期限後かつ提出後に特別寄与料の支払いが確定したような場合には、あらためて相続税の申告書等を作成しなければならない（相続人の更正の請求、特別寄与者の期限内申告又は修正申告）という実務上の煩雑さもあります。

特別寄与料の額、追加で納付することとなる相続税又は贈与税の額、税理士報酬の額等によっては、実務上は、民法の特別寄与の制度によることなく（相続人から特別寄与者への特別寄与料の支払いではなく）、相続人と特別寄与者との合意により、「相続人から特別寄与者への特別寄与料相当額の金銭の贈与」をし、贈与税の申告・納付で解決することもあると考えます。

(6) 適用関係

上記の改正は、令和元年7月1日以後に開始する相続に係る相続税について適用されます（令和元年改正法附則1三ロ、民法及び家事事件手続法の一部を改正する法律附則2)。

（宮田　房枝）

Ⅱ 信託の税務

1 基本の課税関係

(1) 受益者等課税信託

　税法では実質所得者課税の原則に基づき、実質的に利益を受ける者、つまり受益者が信託財産を有するものとみなして受益者に課税されます（所法12、13、法法11、12、相法9の2）。

(2) 信託の効力発生時の課税関係

① 自益信託の場合

　自益信託は委託者と受益者が同じであり、信託の効力発生の前後で経済的価値の移転が起こらないことから、信託の効力発生時に課税関係は生じません。

② 他益信託の場合

　他益信託は委託者と受益者が異なり、信託の効力発生により経済的価値が移転するため、次の区分に応じて課税関係が生じます。

㈑ 適正な対価の授受を伴う場合

　経済的価値の移転に対して適正な対価の授受がある場合には、委託者が受益者に信託財産を譲渡したものとして、委託者に対し所得税又は法人税が課税されます。

㈹　適正な対価の授受を伴わない場合

　適正な対価の授受がない場合には、時価と対価との差額について贈与又は遺贈、寄附、低額譲渡などがあったものとして、図表－1のとおり課税されます（相法9の2①、所法59①、67の3③、所基通34-1（5）、67の3-1、法法22②、37⑦・⑧）。

◆図表－1◆　適正な対価の授受を伴わない場合の課税関係

		受益者			
		個人		法人	
委託者	個人	ⓐ 課税なし	贈与税又は相続税	ⓑ 所得税	法人税
	法人	ⓒ 法人税	所得税	ⓓ 法人税※	法人税※

※　完全支配関係がある法人間の場合はグループ法人税制の対象
　ⓐ…委託者から贈与又は遺贈があったものとして、受益者である個人に贈与税又は相続税が課税されます。
　ⓑ…委託者である個人に対してはみなし譲渡として所得税が課税され、受益者である法人に対しては受贈益として法人税が課税されます。
　ⓒ…委託者である法人に対しては譲渡・寄附金又は給与として法人税が課税され、受益者である個人に対しては一時所得又は給与所得として所得税が課税されます。
　ⓓ…委託者である法人には譲渡・寄附金として、受益者である法人には受贈益として、それぞれ法人税が課税されます。両者が完全支配関係のある法人である場合には、グループ法人税制の適用を受けます。

(3) 信託期間中の課税関係

① 原則的な取扱い

　信託の受益者がその信託財産に属する資産及び負債を直接有しているとみなして、かつ、その信託財産に帰属する収益及び費用を受益者の収益及び費用とみなして、受益者に所得税又は法人税等が課税されます（所法13、法法12）。収益及び費用は総額法により計算します（所基通13-3、法基通14-4-3）。

② 不動産所得における損失の特例

　不動産所得の計算上、信託による不動産所得の損失は、受益者の固有財産である不動産所得から生じた利益と損益通算することはできず、また翌年への損失の繰越しもできません（措法41の4の2①）。

(4) 信託終了時の課税関係

① 受益者と帰属権利者が同一の場合

　信託終了直前の受益者と帰属権利者が同一の場合は、信託終了時の課税は行われません。

② 受益者と帰属権利者が同一でない場合

　信託終了直前の受益者と帰属権利者が違う場合は、信託終了時に経済的価値が移転することから、次の課税関係が生じます。

(イ) 適正な対価の授受を伴う場合

　帰属権利者から直前の受益者へ適正な対価の授受がある場合には、直前の受益者が帰属権利者に信託財産を譲渡したものとして直前の受益者に対し所得税又は法人税が課税されます。

(ロ) 適正な対価を伴わない場合

　適正な対価の授受がない場合には、時価と対価との差額について

贈与又は遺贈や寄附、低額譲渡などがあったものとして、図表－2のとおり課税されます（相法9の2①、所法59①、所基通34-1(5)、法法22②、37⑦・⑧）。

◆図表－2◆　適正な対価の授受を伴わない場合の課税関係

		帰属権利者			
		個人		法人	
直前の受益者	個人	課税なし	贈与税又は相続税 ⓐ	所得税	法人税 ⓑ
	法人	法人税	所得税 ⓒ	法人税※	法人税※ ⓓ

※　完全支配関係がある法人間の場合はグループ法人税制の対象
　ⓐ…直前の受益者から贈与又は遺贈があったものとして、帰属権利者である個人に贈与税又は相続税が課税されます。
　ⓑ…直前の受益者である個人に対してはみなし譲渡として所得税が課税され、帰属権利者である法人に対しては受贈益として法人税が課税されます。
　ⓒ…直前の受益者である法人に対しては譲渡・寄附金又は給与として法人税が課税され、帰属権利者である個人に対しては一時所得又は給与所得として所得税が課税されます。
　ⓓ…直前の受益者である法人には譲渡・寄附金として、帰属権利者である法人には受贈益として、それぞれ法人税が課税されます。両者が完全支配関係のある法人である場合には、グループ法人税制の適用を受けます。

（廣瀬　理佐）

② 法人課税信託

(1) 法人課税信託

　税法では実質所得者課税の原則に従い、信託財産から生じた利益については信託の受益者に課税されますが、受益者が存在しない信託その他一定の信託の場合は信託自体に法人税が課税されます（信託段階法人課税）。このような信託を法人課税信託といいます（法法2二十九の二）。信託は法人格を持たず権利義務の帰属主体にならないので、実際には受託者が納税義務者となります（法法4の6）。

(2) 法人課税信託となる信託

　法人課税信託となるのは次の信託です（集団投資信託、退職年金信託、特定公益信託等を除きます）（法法2二十九の二）。

① 受益証券を発行する旨の定めのある信託
② 受益者が存在しない信託
③ 法人が委託者となる信託のうち一定のもの
④ 投資信託
⑤ 特定目的信託

(3) 「受益者が存在しない信託」とは

　委託者と受託者は信託設定時に必須の存在ですが、受益者は必ずしも信託の効力発生時に存在・確定していなければならないわけではありません。例えば、将来生まれてくる孫を受益者に指定した信託や、不特定の者に一定の給付をすることを目的とした信託で信託

の効力発生時に受給者が具体的に決定していない信託等は、受益者が存在しない信託となります。さらに、信託の効力発生時は受益者が存在していても受益者の死亡等により受益者が不在になると、受益者の存在しない信託となり、税務上は法人課税信託として扱われます。

　なお、信託を変更する権限を現に有し、かつ、その信託の信託財産の給付を受けることとされている者等のみなし受益者が存在する信託は受益者が存在しない信託には該当しません（所法13②、法法12②）。

(4)　法人課税信託の税務

　受益者が委託者の親族以外の法人課税信託の課税関係は、次のとおりです。

①　信託の効力発生時の課税関係

　効力発生時には、受託者に対して信託財産の時価を受贈益として法人税が課税されます。信託財産が不動産等である場合には、委託者に対してみなし譲渡として所得税が課税されます。

②　信託期間中の課税関係

　信託財産から生じた所得について、受託者に法人税が課税されます。

③　受益者が存在することとなったときの課税関係

　受益者が存在しない信託に受益者が存在することとなった場合には、法人課税信託は終了し、受益者等課税信託に変わります。受益者等課税信託の効力発生時における受益者に対する課税に相当する課税はすでに上記①で受けているので、この時点で課税関係は生じません。

(5)　受益者が委託者の親族である場合の租税回避防止規定

　上記(3)の受益者が存在しない信託において、受益者が委託者の親族である場合には、法人税と相続税の税率の差を利用した租税回避を防止するために次の規定が設けられています。

> ①　受益者として指定された者が委託者の親族である場合には、信託効力発生時において受託者が委託者から贈与又は遺贈により信託に関する権利を取得したものとして、贈与税又は相続税が課税されます（相法9の4①）。
> ②　将来生まれる孫を受益者に指定した場合でその孫が生まれるなど受益者が存在することになった場合には、その時点において個人から贈与により信託に関する権利を取得したものとして贈与税が課税されます（相法9の5）。

(6)　消費税法における取扱い

　消費税法においても法人課税信託は受託者を法人とみなして課税され、法人課税信託の受託者は、法人課税信託以外の固有事業及び個々の法人課税信託に係る受託事業ごとに、それぞれ別の者とみなして消費税の適用を受けます。

　ただし、法人課税信託の受託事業についての納税義務の有無は受託者の固有事業に係る基準売上高により判定し、受託者が固有事業において簡易課税制度の適用を受ける場合には法人課税信託に係る受託事業についても簡易課税制度が適用されるなど、中小事業者の事務処理能力に配慮した制度の適用については受託者の固有事業における基準売上高や選択に従った扱いを受けます（消法15、消基

通 4-4-2)。

（廣瀬　理佐）

3 委託者・受託者・受益者の死亡

(1) 受益者等課税信託における委託者・受託者・受益者の死亡

信託財産の所有権は受託者にありますが、信託の経済的価値を実質的に享受する者は受益者です。そのため委託者又は受託者が死亡した場合には、課税関係は生じません。受益者が死亡した場合には、相続税の課税関係が生じます。

① 委託者が死亡した場合

信託財産はすでに受託者に所有権が移転しているため、委託者の相続財産には含まれません。また、委託者の死亡を信託の終了事由に定めていなければ、委託者が死亡しても信託は終了することなく継続します。

② 受託者が死亡した場合

信託財産は信託に帰属する財産であり受託者個人の固有財産とは別個のものであるため、受託者が死亡した場合に信託財産に相続税の課税が行われることはありません。また、直前の受託者である死亡した者から新受託者に対する信託財産の移転についても、相続税は課税されません。

なお、受託者の地位は受託者の死亡によってその相続人に相続されることはなく、受託者である個人の死亡によってその受託者の任務は終了します。受託者が不在のまま1年が経過すると、信託法の規定により信託は終了します（信法163三）。

③ 受益者が死亡した場合

受益者が死亡した場合には、信託行為で定められた新たな受益者はその死亡した受益者から遺贈により信託財産を取得したものとみなして、その新たな受益者に相続税が課税されます（相法9の2②）。

信託行為において、受益者の死亡が信託の終了事由と定められている場合は受益者の死亡により信託は終了し、この場合は受益者から遺贈により信託財産を取得したものとして残余財産の帰属権利者に相続税が課税されます（相法9の2④）。

(2) 相続税における信託受益権の評価

個人が遺贈により受益権を取得したものとみなされる場合、その受益者が有する受益権は、相続開始時における信託財産の価額を基礎として、次のとおり評価します（財基通202）。

① 元本受益者と収益受益者が同一の場合

信託財産の価額により評価します。

② 元本受益者と収益受益者が同一の場合で、元本と収益の一部を受ける場合

信託財産の価額に受益割合を乗じた価額により評価します。

③ 元本受益者と収益受益者が異なる場合

複層化信託の受益権として評価します（下記**6**、74ページ参照）。

(3) 個人が遺贈により受益権を取得したとみなされた場合の小規模宅地等の特例

信託財産である宅地等についても、小規模宅地等の特例の対象となります（相法9の2、措法69の4、措令40の2㉗）。

（廣瀬　理佐）

4 その他の税金(印紙税・登録免許税・不動産取得税)

(1) 印 紙 税

　信託の設定方法には三つの方法がありますが、このうち契約において信託を設定した場合の信託契約書には印紙税が課税されます。遺言信託における遺言書及び信託宣言における公正証書その他の書面には印紙税は課税されません（印紙税法基本通達別表第1第12号文書1注2）。

> ＜印紙税＞　信託契約書1通につき200円（第12号文書）

(2) 信託財産が不動産の場合の登録免許税・不動産取得税（登法9、別表第1、措法72）

① 信託効力発生時

　不動産は「登記又は登録をしなければ権利の得喪及び変更を第三者に対抗することができない財産」であるため、所有権の信託登記が必要となり登録免許税が課税されます（信法14）。ただし、委託者から受託者に信託する財産の所有権を移すという行為については、登録免許税は課税されません。また、形式的な所有権の移転であるため、家屋の新築に係る一定の場合を除き不動産取得税も課税されません（登法7①一、地法73の7）。

> ＜登録免許税―信託登記分＞　1,000分の4
> （土地については令和3年3月31日までは1,000分の3）

② 信託期間中

　信託期間中に信託の登記内容や信託財産に異動があった場合に

は、登記の変更が必要です。

(イ)　受託者の変更があった場合

　受託者を変更した場合、登記は必要ですが受託者であった者から新たな受託者への信託財産の移転に対しては、登録免許税は課税されません（登法7①三）。

(ロ)　受益者の変更があった場合

　信託財産である不動産は受益者を変更することで、信託受益権のまま譲渡することが可能です。信託受益権は、不動産ではありませんので、不動産取得税は課税されません。

> ＜登録免許税＞　不動産1個につき1,000円

(ハ)　信託財産の処分による不動産の購入

　信託財産である金銭を使って不動産を購入した場合には、取得したことについての不動産の移転登記とその不動産が信託財産であることの信託登記を同時に行います。不動産取得税は、信託と関係ない場合の不動産の取得と同様に課税されます。

> ＜登録免許税―移転登記分＞　1,000分の20
> （土地については令和3年3月31日までは1,000分の15）
> ＜登録免許税―信託登記分＞　1,000分の4
> （土地については令和3年3月31日までは1,000分の3）
> ＜不動産取得税＞　4％
> （土地及び住宅については令和3年3月31日までは3％）

(ニ)　信託内での建物の建築

　信託財産である金銭を使って建物を建築した場合には、建物の保存登記とその建物が信託財産であることの信託登記を同時に行います。不動産取得税は、信託と関係ない場合の家屋の新築と同様に課

税されます。

> ＜登録免許税─保存登記分＞　1,000 分の 4
> ＜登録免許税─信託登記分＞　1,000 分の 4
> ＜不動産取得税＞　4％
> （住宅については令和 3 年 3 月 31 日までは 3％）

㈲　信託財産の処分による不動産の売却

　信託行為として信託財産である不動産を現物として売却した場合には、信託の抹消登記と不動産の買い手への移転登記を同時に行います。買い手には、不動産取得税が課税されます。

> ＜登録免許税─信託の抹消登記分＞不動産 1 個につき 1,000 円
> ＜登録免許税─移転登記分＞　1,000 分の 20
> （土地については令和 3 年 3 月 31 日までは 1,000 分の 15）
> ＜不動産取得税＞　4％
> （土地及び住宅については令和 3 年 3 月 31 日までは 3％）

③　信託終了時

　信託終了によって信託財産が誰に引き継がれるかにより、課税関係が異なります。

㈤　帰属権利者へ引き継がれる場合（㈡、㈢を除く）

> ＜登録免許税─信託の抹消登記分＞不動産 1 個につき 1,000 円
> ＜登録免許税─移転登記分＞　1,000 分の 20
> ＜不動産取得税＞　4％
> （土地及び住宅については令和 3 年 3 月 31 日までは 3％）

㈡　委託者である元本受益者へ引き継がれる場合

　信託の効力発生時から終了時まで引き続き委託者のみが信託財産

の元本受益者である場合で、その委託者兼受益者へ引き継がれる場合には、登録免許税及び不動産取得税は非課税となります（地法73の7、登法7①二）。

⑾　委託者である元本受益者の相続人へ引き継がれる場合

信託の効力発生時から終了時まで引き続き委託者のみが信託財産の元本受益者である場合で、委託者兼受益者の相続人へ引き継がれる場合は、その登記原因は相続とみなされます（登法7②）。不動産取得税は非課税です。

> ＜登録免許税―信託の抹消登記分＞不動産1個につき1,000円
> ＜登録免許税―相続登記分＞　1,000分の4

（廣瀬　理佐）

5 受益者連続型信託

(1)　受益者連続型信託

受益者連続型信託とは、一定の受益権が順次移転することを信託行為で定めている信託のことで、例えば父から子、子から孫へと信託受益権を引き継いでいく後継ぎ遺贈型信託も受益者連続型信託の一つです。

(2)　相続税法上の受益者連続型信託

相続税法では、次の信託を受益者連続型信託として扱います（相令1の8）。

① 受益者の死亡によりその者の受益権が消滅して他の者が新たに受益権を取得する信託
② 受益者の死亡により順次他の者が受益権を取得する信託
③ 受益者指定権※を有する者の定めがある信託

※ 受益者指定権とは、受益者を指定又は変更する権利のことです（信法89）。

(3) 信託の構造

「自分（A）の死後、妹Bが生活に困らないようにBの生存中は定期収入として地代がBに入るようにしてあげたい。しかしBの死後は自分の長男であるCに土地を相続させたい」という場合、まずAが委託者兼当初受益者となる自益信託を設定し、Bを第2受益者、Cを第3受益者として指定します。委託者兼当初受益者であるAの死後には第2受益者であるBが、Bの死後には第3受益者であるCが受益権を引き継ぐことになります。

① 委託者A
② 受益者
　㈠　当初受益者＝A
　㈡　当初受益者が死亡した場合の受益者（第2受益者）＝Aの妹（B）
　㈢　第2受益者が死亡した場合の受益者（第3受益者）＝Aの長男（C）

(4) 受益者連続型信託における課税

上記(3)の信託の場合、税務上、BはAから、CはBから受益権

を取得したものと考えます（相法9の2、9の3）。そして受益者の変更が信託行為においてどのように定められているかにより、受益者変更時の課税関係が決まります。なお、以下では無償により受益権が移転する場合を前提とします。

① 受益者の変更が前受益者の死亡に基因するものである場合

Aの死亡によりBが受益権を取得した場合は、BがAから遺贈により受益権を取得したものとみなしてBに相続税が課税されます。そして、Bの死亡によりCが受益権を取得した場合には、CがBから遺贈により受益権を取得したものとみなしてCに相続税が課税されます。

② 上記①以外の場合で受益者の変更に際し、適正な対価の授受がない場合

前受益者の死亡以外の信託契約に定めた事由によって新受益者が受益権を取得した場合は、新受益者が前受益者から贈与により受益権を取得したものとして、新受益者に贈与税が課税されます。

③ 新受益者が法人の場合

新受益者が法人である場合は、贈与により受益権に係る資産の移転があったものとして前受益者である個人に対してみなし譲渡として所得税が課税され、新受益者である法人に対しては受贈益として法人税が課税されます。

(5) 信託受益権の評価

受益者連続型信託では各受益者が信託から利益を受ける期間や財産の処分について制約がありますが、信託受益権の評価上はそれらの制約はないものとして課税時期におけるその信託財産の時価で信託受益権を評価します（相法9の3）。受益者変更のたびに、その

時における信託受益権の評価額に対して課税されますので、節税のメリットはありません。

（廣瀬　理佐）

6　受益権複層化信託

(1)　受益権複層化信託

　信託することにより財産は受益権に形を変え、受益権を分解することで権利を細分化することが可能になります。例えば、土地が生み出す収益部分と土地の本体部分とを切り分けることができます。

　受益権複層化信託とは、このように信託受益権を収益受益権と元本受益権とに複層化した信託であり、収益受益権の受益者と元本受益権の受益者を個々に指定することができるようになります。

(2)　複層化した信託受益権の評価

　複層化した信託受益権は収益受益権部分と元本受益権部分とに分けて次のように評価します。収益受益権と元本受益権の評価額の合計は、受益権を複層化しなかった場合のその信託受益権の評価額（＝課税時期における信託財産の価額）と等しくなります（財基通202）。

　なお、受益者連続型信託で、かつ、受益権が複層化された信託（受益権が複層化された受益者連続型信託）の信託受益権については、収益受益権の受益者が法人である場合又は収益受益権の全部もしくは一部の受益者等が存しない場合を除き、信託財産の評価額がそのまま収益受益権の評価額となり、元本受益権の評価額は0となります（相法9の3、相基通9の3-1）。

① 収益受益権の評価額

課税時期の現況において推算した、収益受益者が将来受けるべき利益の価額ごとに、課税時期からそれぞれの受益の時期までの期間に応じた基準年利率による複利現価率を乗じて計算した金額の合計額

② 元本受益権の評価額

課税時期における信託財産の価額から、収益受益権の評価額（①）を控除した価額

(3) 計 算 例

- ・信託財産　貸付金 5 億円
- ・貸付期間　15 年
- ・信託財産の金利　3%

① 設定時の収益受益権の評価

5 億円の貸付金から毎年生じる利息を、利払いまでの各期間の複利現価率で割り戻した金額の合計額

1,500 万円（金利 / 年）→ 2 億 2,350 万円

※　基準年利率が短期中期 0.01%、長期 0.1%の場合の複利現価率で計算

② 設定時の元本受益権の評価

5 億円（信託財産）－ 2 億 2,350 万円＝ 2 億 7,650 万円

◆図表－3◆　複層化した信託受益権の評価額

（単位：万円）

	収益受益権	元本受益権	収益受益権＋元本受益権の合計
設定時	22,350	27,650	50,000
1 年後	20,873	29,128	50,000
2 年後	19,394	30,607	50,000
3 年後	17,913	32,087	50,000
4 年後	16,431	33,569	50,000
5 年後	14,948	35,053	50,000
6 年後	13,463	36,538	50,000
7 年後	11,976	38,024	50,000
8 年後	10,488	39,512	50,000
9 年後	8,999	41,002	50,000
10 年後	7,500	42,500	50,000
11 年後	6,000	44,000	50,000
12 年後	4,500	45,500	50,000
13 年後	3,000	47,000	50,000
14 年後	1,500	48,500	50,000
15 年後	0	50,000	50,000

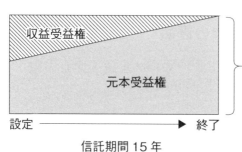

信託期間終了時には、収益受益権の価値は0となります

信託期間15年

(4)　評価上の問題点

　上記の計算を行うためには、評価時点において、将来にわたって受ける収益の額と受け取る時期を見積もり、期間を確定させる必要があります。また、収益利回りの高低や収益期間の長短が元本受益権と収益受益権の評価に大きく影響するため、税務上は恣意性の排除が重要となります。

　信託期間の中途で収益額の見積りや期間が変更になった場合や信託を解除した場合には収益受益権と元本受益権の評価が適正ではなかったことになるため再度評価する必要があり、差額に対して課税を受けるおそれがあります。課税上の取扱いに不明確な部分があることから、現状では受益権複層化信託の信託財産には、公社債や貸付金、定期借地権の対象となっている土地、配当金額を確定させた優先株式など、一定の期間にわたり、確定した収入が確実に見込まれるものが向いていると考えます。

（廣瀬　理佐）

第3部

課題解決の指針

I 遺される妻の居住の確保（配偶者居住権）

事例設定

　亡甲の相続人は、妻（後妻）及び長男（先妻の子）である。甲の相続財産は自宅の土地・建物及び預貯金であり、遺言はない。妻は今後も自宅に住み続けたいと考えている（図表－1）。

◆図表－1◆　亡甲の相続人と相続財産の状況

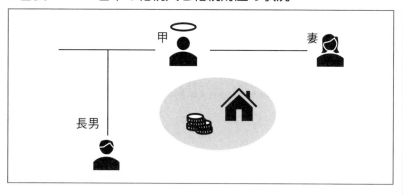

1 相続法務の視点

　妻の居住を確保するための方法として、民法上どのようなものがありますか。

　従来からの、建物の所有権や共有持分の取得、建物所有者との賃貸借契約の締結のほか、平成30年の民法改正により新設された配偶者居住権や配偶者短期居住権があります。

✓ 解 説

(1) 建物の占有権原の確保の必要性

　夫の生前はその同居者であり占有補助者であった妻は、建物所有者であった夫の死亡により、その建物を当然には利用できなくなります。そこで、妻が独立した占有権原を取得する必要があります。占有権原とは、その物を占有することを正当化するための法律上の原因のことです。例えば、他人の土地を無断で占有する不法占有者には占有権原がありません。これに対して、他人の土地について賃貸借契約を結んで賃借権に基づいて占有する人（賃借人）には占有権原があります。また、占有補助者とは、株式会社の財産を管理する会社の代表者や、店主の商品を所持する店員等、独立した所持が

なく、占有者の手足（機関）となって物を所持する者をいいます。

　妻は、夫の生前は夫の所有権という占有権原の下、その占有補助者として建物に住むことができますが、夫が死亡して他の相続人が所有権を取得すると建物についての占有補助者としての地位を失ってしまうのです（図表－2）。

◆図表－2◆　相続開始前後での配偶者の居住権の違い

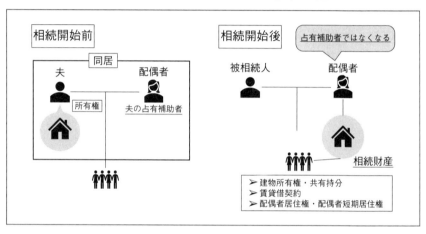

(2)　建物の所有権や共有持分の取得

　夫の遺言（遺贈や特定財産承継遺言）や、夫の相続人間の遺産分割により、建物の所有権やその一部（共有持分）を妻が取得します。妻は、所有者（共有者）として建物を利用することができます。

(3)　賃貸借契約の締結

　夫の相続人間での遺産分割により建物の所有権を取得した相続人と妻との間で、建物を目的とした賃貸借契約を締結します。これに

より、妻は、建物賃借権を取得します。この場合、妻は建物所有者に対して賃料を支払うことになります。賃料支払いをしない、つまり、使用貸借契約によることも考えられますが、その場合、建物を第三者に譲渡されると、妻は、その利用権を譲受人に対して対抗することができません。

(4) 配偶者居住権・配偶者短期居住権

　配偶者居住権は、賃借権類似の法定債権として、民法の定める要件を充足することで発生します。相続財産の大部分を居住用不動産が占めていて、配偶者が建物所有権を取得すると他の財産（特に金銭）を取得することができなくなってしまう場合に、処分権が制限されている配偶者居住権を取得するとすることで、配偶者が他の財産を得られるようにします。また、建物所有者との賃貸借契約の締結が困難な場合であっても、配偶者居住権によって配偶者の利用権を確保することができます。配偶者居住権は、「遺産分割等における選択肢を増やす趣旨で創設されたもの」（一問一答11ページ）とされています。

　配偶者短期居住権は、使用借権類似の法定債権として、民法の定める要件を充足することで発生します。被相続人（夫）の死亡により、配偶者（妻）は、被相続人の相続開始により占有補助者としての資格を失うため、新たな占有権原を取得しない限り、居住建物を無償で使用する法的根拠を失います。また、住み慣れた居住建物を直ちに退去しなければならないとすると、配偶者には精神的にも肉体的にも大きな負担となります。そこで、被相続人の意思にかかわらず、配偶者の短期的な居住の権利を保護するために創設されたのが配偶者短期居住権です（堂薗25ページ）。

（金森　健一）

平成 30 年の民法改正で創設された配偶者居住権や配偶者短期居住権とは、どのような内容の権利ですか。

居住建物の所有者に対して一定期間配偶者がその建物に居住することを請求することができる法定の債権とされます。配偶者居住権は原則、配偶者が亡くなるまで、配偶者短期居住権は被相続人の相続開始時から 6 か月までか、遺産分割成立時までのいずれか遅い時まで存続します。

✓ 解 説

(1) 配偶者居住権と配偶者短期居住権の共通点

いずれも居住建物を無償で使用することができる権利であり、その成立や内容は法律によって定まる法定の債権である点が共通します。

(2) 配偶者居住権と配偶者短期居住権の相違点

配偶者居住権と配偶者短期居住権は、次のような点で異なります（図表－3）。

◆図表－3◆　配偶者居住権と配偶者短期居住権の違い

	配偶者居住権	配偶者短期居住権
設定行為	遺贈、死因贈与、遺産分割（1028 ①、1029）	不要（1037 ①）
具体的相続分による取得	あり	なし
対象範囲	建物の全部（1028 ①）	建物の全部又は一部（1037 ①）
期間	配偶者の終身の間又は別段の定めが可能（1030）	相続開始時から原則遺産分割終了時まで等（1037 ① 一・二）
登記請求権	あり（1031 ①）	なし
居住建物の譲渡	可能	可能。ただし、債務不履行に基づく損害賠償責任を負う（1037 ②参照）
対抗力	登記されればあり（1031 ②、605）	なし
利用態様	使用及び収益（1028 ①）	使用のみ（1037 ①）
消滅原因	存続期間の満了（1036、597 ①） 居住建物の所有者による消滅請求（1032 ④） 配偶者の死亡（1036、597 ③） 居住建物の全部滅失等（1036、616 の 2）	存続期間の満了（1037 ① 各号） 居住建物取得者による消滅請求（1038 ③） 配偶者による配偶者居住権の取得（1039） 配偶者の死亡（1041、597 ③） 居住建物の全部滅失等（1041、616 の 2）

※　カッコ内の数字はすべて民法の条文番号

(3)　費用負担

　配偶者居住権も配偶者短期居住権も、配偶者が居住建物の通常の必要費を負担します（民法1034①、1041）。

　通常の必要費には、居住建物の保存に必要な通常の修繕費用、居住建物やその敷地の固定資産税が含まれるといわれています（堂薗17ページ）。

（金森　健一）

▸▸　QⅠ-1-3　配偶者居住権・配偶者短期居住権の設定方法

　配偶者居住権や配偶者短期居住権は、どのように設定されますか。

　配偶者居住権は、遺贈、死因贈与、遺産分割により設定されます。配偶者短期居住権は、特別の設定行為は不要で、要件に該当すると当然に成立します（図表－4）。

◆図表－4◆　各権利と設定行為の要否

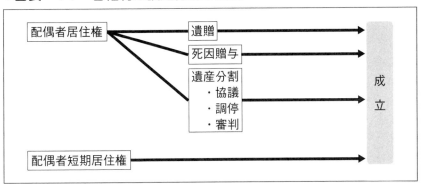

◆図表－4◆　各権利と設定行為の要否

解　説

(1)　遺贈による設定―配偶者居住権

　遺言による相続人への承継には、遺贈による場合と特定財産承継遺言（民法1014②）による場合とがありますが、民法1028条1項2号は、配偶者居住権の設定について遺贈による方法のみを認めています。特定財産承継遺言による場合には、配偶者が配偶者居住権の取得のみの拒絶をすることができなくなるためです（中込101ページ）。遺言において「妻に、配偶者居住権を相続させる」との記載がされた場合でも、「遺産分割方法の指定については負担を付すことはできないという考え方を前提とすると……負担付遺贈と解すべきことになる」との指摘がありますが（中込102ページ）、遺言書作成実務においては「配偶者居住権を遺贈する」と記載するべきでしょう。

　なお、「特定財産承継遺言」とは、改正前まで「相続させる旨の遺言」と呼ばれていたもののうち、遺産分割方法の指定として遺産

に属する特定の財産を共同相続人の1人又は数人に承継させる旨の遺言のことをいいます。被相続人の死亡時に直ちにその遺産がその特定の相続人に承継されます。もし、これを放棄したいときは、相続放棄（民法938以下）の手続きをとることを要します。

(2) 死因贈与による設定―配偶者居住権

民法1028条1項には定めがありませんが、民法554条が死因贈与について遺贈に関する規定を準用するとしていることから、死因贈与によっても配偶者居住権を設定することができるとされています（中込102ページ）。

(3) 遺産分割協議による設定―配偶者居住権

共同相続人のうち一部の者が居住建物の所有権を取得し、配偶者が配偶者居住権を取得する旨を含む遺産分割協議が成立する場合は、配偶者居住権の評価額（配偶者がどれだけの具体的相続分で配偶者居住権を取得するか）について相続人間で合意されていることになります。配偶者居住権の評価額が配偶者の具体的相続分を超える場合には、配偶者から他の相続人に対して代償金を支払うことになります。

また、配偶者居住権の買取請求に類似した仕組みを定めることもでき、例えば、配偶者が配偶者居住権を放棄することを条件として、居住建物所有者が一定の金銭を配偶者に支払う定めをすることもできます。

(4) 家庭裁判所の審判による設定―配偶者居住権

家庭裁判所の審判による配偶者居住権の設定については、民法1029条が定めています。相続人の合意に基づく協議や調停により

遺産分割が成立した場合とは異なり、配偶者居住権の設定は、相続人全員の利益に少なからず影響を与え、また、居住建物について、配偶者はこれを無償で使用し、居住建物の所有権を取得する相続人は存続期間中これを使用できず、建物所有者と配偶者との間で紛争を生じさせるおそれもあります（中込109ページ参照）。そこで、次のいずれかの場合にかぎり、審判による配偶者居住権の設定が認められています。

① 共同相続人間に合意が成立しているとき（民法1029一）。配偶者居住権の設定については共同相続人の合意があるものの、居住建物以外の財産の分割について合意が得られないために遺産分割協議が成立しない場合がこれに当たる（中込110ページ）。

② 配偶者が家庭裁判所に対して配偶者居住権の取得を希望する旨を申し出た場合において、居住建物の所有者の受ける不利益の程度を考慮してもなお配偶者の生活を維持するために特に必要があると認めるとき（民法1029二）。

(5) 配偶者短期居住権の成立

配偶者短期居住権は、配偶者居住権と異なり、遺言等で設定することを要せず、法律で定める要件が充足すれば当然に成立します（QⅠ-1-4(3)参照）。

（金森　健一）

Q　甲に内縁の妻がいた場合、その内縁の妻も、配偶者居住権や配偶者短期居住権を取得することができますか。

A　内縁の妻は、配偶者（短期）居住権を取得することができません。

✓　解　説

(1)　配偶者（短期）居住権と「配偶者」

　配偶者（短期）居住権の取得者について、「被相続人の配偶者」（民法 1028 ①、1037 ①）としており、これは、相続権を有する配偶者、すなわち法律婚の配偶者を意味するとされています（中込97 ページ）。

(2)　その他の成立要件─配偶者居住権

　配偶者居住権のその他の成立要件は、次のとおりです。

> ①　被相続人の財産に属した建物であること（民法 1028 ①本文）
> ②　相続開始時に配偶者が居住していたこと（民法 1028 ①本文）

③　建物が配偶者以外の者との共有でないこと（民法 1028 ①
　ただし書）
④　設定についての遺産分割、遺贈又は死因贈与がなされること
　（民法 1028 ①一・二）（Q I -1-3 参照）

(3)　その他の成立要件—配偶者短期居住権

　配偶者短期居住権のその他の成立要件は、次のとおりです。

①　被相続人の財産に属した建物であること（民法 1037 ①本文）
②　相続開始時に配偶者が無償で居住していたこと（民法 1037
　①本文）
③　配偶者が相続開始時に配偶者居住権を取得したときでないこ
　とや配偶者が欠格や廃除により相続権を失ったときでないこと
　（民法 1037 ①ただし書）

（金森　健一）

Q 　配偶者居住権や配偶者短期居住権は、遺産分割においてどのように考慮されますか。

A 　遺産分割において、配偶者居住権は配偶者の具体的相続分に含まれます。ただし、一定の場合には、持戻し免除の意思表示の推定により具体的相続分に含まれないこともあります。配偶者短期居住権は、具体的相続分に含まれません。

✔ 解 説

(1) 遺産分割と具体的相続分

① 具体的相続分とは

　具体的相続分とは、「遺産分割手続における分配の前提となるべき計算上の価額又はその価額の遺産の総額に対する割合」（最判平12.2.24・民集54巻2号523ページ）です。指定相続分や法定相続分をもとにして、生前贈与があった場合に特別受益として持ち戻したり、被相続人の財産の維持や増加への特別の貢献を寄与分として考慮したりして、相続人間の公平を確保したうえで定まる、相続財産に対する計算上の割合を意味します。

②　遺産分割における具体的相続分の取扱い

　協議分割や調停分割においては、相続人全員の合意で具体的相続分と異なる割合での分割をすることができますが、審判による分割の場合には、具体的相続分の範囲内で分割がなされなければならないとされます（潮見274ページ）。

(2)　配偶者居住権を取得する場合

①　原　　則

　配偶者が配偶者居住権を取得した場合には、その財産的価値に相当する金額を相続したものと扱うとされ、具体的相続分で取得することになります。したがって、配偶者は、その分、他の相続財産を取得することができなくなります（図表－5）。

◆図表－5◆　配偶者（短期）居住権と具体的相続分

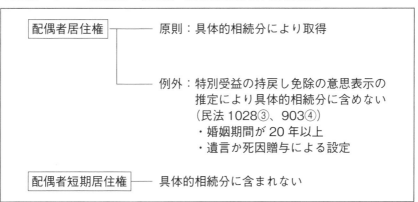

②　例　　外

　特別受益の持戻し免除の意思表示の推定に関する規定（民法903④）が配偶者居住権の遺贈について準用されるため（民法1028

③)、婚姻期間が 20 年以上の夫婦の一方である被相続人が他の一方に対し遺贈又は死因贈与により配偶者居住権を設定するときは、その配偶者居住権に相当する金額について配偶者の具体的相続分に含めないことになり、その分配偶者は他の相続財産を取得することが認められるようになります。

(3) 配偶者短期居住権を取得する場合

配偶者短期居住権を取得しても具体的相続分に含まれません。判例（最判平 8.12.17・民集 50 巻 10 号 2778 ページ）では使用貸借契約によって得られた利益を配偶者の具体的相続分から控除することは予定していないこととのバランスを考慮したものとされます（中込 143 ページ）。

（金森　健一）

▶▶ ＱⅠ-1-6　配偶者居住権と同居人

 配偶者居住権を取得した妻が将来再婚した場合、妻はその再婚相手とその自宅に住み続けることができますか。

 妻が配偶者居住権を有し、再婚相手が妻の占有補助者として認められるかぎりで、妻は再婚相手と自宅に住み続けることができます。

(1)　第三者による使用収益に関する規律

　民法1032条3項は、「配偶者は、居住建物の所有者の承諾を得なければ、（中略–筆者）、第三者に居住建物の使用若しくは収益をさせることができない。」としています。ここでの「第三者」について、「家族や家事使用人……は配偶者の占有補助者に過ぎず、独立の占有を有しないと考えられるため、同居させたとしても第三者に居住建物を使用収益させたことにはならない。」（一問一答24ページ）と指摘されています。

(2)　妻の再婚相手の「第三者」性

　配偶者と再婚した者は、占有権原を有する配偶者の「家族」であり、配偶者の占有補助者ですので、居住建物の所有者の承諾を得ることなく、居住建物に居住することができます（図表–6）。

◆図表－6◆　居住建物の所有者による承諾を要しない同居人

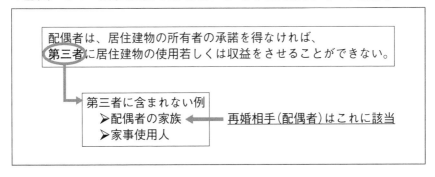

(3) 再婚相手の同居による配偶者居住権の消滅の可否

　再婚相手との同居の可否の検討に関連して、そもそも配偶者が再婚した場合に配偶者居住権は消滅するとの定めをすることができるかどうかについては、ＱＩ-1-7を参照してください。

（金森　健一）

▶▶ ＱＩ-1-7　配偶者居住権の消滅事由

　妻が将来再婚した場合には配偶者居住権を消滅させるというしくみにすることはできますか。

　配偶者居住権の消滅原因は法定されていること、設定行為において存続期間の定めが許容され、その旨の登記がなされることや期間の延長や更新が認められないことからすると、配偶者の再婚により消滅する（停止条件付の）配偶者居住権は設定することができないと考えられます。

✔ 解　説

(1) 配偶者居住権の消滅原因

　配偶者居住権は、法律上、次のいずれかの事由により消滅します（図表-7）。

①	存続期間の満了（民法 1036、597 ①）
②	配偶者の死亡（民法 1036、597 ③）
③	居住建物の全部滅失（民法 1036、616 の 2）
④	居住建物が配偶者の財産に属することとなったこと（民法 1028 ②）
⑤	配偶者による配偶者居住権の放棄
⑥	配偶者による用法遵守義務違反、配偶者居住権の無断譲渡、居住建物の無断増改築、居住建物を無断で第三者に使用させることのいずれかがなされた場合の配偶者居住権の消滅請求　（民法 1032 ④）

(2)　設定時の期間の定めと、延長や更新の禁止

　配偶者居住権の存続期間は、原則として配偶者の終身の間であり（民法 1030 本文）、存続期間について別段の定めをしても配偶者が死亡すれば消滅します（民法 1036、597 ③）。また、存続期間は登記事項ですので（不動産登記法 81 の 2 一）、別段の定めがないときは「存続期間　配偶者の死亡時まで」と、別段の定めがあるときは「令和×年×月×日から×年又は配偶者の死亡時までのうち、いずれか短い期間」などと公示されます（堂薗 24 ページ）。

　財産評価を適切に行うのが困難になるため、配偶者居住権の存続期間の延長や更新は認められていないこと（堂薗 15 ページ参照）や、存続期間は上記のように公示されることが求められていることからすると、終期到来の有無や時期が不明確となるような、権利の消滅に係る停止条件を付することはできないと考えられます。

(3)　再婚したら消滅させることとすることの可否

　以上によると、妻が将来再婚した場合に当然に消滅する配偶者居

住権を設定することはできないと考えられます。

（金森　健一）

▶▶　**Q I - 1 - 8　配偶者居住権・配偶者短期居住権の処分**

配偶者居住権や配偶者短期居住権を取得した妻は、それらの権利を第三者に譲渡（売却、贈与）したり、担保に供したり、建物を第三者に賃貸したりすることはできますか。

配偶者居住権は、建物所有者の承諾を得て第三者へ賃貸することができますが、譲渡や担保提供はできません。配偶者短期居住権は、譲渡、担保提供及び賃貸のいずれもできません（図表－8）。

◆図表－8◆　配偶者（短期）居住権の処分

	譲渡 （売却、贈与）	担保設定 （抵当権の設定等）	賃貸
配偶者居住権	×	×	○
配偶者短期居住権	×	×	×

(1)　配偶者居住権の処分

①　譲渡の禁止

　配偶者は、配偶者居住権を譲渡することができません（民法1032②）。これに違反した譲渡契約は無効です。無断譲渡は、後述の無断賃貸と異なり、配偶者居住権の消滅請求権の原因とはされていません（中込121ページ）。譲渡契約がなされても依然として配偶者が配偶者居住権を有することとなります。譲渡契約に従い、代金を支払った買主は、不当利得等により配偶者（売主）に対しその返還を求めることになります。

②　担保提供の禁止

　上記①のとおり譲渡性が否定されていることから、配偶者居住権は強制執行の対象から外れることになる旨の指摘がされています（中込120ページ）。担保提供（抵当権の設定とその実行）はできないと考えられます。

③　第三者への賃貸

　配偶者は、居住建物の所有者の承諾を得れば、第三者に居住建物の使用又は収益をさせることができますので（民法1032③）、その対価として第三者から賃料を得ることもできます（中込119ページ参照）。居住建物の所有者に無断で第三者に居住建物を使用又は収益させた場合には、配偶者居住権の消滅請求権の原因となります（民法1032④）。

(2)　配偶者短期居住権の処分

①　譲渡の禁止

　配偶者短期居住権は、譲渡することができません（民法1041、1032②）。配偶者短期居住権は配偶者の居住建物における居住を短期的に保護するための権利であり、配偶者に経済的負担を課すことなく当然に成立するもので、譲渡を認める必要性が乏しいからとされます（中込159ページ）。譲渡契約は無効であるため、配偶者短期居住権の消滅事由にはなりません。

②　担保提供の禁止

　配偶者短期居住権も譲渡性が認められないため、配偶者居住権に関する(1)②で述べたところに従い、担保提供はできないと考えられます。

③　第三者への賃貸

　配偶者短期居住権は、居住建物を使用する権利であり（民法1037①本文）、収益することは内容に含まれません。そのため、配偶者は居住建物を第三者に賃貸することができません。配偶者は、居住建物取得者の承諾を得れば、第三者に居住建物の使用をさせることができますが（民法1038②）、賃料を得ることはできないと考えられます。居住建物取得者に無断で第三者に居住建物を使用させたときは、賃料の授受の有無にかかわらず、配偶者短期居住権の消滅申入れの原因となります（民法1038③）。

（金森　健一）

►► QⅠ-1-9 配偶者居住権や配偶者短期居住権が設定された建物等の処分

 長男が配偶者居住権や配偶者短期居住権の設定された不動産の所有権を取得した場合、長男はその不動産を第三者に譲渡したり、担保に供したり、賃貸したりすることはできますか。

 配偶者居住権の場合は、長男は、建物を譲渡又は担保提供をすることはできますが、賃貸することはできません。配偶者短期居住権の場合は、建物の譲渡、担保設定及び賃貸のいずれもできますが、譲渡又は賃貸については債務不履行に基づく損害賠償責任を負うことになります（図表－9）。

◆図表－9◆ 居住建物の処分

	譲渡 （売却、贈与）	担保設定 （抵当権の設定等）	賃貸
配偶者居住権	○	○	×
配偶者短期居住権	○※	○※	○※

※ 配偶者の使用を妨げた場合には、居住建物の所有者は、債務不履行に基づく損害賠償責任を負います。

(1)　不動産所有者による不動産の処分

　戸建て住宅の場合、配偶者居住権及び配偶者短期居住権（以下「配偶者居住権等」）の対象となる居住建物と、その敷地のそれぞれについて、その所有者が処分することができるかが問題になります。

①　居住建物の処分

　居住建物は配偶者居住権等が設定されていますので、居住建物について所有権や賃借権を取得する第三者と、配偶者居住権等を取得する配偶者との間でいずれが優先するか、つまり、配偶者居住権等の対抗力及び他の権利との対抗関係が問題になります。

②　敷地の処分

　居住建物の敷地は配偶者居住権等の対象ではありません。敷地の権利の譲受人（買主等）は、配偶者居住権の対抗力が及ぶ「居住建物について物権を取得した者その他の第三者」（民法 1031 ②、605）ではありません。そのため、原則として、敷地を処分することは敷地の所有者の自由であり、配偶者はこれに異を唱えることはできません。明渡請求に対して権利の濫用を主張するほかありません（潮見 344 ページ）。居住建物の所有者が敷地を譲渡する際に敷地利用権を設定した場合は、配偶者は、それを援用することができるにとどまります。

(2)　居住建物について—配偶者居住権の場合

　配偶者は、配偶者居住権について先に登記がなされていれば、居住建物所有者による居住建物の第三者に対する売却、担保提供又は

賃貸のいずれがなされても、買主、抵当権者等又は賃借人に配偶者居住権を対抗することができ、依然として居住建物に居住することができます。買主や抵当権者等は、配偶者居住権の負担が付いた建物を対象に所有権や抵当権を取得することになります（民法177）。賃貸については、賃貸借契約自体は有効に成立するものの居住建物（賃貸借の目的物）の利用について対抗関係に立つ配偶者が優先するために、履行不能となり（民法412の2①）、結果として賃貸することはできないことになります。

(3)　居住建物について—配偶者短期居住権の場合

①　配偶者短期居住権は対抗力がないため、居住建物が第三者に対して処分された場合に、配偶者は、これを第三者に対抗することができません。例えば、居住建物が譲渡された場合、配偶者は、譲受人に対し配偶者短期居住権を主張することができず、明渡しを求められたときはこれに応じなくてはなりません。第三者に対して居住建物が賃貸された場合も同様です。これらの場合は、「配偶者の居住建物の使用を妨げてはならない」義務（民法1037②）に違反したとして、配偶者は、居住建物取得者に対し、債務不履行に基づく損害賠償を求めることになります。

②　居住建物への抵当権設定その他の担保提供については、配偶者による居住建物の使用を妨げることにはならない場合もあり得ますので（例えば抵当権設定）、それのみで直ちに民法1037条2項違反になるものではないと考えられます。

（金森　健一）

Q 　自宅が長男との共有（甲の持分が３分の２、長男の持分が３分の１）だった場合に、甲の持分３分の２について配偶者居住権や配偶者短期居住権を設定することはできますか。共有者が長男ではなく、妻であった場合にも同じ取扱いですか。

A 　配偶者居住権は、居住建物が、甲と妻の共有の場合に設定することはできますが、甲と長男との共有の場合には設定することができません。配偶者短期居住権は、居住建物の共有者が甲と妻の場合であっても、甲と長男の場合であっても成立します。

✓ 解 説

（1） 建物の共有と配偶者居住権

　配偶者居住権は、居住建物の全部について配偶者が無償で使用又は収益することができる権利です（民法1028①）。したがって、居住建物の所有者は、自己の所有する建物全部について無償で配偶者による使用等を受忍しなければなりません。そのような負担を被相続人の意思のみ（遺贈や死因贈与の場合）や、相続人間での取決め（遺産分割協議や調停の場合）、又は共有者が参加しない手続き（家庭裁判所による審判）によって一方的に居住建物の所有者に負担さ

せることは相当でないため、配偶者居住権の対象となる建物は被相続人が単独所有であることが原則とされます。

　もっとも、下記(2)のとおり、配偶者居住権の成立によってより厚い保護を受けることになる配偶者が被相続人と共有していたときは、例外的に配偶者居住権を設定することができます（民法1028①ただし書）。

(2)　配偶者と被相続人との共有建物である場合

　この場合は、配偶者居住権を設定することができます。共有持分がある以上、配偶者居住権による保護が不要のように思えますが、共有者の1人にすぎない配偶者は、居住建物を使用できない他の共有者に対して償金を支払うべき義務がありますし、共有物の分割請求に応じなければなりません。これに対し、配偶者居住権は、無償で使用又は収益をすることができる権利であり、分割請求の対象となることもありません。配偶者の保護がより厚くなりますので、この場合は、配偶者居住権を設定することができるとされています。

　なお、配偶者居住権が消滅した場合であっても、居住建物について配偶者が共有持分を有するときは、居住建物の所有者は建物の明渡しを請求することができません（民法1035①ただし書）。配偶者は、依然として共有持分に基づいて建物を占有する権原を有するためです。

(3)　配偶者短期居住権の場合

　建物について被相続人との共有者が、配偶者である場合はもちろん、配偶者以外の者である場合であっても、配偶者短期居住権は成立します。ただし、配偶者短期居住権は対抗力がありませんので、配偶者が明渡しを求められたときは、これに応じざるを得ない

と考えられます。これに対して、被相続人が生前に自分以外の共有者との間で居住建物の単独使用を認める旨の取決めをしており、それが被相続人の死後も有効なときは、配偶者短期居住権を取得した配偶者は、持分取得者が他の共有者に対して有する利用権を援用することによる保護があるとの指摘がされています（一問一答 38 ページ）（図表－10）。

◆図表－10◆ 共有建物における配偶者居住権と配偶者短期居住権の成否

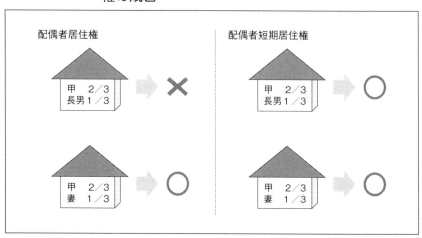

（金森　健一）

▸▸ Q I-1-11　区分所有建物と配偶者居住権・配偶者短期居住権

自宅が区分所有（1・2階が甲名義、3階が長男名義）だった場合に、甲名義の1・2階について配偶者居住権や配偶者短期居住権を設定することはできますか。

甲名義の1・2階部分に対して配偶者居住権や配偶者短期居住権を設定することはできます。3階部分はいずれの権利についても対象になりません。

✓ 解　説

（1）　配偶者居住権の対象―「建物の全部」

　配偶者居住権は、居住建物の「全部」について成立します（民法1028①）。全部とされたのは、配偶者居住権が対抗要件を登記としているところ（民法1031②、605）、建物の一部のみを登記の対象とすることは技術的に困難であるためです（中込103ページ）。

　区分所有権の対象となっている建物（例えば、マンションの1室等）であれば、それが独立して一つの登記の対象になりますので、建物の「全部」として配偶者居住権の対象になります。

　したがって、甲名義の1・2階部分に配偶者居住権を設定することは可能です。

(2) 配偶者短期居住権の対象──「建物の一部」

　配偶者短期居住権は、建物の一部のみについても成立しうる旨が定められています（民法1037①）。これは、配偶者短期居住権が、配偶者の相続開始時に享受していた居住利益を一定期間保護することを目的としているため、従前と同様の形態での居住を認めるにとどまり、相続人間でのみ効力があることや配偶者居住権と異なり登記による対抗要件がないことから、居住建物の一部を対象とすることは困難ではないためです（中込143ページ参照）。

　なお、甲名義の1・2階部分を配偶者が使用していた場合には、その部分について配偶者短期居住権が成立しますが、これは区分所有権の対象である建物の「全部」を対象とするものです。

(3) 両権利の違い

　以上に対して、1・2階部分が一つの区分所有権の対象である場合で、1階のみを配偶者が使用していたときは、配偶者居住権は、建物の「全部」である1・2階部分について成立するのに対して、配偶者短期居住権は、建物の「一部」である1階部分についてのみ成立します。

（金森　健一）

配偶者居住権や配偶者短期居住権が設定されている建物を建て替えたり、買い替えたりすることはできますか。

　　建物の建替えにより配偶者居住権等は消滅します。建物を買い替えた場合の新しい建物には配偶者居住権等は及ばないと考えられます（図表－11）。

◆図表－11◆　配偶者居住権と建替え・買替え

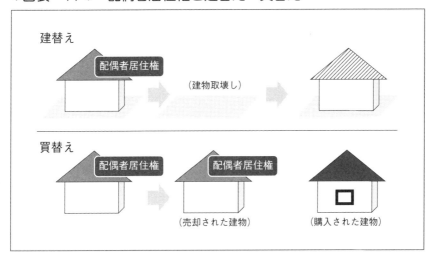

(1) 建物の建替えと買替えの意義

① 建物の建替えとは

(イ) 建物の建替えは、既存の建物の取壊しと新規の建物の建築のことですが、既存の建物の取壊しによりこれを対象としていた権利は原則消滅します。例えば、建物が取り壊されることはそれを対象とする所有権の消滅事由とされます。ただし、民法上、抵当権のように目的物が消滅してもその代位物について効力が及ぶ権利は、なお存続することとなります（民法372、304①）。

(ロ) 建物を使用する権利である建物賃借権の場合も、対象である建物が全壊すれば賃貸借契約が終了しますので（民法616の2）、権利が消滅することになります。

② 建物の買替えとは

建物の買替えは、既存の建物の売却と新規の建物の購入のことです。既存の建物に設定されていた権利は購入により取得した建物に引き継がれることはありません。既存の建物を購入した買主にその権利を従前どおり主張することができるかが問題になります。例えば、対抗力ある建物賃借権は既存建物を購入した買主に対抗することができ（借地借家法31）、これまでどおりその建物を使用することができます。これに対して、建物使用借権（民法593）は、使用貸借契約を締結した相手方（貸主）に対してのみ主張でき、建物を購入した買主には主張することができず、明渡しを求められた場合には応じなくてはなりません。

(2)　配偶者居住権の場合

　まず、居住建物を建て替えた場合は、居住建物が取り壊された時点で、配偶者は、居住建物の建替え直前の所有者に対して債務不履行に基づく損害賠償請求をすることができます（民法 415 ①・②一）。

　次に、居住建物を買い替えた場合は、配偶者居住権が登記されているかどうかにより結論が異なります。登記されていれば、配偶者は、売却後も配偶者居住権に基づいて居住建物を使用し続けることができます（民法 1031 ②、605）。登記されていない場合、配偶者は、買主（新所有者）に対し配偶者居住権を主張することができず、居住建物を明け渡さなければなりません。この場合、配偶者が居住建物の元所有者（売主）に対して債務不履行に基づく損害賠償請求をすることができるのは、建替えの場合と同じです。

(3)　配偶者短期居住権の場合

　居住建物の建替え及び買替えのいずれの場合においても、配偶者は配偶者短期居住権を主張することができず、居住建物を使用することができなくなります。居住建物の元所有者の義務違反による損害賠償を求めることができるにとどまります。

（金森　健一）

店舗兼住宅にも配偶者居住権や配偶者短期居住権
を設定することはできますか。また、その店舗が妻
自身の個人事業用だった場合、甲の個人事業用だっ
た場合、甲が代表を務める同族会社の事業用だった
場合、第三者の事業用だった場合とで、取扱いに何
かしら違いはありますか。

　　　　店舗兼住宅にも配偶者居住権や配偶者短期居住権
を設定することができます。ただし、店舗が誰の事
業用なのかによって配偶者が行使できる権利の範囲
が異なります（図表－12）。

◆図表－12◆　店舗兼住宅と配偶者（短期）居住権の成否・優劣

		配偶者居住権	配偶者短期居住権
事業の主体	配偶者	○	○
	被相続人甲	△	△
	被相続人甲が代表者である同族会社	△	△
	第三者	△	△

○：権利成立し使用可　　△：権利成立するが対抗関係

(1) 店舗兼住宅に対する配偶者（短期）居住権

① 配偶者居住権の場合

　配偶者居住権は、建物の全部について成立します（民法1028①）。店舗兼住宅であっても、全体が一つの建物である場合（建物の一部、例えばマンション一戸ごとに対して区分所有登記ができない場合）は、その全体が配偶者居住権の対象になります。一方、店舗部分と住宅部分とがそれぞれ区分所有権の対象となる場合であって、配偶者が住宅部分のみを使用していたときは、店舗部分は配偶者居住権の対象になりません（QⅠ-1-11参照）。

② 配偶者短期居住権の場合

　配偶者短期居住権は、建物の一部についても成立します（民法1037①）。そのため、店舗兼住宅のうち、住宅部分のみを配偶者が使用していた場合には、住宅部分についてのみ配偶者短期居住権が成立します。

(2) 店舗部分についての配偶者居住権の成否

① 店舗部分が妻の個人事業用だった場合

　被相続人甲の相続開始前から妻が店舗部分を利用して事業を行っていた場合であっても、配偶者居住権は成立します。配偶者居住権は、建物の一部に居住していれば、建物全体について成立し、店舗部分も対象となるからです。

② 店舗部分が甲の個人事業用だった場合

　被相続人甲が生前に建物を個人事業のために使用していた場合であっても、配偶者居住権や配偶者短期居住権の対象となります。ま

ず、甲の生前は、建物の所有者である甲が自分の事業用に用いていたにすぎませんので、建物の利用に関する契約は存在しません。甲の死後にはじめて、甲の事業を引き継いで当該建物を使用する必要がある者（事業の後継者）と建物の所有者による利用権（賃借権等）の設定がなされることになります。この利用権の設定と、配偶者居住権の設定との優劣が問題となり、対抗問題として登記等の対抗要件を先に備えた者が優先することになります。

③ 店舗部分について甲が代表を務める同族会社の事業用だった場合

当該同族会社は、甲とは法人格を異にしますので、甲の死亡によっても、建物の利用関係に変更は生じません。甲の生前に、甲との間で当該同族会社が賃貸借契約を行っていれば、当該同族会社は、引き続きその利用権に基づいて建物の店舗部分を利用することができます。このような建物であっても、配偶者居住権の対象になります。もっとも、同族会社による賃借権についての引渡し等が、甲の死亡よりも先になされていることが通常でしょうから、甲の死後に配偶者居住権を設定しても、同賃借権に対抗することができず、配偶者は建物の店舗部分を利用することができないことになります。

一方、同族会社の建物利用が建物の所有者である甲との使用貸借契約による場合には、被相続人甲の死亡により契約が終了するため、賃貸借契約への切替えよりも先に配偶者居住権の設定と登記がされると同族会社は店舗部分を利用することができなくなります。この場合は、配偶者が居住建物の所有者の承諾を得て同族会社への賃貸をするなどして対処することになると思われます（民法1032③）。

(3)　店舗部分が第三者の事業用だった場合

　この場合も、上記(2)の甲の生前に賃貸借契約が締結されていた場合と同じです。甲の生前に設定された利用権（賃借権）が配偶者居住権に優先するのが通常だと思われます。

(4)　店舗部分についての配偶者短期居住権の成否

　妻の個人事業用だった場合は、配偶者短期居住権は、配偶者が無償で使用していた部分にも成立しますので、無償で居住していた部分に加え、無償で店舗を営んでいた部分についても対象になります。

　被相続人甲の個人事業用であった建物は、その部分について配偶者自身が使用していないかぎり、配偶者短期居住権は成立しません。

　被相続人甲の同族会社や第三者に賃貸されていた建物は、その賃貸部分について配偶者が使用していないため、配偶者短期居住権の対象とならず、配偶者が使用していた部分に限り、配偶者短期居住権が成立します。

（金森　健一）

借地の上に甲所有の建物を建てて、自宅としていました。この場合にも配偶者居住権や配偶者短期居住権を設定することはできますか。

 　借地上の建物に対しても配偶者居住権や配偶者短期居住権を設定することはできます。

✓ 解　説

(1)　借地上の建物に対する配偶者（短期）居住権

　配偶者居住権と配偶者短期居住権の各成立要件において、建物の敷地利用権に関する制約はありませんので、借地上の建物についても配偶者（短期）居住権を設定することができます。

(2)　借地権の帰属

　借地権は、それ自体が被相続人に属した財産ですので、建物とは独立して相続財産に属し、遺言や遺産分割により誰が取得するのかが決まります。遺産分割前までは相続人全員と、遺産分割後はその借地権を取得した相続人と、土地所有者との間で賃貸借契約が存続することになります。配偶者は、配偶者（短期）居住権を取得しても、当然には、借地権等の敷地利用権を取得しません（図表－13）。

◆図表－13◆　借地についての権利関係

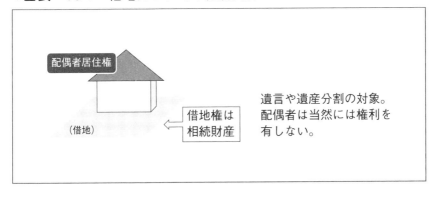

（金森　健一）

▶▶ Ｑ I -1-15　配偶者居住権の放棄とその対価

　将来、妻が配偶者居住権を放棄することとなった場合、妻は、配偶者居住権が付された不動産の所有権を保有している長男から何かしらの対価を得ることはできますか。

A　配偶者居住権を放棄しても当然には居住建物の所有者から対価を得ることはできません。設定する際、放棄した場合に建物の所有者から一定額の金銭の支払いを受ける旨の合意をしているときや、放棄の際に居住建物の所有者と配偶者とで合意ができれば、その合意に基づいて対価を得ることができます。

(1)　配偶者居住権の有償性と無償性

　配偶者居住権の有償性と無償性は、権利の取得についてのそれと、建物の使用又は収益についてのそれとを区別して考えるのがよいでしょう。

①　権利の取得についての有償性

　配偶者は、自らの具体的相続分をもって配偶者居住権を取得します。例えば、遺産分割において配偶者は配偶者居住権の評価額の分だけ具体的相続分から控除され、残った具体的相続分の範囲で預貯金等の生活資金を取得することになります。配偶者居住権は具体的相続分という対価をもって取得する権利であり、その意味で有償性のある権利です。

②　使用又は収益についての無償性

　一方、配偶者は、居住建物を使用又は収益をするために対価を支払う必要はありません。その意味で配偶者居住権は無償であるといえます。

③　投下資本の回収の必要性と譲渡の禁止

　配偶者は、前述のとおり、具体的相続分という対価と引換えに配偶者居住権を取得しますので、例えば、老人ホームへ入居するなど配偶者居住権を保有する必要がなくなった場合には、これを売却して投下した資本を回収することが望まれます。しかし、配偶者居住権は譲渡が禁止されています（民法1032②）。これは、配偶者居住権は配偶者自身の居住環境の継続性を保護することが制度趣旨であり、第三者への譲渡は、それと整合的でないことなどが理由とされています（中込119ページ）。

(2) 配偶者居住権の買取請求の可否

譲渡による投下資本の回収ができないとなると、配偶者居住権による負担から解放されることになる居住建物の所有者に買い取らせる方法が考えられますが（譲渡制限株式の譲渡が承認されない場合の株式会社等による株式の買取りに類するもの（会社法140以下））、民法はそのような買取請求を認めていません。

(3) 配偶者居住権の放棄と対価の支払い

居住建物の所有者と配偶者との合意において、配偶者居住権が放棄された場合に（放棄を条件として）、居住建物の所有者が配偶者に対して支払うべき金銭の額を定めることができます。この定めがある場合には、配偶者居住権を放棄した配偶者は、居住建物所有者に対し、所定の金銭の支払いを求めることになります。

(4) 配偶者短期居住権の場合

配偶者短期居住権は、これを取得する配偶者の具体的相続分に影響しません。つまり、配偶者は、無償で取得することになりますので、回収が問題になる資本の投下がありません（図表－14）。

◆図表－14◆　配偶者居住権の有償・無償

	取得	建物使用
配偶者居住権	有償（具体的相続分）	無償
配偶者短期居住権	無償	無償

■■■：投下資本の回収の方策の必要あり

（金森　健一）

Q 　配偶者居住権は登記することができますか。でき
る場合、登記することのメリットを教えてください。

A 　配偶者居住権は登記することができます。登記す
ることにより、建物が第三者へ売却されたり、賃貸
されたりしても配偶者居住権を対抗することができ
ます。なお、配偶者短期居住権は登記することがで
きません。

✓ 解　説

(1) 配偶者居住権の登記

① 登記の必要性

　配偶者居住権は、居住建物を無償で使用及び収益する権利であ
り、存続期間中は対価の支払いもありません（民法 1028 ①）。その
ため、居住建物の譲受人その他の第三者に対し、権利の内容を公示
する必要性が高いことから、登記を対抗要件とし、かつ、配偶者の
居住建物の所有者に対する登記請求権を認めています（民法 1031
①）。

　建物賃借権と同じく建物の占有を対抗要件とすること（借地借家
法 31）については、通常、配偶者は居住建物に居住していること

で、被相続人の相続開始時から直ちにその占有が開始するところ、被相続人の債権者はそれを見越して居住建物に対して差押えをするなどの対抗手段をとることとなり、却って配偶者の居住が確保できなくなるため、対抗要件は登記のみとするとされました（中込114ページ）。

②　登記申請手続き

　登記権利者を配偶者、登記義務者を原則居住建物の所有者（共有の場合は共有者全員）とする共同申請により行います（不動産登記法60）。ただし、遺言により設定される場合で遺言執行者が指定されているときは、遺言執行者が登記義務者となりますし、審判により設定されている場合は、その審判書をもって配偶者が単独で申請することができます（中込114ページ）。

(2)　登記の効力

　登記をすることによって、建物が第三者に譲渡又は賃貸されても配偶者は、譲受人や賃借人に対し配偶者居住権を対抗することができ、引き続き建物を使用することができます（民法1031②、605）。
　また、居住建物について配偶者の占有を妨害する者に対する妨害の停止の請求や、居住建物の不法占有者に対して返還請求をすることができます（民法1031②、605の4）。

(3)　配偶者短期居住権の場合

　配偶者短期居住権は登記することができません。建物が第三者に譲渡又は賃貸された場合、配偶者は、建物の占有権原を主張することができず、第三者から明渡請求を受けた場合にはこれに応じざるを得ません。この点、居住建物取得者は、第三者への譲渡その他の方法により配偶者の居住建物の使用を妨げてはならない（民法

1037②）とされているところ、譲受人や賃借人からの明渡請求を受けた場合には、配偶者は、居住建物取得者が本条に違反したとして、居住建物所有者に対して債務不履行に基づく損害賠償請求（民法415）や、当該第三者に対する債権侵害を理由とする不法行為に基づく損害賠償請求（民法709）をすることができます（図表－15）。

◆図表－15◆　配偶者（短期）居住権と登記

	配偶者居住権	配偶者短期居住権
公示の必要性	高い	低い
登記の可否	できる	できない
登記による対抗力	あり	－ （登記不可）
登記請求権	あり	－ （登記不可）

（金森　健一）

▶▶ QI-1-17　配偶者以外の者の居住の確保

> **Q**　配偶者以外の者の居住を確保するにはどのような方法がありますか。
>
> **A**　配偶者居住権による保護の対象とならない者（配偶者以外の相続人や相続人でない者）の居住を確保する方法としては、所有権の譲渡、共有持分の譲渡、判例による使用貸借契約の推認、明示の使用貸借契約の締結のほか、信託の利用が考えられます。

✓　解　説

(1)　配偶者居住権による保護の対象外の者

　配偶者居住権の主体は、「配偶者」であり（民法 1028 ①）、被相続人と法律婚をしていた者に限られるとされます。そのため、内縁の配偶者や同性のパートナーは対象外ですし、例えば障害等により居住場所を確保する必要性が高い子も対象外です。

　そのような者は、配偶者居住権以外の方法により居住権を確保しなければなりません。

(2)　所有権の譲渡

　最もオーソドックスなのは、被相続人の遺言によって建物の所有権を対象者に帰属させたり、生前贈与をしたり、遺産分割において

建物の所有権を対象者に帰属させたりする方法です。もっとも、遺産分割は相続人しか参加できませんので、内縁の配偶者や同性のパートナーは遺産分割による方法はとれません。また、例えば、内縁の妻の居住を確保することについては、被相続人の意思であるため尊重したいものの、その内縁の妻が死亡した場合に、その家系に財産が流出することになることをきらい、所有権を内縁の妻に取得させるのを躊躇する場合もあります。

　配偶者以外の相続人の居住を確保する場合であっても、この方法によると、その者は不動産の所有権の価値分を具体的相続分により取得することになるため、その分、金銭等その他の相続財産を取得することができなくなってしまいます。

(3)　共有持分の譲渡

　共有持分を取得し、一部の者のみが建物を単独で利用するとした場合、他の共有者は建物を利用することができません。建物の利用者は、他の共有者から使用料相当分の金銭の支払いを求められることになります。

(4)　判例法理による保護、契約による保護

　生前の被相続人との間で建物利用に関する契約（賃貸借契約や使用貸借契約等）がある場合には、それに基づいて利用を続けることが考えられます。明示的に契約の締結がなされなかったとしても、最高裁平成8年12月17日判決（民集50巻10号2778ページ）が判示した使用貸借契約の成立の推認によることも考えられます。

(5)　信託による保護

　生前の甲や、遺産分割により建物所有権を取得した相続人が委託

者となって信託契約を締結する方法です。内縁の配偶者等に建物を利用させつつ、それらの者が死亡した場合には信託を終了させるなどして建物所有権の家系外への流出を防ぐことができます（Q V -3-1 参照）。

（金森　健一）

2 相続税務の視点

▶▶ QI-2-1　配偶者居住権・配偶者短期居住権の課税関係

　甲の遺言により、妻が配偶者居住権及び配偶者敷地利用権を取得し、長男が居住建物及び居住建物の敷地の所有権等を取得した場合、妻や長男にはどのような課税がなされますか。また、妻が配偶者居住権ではなく配偶者短期居住権を取得した場合の課税関係についても教えてください。

　妻が取得した配偶者居住権及び配偶者敷地利用権、長男が取得した居住建物及び居住建物の敷地の所有権等は相続税の対象となります。一方、妻が配偶者居住権ではなく配偶者短期居住権を取得した場合には、妻に課税関係は生じません。

✓ 解　説

(1)　配偶者居住権を設定する場合

①　配偶者居住権

(イ)　課税関係

　配偶者が遺産分割や遺贈により配偶者居住権を取得する場合、配偶者居住権は原則、配偶者の具体的相続分の計算に算入されます（民法 1028 ①）。したがって、配偶者居住権は財産的価値があるものとして、相続税の課税対象となります。

(ロ)　相続税評価

　第 2 部 I ■(3)①(イ)参照（42 ページ）。

②　配偶者敷地利用権

(イ)　課税関係

　配偶者居住権の取得により、その敷地を利用する権利も同時に取得することから、相続税の課税対象となります。

(ロ)　相続税評価

　第 2 部 I ■(3)②(イ)参照（44 ページ）。

③　居住建物の所有権

(イ)　課税関係

　居住建物の所有権については、相続税の課税対象となります。

(ロ)　相続税評価

　第 2 部 I ■(3)①(ロ)参照（43 ページ）。

④　居住建物の敷地の所有権等

(イ)　課税関係

　居住建物の敷地の用に供される土地等については、相続税の課税対象となります。

㈹　相続税評価

第２部Ⅰ■(3)②㈹参照（44 ページ）。

(2)　配偶者短期居住権を取得する場合

　配偶者短期居住権は配偶者の居住の権利を政策的に保護するため
に設けられたものであることから、遺産分割において配偶者の具体
的相続分の計算に算入されません。また、配偶者短期居住権につい
ては、使用貸借の規定が準用されますが、収益はできず、財産性が
認められない権利とされていることから、相続税の課税対象には馴
染まないと考えられます（財務省「令和元年度　税制改正の解説」
495 ページ）。したがって、配偶者短期居住権は相続税の課税対象
となりません。

（鏡　理恵子）

▶▶　QⅠ-2-2　居住建物が店舗兼住宅であった場合

　　QⅠ-2-1の場合において、配偶者居住権が設定
された居住建物が店舗兼住宅であり、店舗が甲の個
人事業の用に供され、妻が事業を引き継いだときは、
妻や長男が取得する相続財産の評価はどのようにな
りますか。

　　店舗兼住宅であったとしても、QⅠ-2-1と同様
の取扱いになります。

Ⅰ　遺される妻の居住の確保（配偶者居住権）　127

✓ 解　説

　配偶者居住権は、被相続人が所有する建物に相続開始の時に配偶者が居住していた場合に、その建物の全部について配偶者が無償で使用及び収益をすることができる権利です（民法 1028 ①)。

　したがって、居住建物が店舗兼住宅であったとしても、配偶者居住権を設定することができ、その配偶者居住権の及ぶ範囲は建物全体となります。

　この場合の相続財産の評価については、土地及び建物に賃貸部分がなく、その全体が甲の自用であることから、ＱⅠ-2-1と同様になります。

（鏡　理恵子）

▶▶　ＱⅠ-2-3　小規模宅地等の特例の適用可否

　ＱⅠ-2-1の場合において、妻や長男は相続税の計算上、小規模宅地等の特例の適用を受けることはできますか。

　小規模宅地等の特例の適用要件を満たす場合には、妻及び長男についてそれぞれ同特例の適用を受けることができます。

(1)　小規模宅地等の特例の適用可否

　配偶者居住権の取得があった場合、配偶者居住権は建物についての権利であることから、宅地等を対象とする小規模宅地等の特例の適用はありません。

　これに対して、配偶者敷地利用権については、土地の上に存する権利であることから、小規模宅地等の特例の適用があります（財務省「令和元年度 税制改正の解説」504 ページ）。

(2)　適用要件（措法 69 の 4 ①・③二）

①　妻が取得した配偶者敷地利用権

　妻が取得した配偶者敷地利用権については、特別な要件はなく、小規模宅地等の特例の適用を受けることができます。

②　長男が取得した居住建物の敷地の所有権等

　長男が取得した居住建物の敷地の所有権等については、長男が相続開始の直前において、その建物に同居していた場合に、その建物を申告期限まで保有し、かつ、居住していた場合にかぎり、小規模宅地等の特例の適用を受けることができます。

(3)　限度面積要件の判定

　上記(2)①又は②について、小規模宅地等の特例の適用を受ける場合、その宅地等の面積は、その面積にそれぞれ上記(2)①の価額又は②の価額がこれらの価額の合計額のうちに占める割合を乗じて得た面積であるものとみなして計算をし、限度面積要件を判定します（措令 40 の 2 ⑥、財務省「令和元年度 税制改正の解説」539 ペー

ジ）。

＜配偶者敷地利用権の面積＞

$$\substack{\text{配偶者敷地}\\\text{利用権の面積}} = \substack{\text{敷地の}\\\text{面積}} \times \frac{\text{配偶者敷地利用権の価額}}{\substack{\text{配偶者敷地}\\\text{利用権の価額}} + \substack{\text{居住建物の敷地の用に}\\\text{供される宅地等の価額}}}$$

＜居住建物の敷地の面積＞

$$\substack{\text{居住建物の}\\\text{敷地の面積}} = \substack{\text{敷地の}\\\text{面積}} \times \frac{\substack{\text{居住建物の敷地の用に供される宅地等}\\\text{の価額}}}{\substack{\text{配偶者敷地}\\\text{利用権の価額}} + \substack{\text{居住建物の敷地の用に}\\\text{供される宅地等の価額}}}$$

（鏡　理恵子）

▶▶　Q I -2-4　居住建物の一部を賃貸していた場合

Q　　Q I -2-1 の場合において、配偶者居住権が設定された居住建物の一部を第三者へ賃貸していたときの、相続時の課税関係はどのようになりますか。

　　居住建物の一部を第三者へ賃貸していた場合であっても、課税関係はQ I -2-1 と同様の取扱いになります。ただし、評価については賃貸部分を控除して計算を行います。

（1） 賃貸併用住宅についての配偶者居住権の設定

　配偶者居住権の効力は居住建物の一部を賃貸していた場合であっても建物全部に及ぶことになり、配偶者居住権を取得した配偶者は居住建物の全部について使用及び収益をすることができます（民法1028①）。

　ただし、借地借家法31条において「建物の賃貸借は、その登記がなくても、建物の引渡しがあったときは、その後その建物について物権を取得した者に対し、その効力を生ずる。」とされていることから、配偶者は配偶者居住権設定前からの賃借人に対しては配偶者居住権の使用及び収益を対抗することができないものと考えられています（一問一答16ページ）。

（2） 賃貸併用住宅に配偶者居住権を設定した場合の相続税評価

　第2部Ⅰ **1**(3)参照。

（鏡　理恵子）

Q 　相続の数年後に妻が配偶者居住権を放棄した場合の税務上の取扱いについて教えてください。

A 　配偶者居住権が放棄により消滅する場合において、居住建物又は居住建物の敷地の所有者がその対価を支払わなかったとき、又は著しく低い価額の対価を支払ったときは、「配偶者居住権の価額に相当する利益」又は「配偶者敷地利用権の価額に相当する利益」を配偶者からその居住建物又は居住建物の敷地の所有者が贈与により取得したものとみなして、贈与税が課されます。

✔ 解 説

　配偶者居住権は譲渡することができないとされていますが、居住建物の所有者は一定の事由に該当する場合には、配偶者に対する意思表示によって配偶者居住権を消滅させることができるとされています（民法 1032 ②・④）。

　また、配偶者居住権は当初設定した存続期間をその中途で変更することができないと解されていますが、配偶者が放棄をすることや配偶者と所有者との間の合意により解除することが可能であると解されています。

　これらの事由により配偶者居住権が消滅した場合において、居住

建物の所有者又は居住建物の敷地の所有者が対価を支払わなかった
とき、又は著しく低い価額の対価を支払ったときは、原則としてそ
れらの所有者がその消滅直前に配偶者居住権又は配偶者敷地利用権
の価額に相当する利益の金額（対価の支払いがあった場合には控除
後）を、配偶者から贈与により取得したものとして贈与税が課税さ
れます（相基通9-13の2）。

（鏡　理恵子）

▶▶ QⅠ-2-6　平均余命よりも早く死亡した場合

　妻が配偶者居住権の評価の際に採用した平均余命
よりも早く死亡した場合の税務上の取扱いについて
教えてください。

　配偶者居住権の評価の際に採用した平均余命より
も早く死亡した場合であっても、課税関係は生じま
せん。

✓ 解　説

　配偶者居住権の評価に用いる配偶者居住権の存続年数は、配偶者
の平均余命又は分割協議等により定められた配偶者居住権の存続年
数のいずれか短い方とされていますが、実際にはその存続年数より
早く配偶者が亡くなる場合もあれば、長く生存する場合もありま
す。
　この場合に、課税時期に想定された平均余命等による評価額と実

際の死亡時期を用いた評価額とでは差異が生じることになりますが、課税時期における平均余命等による評価は、そのときにおけるもっとも合理的な評価方法であることから、この事後的に生じた差異による税額を調整する必要はないものと考えられます（財務省「令和元年度 税制改正の解説」504ページ）。

（鏡　理恵子）

3 信託法務の視点

▶▶ QⅠ-3-1　居住の確保のための信託

Q 妻の居住を確保する信託とは、具体的にはどのような内容のものですか。

A 居住用不動産を信託財産とし、妻がその不動産に住む法律上の根拠として、①居住させることを受益債権の内容として妻を受益者にすること、又は②受託者と妻との間で賃貸借契約もしくは使用貸借契約を締結して妻が賃借人もしくは使用借主となることが考えられます（図表－16）。

◆図表－16◆　妻の居住を確保するための信託に関する法律構成

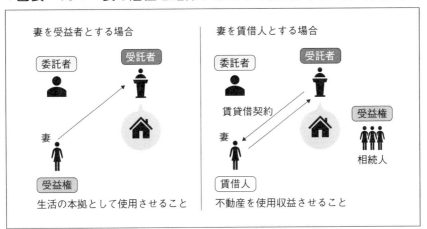

妻を受益者とする場合　　　　　　妻を賃借人とする場合

生活の本拠として使用させること　　不動産を使用収益させること

✓　解　説

(1)　妻を受益者とする方法

①　具体的方法

　受益債権（信法2⑦）の内容として、受託者に対して「不動産を生活の本拠として使用させること」を請求することができるなどと定めます。受益者は、不動産所有者である受託者に対し、その不動産を使用させることを請求するという債権をもつことになります。なお、妻に受益権を取得させる方法は、①妻を受益者に指定する方法（信託契約で当初受益者である夫が死亡後の二次受益者として妻を指定する）と、②夫の相続財産に属する受益権を夫の遺言により妻に相続させる方法とがあります（図表－16）。

②　留　意　点

　受託者が信託財産に属する居住用不動産を第三者に譲渡した場

合、受益者は、譲受人に対しその不動産を生活の本拠として使用させることを請求することができません。受益権は債権であり、譲受人は受託者でないためです。この場合、受益者は、受託者による譲渡が権限外行為であるとして取消しを行うことが考えられますが、期間制限や一定の要件があります（信法27②・④）。もっとも、信託の登記の一部である信託目録において、所有権移転には受益者等の同意が必要であるなどと記載がある場合、所有権移転登記申請にはその同意を証する書面の添付が必要とされていますので、登記実務により、事実上、受託者による無断譲渡を防ぐことができます。

(2)　妻を賃借人又は使用借主とする方法

①　具体的方法

　商事信託において受託者（信託銀行等）がテナントとの間で賃借契約を締結するのと同じように、妻と受託者との間で、有償（賃貸借）又は無償（使用貸借）の貸借契約を締結することが考えられます。特に、賃貸借契約で建物の引渡し（借地借家法31）がなされていれば、受託者による無断譲渡がなされても、妻は、譲受人に対して賃借権を対抗することができます。

②　留　意　点

　信託財産である不動産の使用利益は、賃借人又は使用借主である妻が得ることになります。このような状況で、妻以外の相続人に受益権を与えるとした場合、受益権の内容をどのように定めるかが問題になります。

(3)　他の相続人への配慮

　妻を受益者にする方法でも、妻を賃借人にする方法でも、妻以外に相続人がいる場合には、不動産を使用することの対価（償金）を

妻に負担させることが検討されてよいと思います。妻を受益者とする場合は、不動産を独占的に使用する妻と、実際には使用することができない他の相続人との間で合意をして使用の対価を妻から他の相続人に支払うようにすることが考えられます。妻を賃借人とする場合は妻に賃料を負担させ、その賃料を原資として受託者が受益者である他の相続人にそれを分配することが考えられます。

（金森　健一）

▸▸ Q I -3-2　信託の利用のメリット
（配偶者居住権との比較）

　　　配偶者居住権と比較して信託を利用する場合のメリットはどのようなものですか。

　　　配偶者の生活状況に応じて、受託者において対象不動産を売却し、又は賃貸することにより、配偶者の生活資金等を調達することができます。物件を管理すべき者と最終的な帰属者とが異なる場合にも利用することができます（図表－17）。

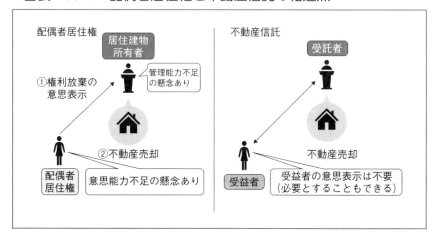

(1)　生活資金の調達

①　居住用不動産の換価の必要性

　被相続人が死亡してから配偶者が死亡するまでの間、配偶者の生活環境や経済事情は変化し、終身の間、配偶者が自宅に住み続けることができるとはかぎりません。高齢者施設への入居や、手術費用や医療費の負担の必要性から、金融資産が不足する場合もあります。そのような場合、自宅不動産を売却したり、賃貸したりして資金を調達することが考えられます。

②　配偶者居住権の換価の難点

　配偶者居住権付の居住建物を売却する場合、配偶者居住権自体も譲渡することができず、対象である居住建物を譲渡しても登記された配偶者居住権の負担が付いたままですので、いったん配偶者にお

いて配偶者居住権を放棄し、その対価として一定額の金銭を居住建物の所有者が配偶者に支払うという方法があるといわれています（ＱⅠ-1-15 参照）。これには、配偶者と居住建物の所有者との間で合意を要するとされます（中込 120 ページ参照）。

　この場合、配偶者居住権を放棄すべき時点において、配偶者がすでに認知症等によりその放棄の意思表示をすることができない状態ですと、配偶者居住権の放棄をすることができず、金銭の支払いを受けることができないことになります。放棄するには、成年後見人等の選任が必要になると思われます。配偶者居住権は、その換価の過程において、配偶者の意思表示が求められる点で、その意思能力の低下・喪失が懸念される高齢者の保護について十分でないといわざるを得ません。

③　信託による不動産の換価

　これに対して、自宅不動産を信託の対象としておけば、受託者が自宅不動産の売却や賃貸をすることができます。受益者である配偶者の意思表示は不要です。

(2)　物件管理者と権利帰属者の分離

①　配偶者居住権の場合

　配偶者居住権の場合は、原則は配偶者が修繕を行うとされていますが（民法 1033 ①）、二次的には居住建物の所有者が修繕を行うとされています（民法 1033 ②）。また、上記(1)②で述べたように、配偶者居住権を消滅させた後は、建物の所有者が売却等を行います。したがって、建物所有者が未成年者である場合や、被相続人の兄弟姉妹等で遺産分割後に認知症等により意思能力を失っていた場合には、建物の修繕や売却をすることができなくなります。

② 信託の場合

　これに対して、自宅不動産を信託の対象としておけば、受託者が所有者として物件管理をします。受託者の意思能力が低下した場合に備えて、信託契約で新しい受託者に交代するようにしておくことができますので、建物の修繕や売却について、受託者の意思能力の低下により制約を受けることを回避することができます（特に、信託会社等の商事信託の場合は、そのおそれすらありません）。また、信託が終了した場合の不動産所有権の帰属先（帰属権利者）を、時期に応じて変更することもできますので、未成年者や意思能力の不十分な者に不動産を取得させることを避けることもできます。これにより、不動産所有権を取得させることで過大な負担を負わせたり、十分な管理がなされずに物件の価値を毀損させたりすることのないようにすることができます。

（金森　健一）

▶▶ Q I-3-3　信託の利用のデメリット（配偶者居住権との比較）

Q 配偶者居住権と比較して信託を利用する場合のデメリットはどのようなものですか。

A 居住する根拠を受益権とした場合に対抗力がないことや、適切な受託者が存在しないと利用できないことなどがあります（図表－18）。

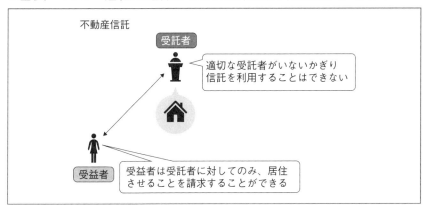

不動産信託

受託者

適切な受託者がいないかぎり
信託を利用することはできない

受益者

受益者は受託者に対してのみ、居住
させることを請求することができる

（1）　受託者による不動産の譲渡

　信託の目的において、受益者の居住を確保することを掲げた信託であっても、その受託者は、信託財産に属する不動産を譲渡することができます。この場合、その譲渡が受託者の権限外のものであるとして、受益者が取り消すこともできますが（信法27②）、譲受人が権限外の譲渡であることについて善意かつ無過失であることが必要であり、期間制限もあるなど、必ず取り消すことができるわけではありません。また、受益者は、信託財産に属する不動産への居住について、受託者に対して請求することはできても、同不動産の譲受人に対して請求することはできません。譲受人からの明渡請求を受けた場合、受益者は、受益権を建物の占有権原として主張することはできず、明渡しに応じなくてはなりません。

　配偶者居住権においては、居住建物の譲渡は可能ですが、配偶者

居住権について登記がなされている場合には、配偶者は、譲受人に対して対抗することができます（民法1031②、605）。

(2)　適切な受託者が不可欠であること

信託では居住用不動産の所有権を受託者に移転させる必要があります。受託者なしで信託を利用することはできません。

また、受託者の候補者がいたとしても、その者が信託法や信託行為の定めにより受託者に求められる事務や責任を全うできるかどうかは別問題です。上記(1)で述べたような信託の目的に反する不動産の譲渡をされてしまうと、法律上の救済策があるにしても、それを講じるには、心理的にも経済的にも負担がかかることになります。受益者が高齢者や障害者である場合はなおさらです。信託を利用するにあたっては、受託者候補が存在するだけでなく、その者が適任者かどうか、委託者や受託者候補者自身から、受託者の事務を全うできそうであるかどうか、それを阻害する要因はないかを聴取して、どうしても懸念が払拭できない場合には、民事信託の設定の支援を謝絶するか、商事信託による解決ができないかを検討する必要が出てきます。

（金森　健一）

妻の居住を確保するために信託を利用する場合、法務上の留意点はどのようなものがありますか。

 受託者が対象不動産の所有者としての法律上の責任を負うことや、固定資産税や修繕費等の支払原資をどのように工面するかについて留意が必要です。

✓ 解 説

（1） 受託者の所有者としての責任

　信託により対象不動産の所有権は受託者へ移転し、登記名義上の所有者は受託者となります。このことにより、次のような点には留意が必要です。

① 土地工作物の所有者責任

　土地工作物の所有者は、その設置又は保存の瑕疵について、占有者が損害発生防止に必要な注意をしたときは、損害賠償責任を負います（民法717①）。信託期間中の建物所有者は受託者ですので、例えば、信託財産である家屋の屋根瓦が破損し、それに当たって怪我をした通行人に対しては、受託者が損害賠償責任を負います。

　なお、信託会社等が受託者となる商事信託において建物を対象とするときは、引受前に建物診断等を行い、瑕疵や法令違反の有無を確認します。いわゆる旧耐震基準で建築された建物については、耐

震補強がなされないかぎり、引き受けない取扱いもあります。これは、金融機関としてのコンプライアンスのほかに、上記の損害賠償責任を負担することになった場合の経営への悪影響の予防、ひいては受益者の保護を図るためのものといえます。民事信託の受託者に信託業法が適用されず、また、商事信託で対応困難な事案だからこその民事信託の活用ですが、受託者に重い責任が生じる可能性があることは、信託の設定支援の早い段階で説明しておく必要があります。

②　所有者に対する問合せ等の対応

　不動産登記簿に所有者として表示される受託者は、その登記簿を見た第三者からの問合せ等に対応しなければなりません。例えば、信託の対象不動産の隣地が売却される際の土地の境界確認は、境界に接する土地の所有者の立会いのもと行われます。当該不動産が受託者の居住地から近い場合はともかく、遠方である場合は、その負担は軽くありません。また、ビルの上に携帯電話等のアンテナを設置したいとか、敷地の一部に電柱を建てさせてほしいといった問合せにも所有者である受託者が対応することになります。

(2)　費用の工面の確保

　固定資産税は、不動産の所有名義人（不動産登記簿上で所有者とされている者）に対して毎年課されます。また、建物の外壁の塗替え等の修繕費の支払いが必要になることもあります。これらの費用は、信託財産の維持や保存に要するものですので、信託財産が負担することになります。しかし、自宅は、収益物件とは異なり、賃料という収益が生じませんので、費用分を収益から賄うことができません。委託者からの追加信託や、受益者との費用償還の合意により調達することになります。このような方法は、信託法上は有効です

が、問題は、委託者や受益者が認知症等によりその意思能力を喪失し、その預貯金口座が凍結されてしまった場合には、もはやそこからの資金移動はできなくなることです。タイミングを失することなく資金移動をするか、信託契約の締結と同時に、必要額を計算して金銭も当初信託財産としておくなどの方策が必要です（図表－19）。

◆図表－19◆　妻の居住を確保するための信託での法律上の留意点

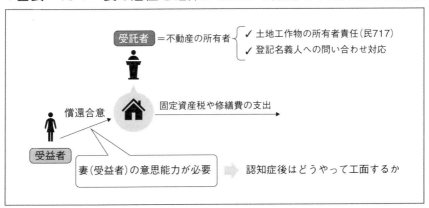

（金森　健一）

妻がその建物に住む必要がなくなった場合にはど
のように対応することが考えられますか。

　　　　信託契約の定めによりますが、その建物を売却や
賃貸、又は担保権設定を伴う借入れをすることによ
り金銭化し、妻の生活資金等に充てることが考えら
れます。なお、建物だけでなく土地所有権等の敷地
利用権も信託の対象にしておかないと処分が円滑に
進みません。

✓　解　説

(1)　建物の処分権者は受託者であること

　信託を利用した場合に、建物の所有者は受託者ですので、建物の
処分権は受託者にあります。受託者は、信託財産に属する建物所有
権を信託の目的の範囲内で行使することができます（信法26本
文）。そのため、信託の目的において、受益者である妻の生活に配
慮する旨が定められている場合、受託者は、必要に応じて、建物を
売却し、もしくは賃貸し、又は建物に抵当権を設定して融資を受け
ることができます。

(2) 受託者による建物の売却

受託者が売主となり売買契約を締結します。不動産の信託の登記を構成する信託目録に、受託者が不動産を譲渡するにあたり、受益者による同意等が必要である旨の定めがある場合には、所有権移転登記申請において、受益者による同意等があったことを証する書面の提出も必要になります。

(3) 受託者による建物の賃貸

受託者が賃貸人となり賃貸借契約を締結します。通常の建物の賃貸借と同じく、借地借家法が適用されます。したがって、通常、賃貸借の場合、賃貸人からの更新拒絶には正当事由が要求されるなどして（借地借家法 28）、妻が再度建物に居住したくなったときの対応に苦慮するおそれがあるため、定期建物賃貸借（借地借家法 38）の利用が考えられます。また、賃貸するにあたり、リフォームが必要になる場合には、請負契約はもちろん、その資金調達のための借入れも受託者が行います。

(4) 受託者による借入れ

受託者は、生活資金や前述のリフォーム資金を調達するために、金融機関から融資を受け、信託財産に属する建物に抵当権を設定することもできます。もっとも、信託受託者に対する融資に対応している金融機関は、まだ限られていますので、事前に相談をするとよいでしょう（成田一正・金森健一・鈴木望著『賃貸アパート・マンションの民事信託実務』（日本法令）447 ページ以下）。

(5) 取得した金銭の取扱い

　代金、賃料又は借入金として受託者が取得した金銭はいずれも信託財産に属しますので（信法16一）、受託者はその管理を行います。もっとも、代金については、その金銭全額を受益者である妻に交付して信託を終了させることも考えられます。受益者本人の希望が最優先されるべきですが、多額の金銭を継続的に管理するのであれば、妻の将来の財産管理能力の低下や喪失に備えて、信託を継続するのがよいでしょう（図表−20）。

◆図表−20◆　居住用建物が不要となった場合の管理

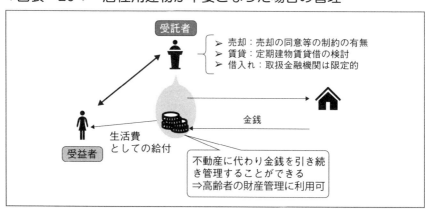

（金森　健一）

Ｑ　信託を利用した場合、同居の配偶者や親族の居住を確保する民法で定める方法との関係はどのようになりますか。

Ａ　建物の所有権が受託者に帰属するため、民法上の方法が使えなくなる場合があります。

✓ 解　説

(1)　配偶者居住権との関係

　被相続人が生前において自宅を信託財産とする信託を設定して、その所有権を受託者である子に移転し、その後に、被相続人が死亡したとします。

　このような信託を設定し、委託者の死亡後もそれが継続する場合であっても、委託者の死亡により信託が終了するとした場合であっても、相続開始時において自宅の所有権は受託者に帰属しているため、「被相続人の財産に属した」（民法1028①本文）という要件を充足せず、配偶者居住権は成立しません。

　被相続人が建物の持分の一部のみを信託した場合、その受託者が配偶者以外の者であるときは、配偶者居住権は成立しません（民法1028①ただし書）。これに対して、受託者が配偶者であるときは、「被相続人が相続開始時に居住建物を配偶者以外の者と共有してい

た場合」（同ただし書）に当たらず、配偶者居住権が成立するようにもみえます。しかし、配偶者が共有者である場合には配偶者居住権が成立するとされる趣旨は、建物が夫婦の共有である場合が相当程度存在するために必要性があることと、成立を認めても不当な不利益を受ける者がいないことを考慮したことにあるとされるところ（一問一答 17 ページ）、配偶者居住権が成立すると、配偶者以外の受益者が害されることになりますので、被相続人が第三者と共有している場合と同じく、原則、成立が認められないと思われます。

(2) 配偶者短期居住権との関係

上記(1)で述べたような信託が建物全部を対象として設定された場合、「被相続人の財産に属した」ことという要件（民法 1037 ①）を欠くため、配偶者短期居住権は成立しません。もっとも、配偶者短期居住権は、配偶者居住権と異なり、被相続人がその建物の一部でも持分を有していれば成立します（堂薗 28 ページ）。そのため、この場合、一つの建物において信託の受益権に基づいて使用する者と、配偶者短期居住権に基づいて使用する者が存在することになります。もっとも、配偶者短期居住権は、配偶者が居住建物の一部のみを無償で使用していた場合に、その一部について権利を取得するものですので、すでに信託の受益者が使用していた部分を除いて、配偶者が使用していた部分にのみ成立します。

(3) 遺言や遺産分割との関係

上記(1)で述べたような信託が設定された場合、委託者は信託財産に属する自宅を特定財産承継遺言や遺贈の対象とすることはできません（民法 996 参照。相続開始前に信託が終了し、自宅が自己の所有に戻ってきた場合を想定した条件付き遺言は可能です）。

また、相続開始後の遺産分割においても、自宅の所有権は信託が継続するかぎり受託者に帰属していますし、委託者（被相続人）の死亡が信託終了事由とされていても、その帰属権利者として指定された相続人は信託契約の定めによりその所有権又は共有持分を取得するのであって、相続による取得ではないため、その所有権や共有持分は遺産分割の対象になりません。

　結局、信託がされているかぎり、被相続人や相続人が配偶者に配偶者居住権を取得させることはできないことになると思われます（図表－21）。

◆図表－21◆　信託財産と相続財産の関係

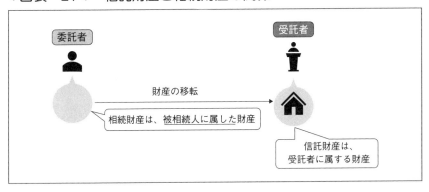

（金森　健一）

Q　妻が取得する受益権は、遺産分割においてどのように取り扱われますか。

A　受益権を相続財産又は特別受益として取得したものとして、具体的相続分に算入されます。もっとも、委託者が持戻し免除を希望するときは、信託契約書等において意思表示するのが確実だと考えます。

✓ 解　説

(1)　受益権は相続財産に含まれるか

　妻が取得する受益権は、夫が死亡して取得されるものですので、夫の相続に係る相続財産であるようにも見えますが、受益権の根拠となる信託契約の定めを確認する必要があります。

①　夫の受益権が存続する場合

　夫の受益権がその死亡によっても消滅せず、存続する場合には、相続財産に含まれることになります。この場合、妻は、相続により受益権を取得します。

②　夫の受益権が消滅する場合

　夫の受益権がその死亡により消滅し、信託契約にて指定された者に新たな受益権が発生する場合には、消滅する受益権は相続財産に含まれません。この場合、妻は相続ではなく信託契約の効果によっ

て受益権を取得します。

(2)　受益権は特別受益に含まれるか

　受益権が相続財産に含まれないとしても（上記(1)②）、特別受益（民法903）に該当すると考えられます。したがって、遺産分割において妻は受益権の評価額分を具体的相続分において取得することになります。

(3)　持戻し免除の意思表示

　夫は、生前行為又は遺言により妻が取得する受益権について、みなし相続財産の価額や具体的相続分に含めないために、持戻しの免除の意思表示をすることができます（民法903③）。婚姻期間が20年以上である夫婦の一方が他方に対してその居住用不動産について遺贈又は贈与したときの持戻し免除の意思表示の推定規定（民法903④）については、妻が取得するのは受益権であり、「居住の用に供する建物又はその敷地」でないため、適用されないと考えられます。類推適用される可能性もありますが、信託契約書等にて持戻し免除の意思表示をするのが確実だと考えます（図表－22）。

◆図表－22◆　受益権の承継態様と持戻し免除の意思表示

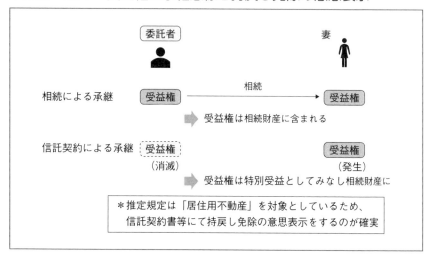

＊推定規定は「居住用不動産」を対象としているため、
　信託契約書等にて持戻し免除の意思表示をするのが確実

（金森　健一）

Q 　居住建物の修繕等の管理については誰が行いますか。

A 　原則、所有者である受託者が管理をすることになりますが、契約における定めにより、居住する者が管理するとすることもできます。管理内容ごとに分担することも可能です。居住する者が委託者（兼受益者）であるか受益者であるか、それとも賃借人や使用借主であるかにより必要な定めは異なります。

✓ **解　説**

(1)　受託者による管理の原則

　受託者は、信託財産の管理又は処分及びその他の信託の目的を達成するために必要な行為をする権限を有しています（信法26本文）。したがって、受益者である配偶者の居住を確保することを目的として自宅不動産が信託された場合には、受託者がその不動産の維持、修繕等の管理を行います。

(2)　信託事務の委託

　受託者は、自ら行うとされている信託財産の管理を第三者に委託することができます（信法28）。「第三者」には、委託者や受益者

も含まれると解されますので、これらの者に自宅不動産の管理を委ねることも可能ですが、その委託の仕方には注意が必要です。

① 委託者（兼受益者）に委託する場合

委託者は、受託者との間で信託を設定するための信託契約を締結しますので、その契約と同時に信託財産の管理の委託に関する合意をすることができます。具体的には、信託契約書と一体の契約書にするか、別に委託契約書を締結するかのいずれかの方法があります。

② 受益者に委託する場合

受益権は権利の総体であって、当然には義務は含まれませんので、受益者に対し、信託財産の管理を委託するには、受託者は、受益者と個別の合意をしなければなりません。当初委託者でない受益者は、信託契約の内容を知らないことがあります。受益権を取得するタイミングで信託財産の管理という負担を負うのが適当かどうかの判断を受益者ができるように、受託者は、受益者の変更が生じたときに速やかに受益者との間で上記合意をする手続きを行うのがよいでしょう。

③ 賃借人・使用借主に委ねる場合

賃貸借契約や使用貸借契約において、修繕等を賃借人や使用借主が行う旨を定めます。民法によれば、使用貸借契約では使用借主が通常の必要費を負担し（民法595①）、賃貸借契約では賃貸人が原則修繕義務を負い（民法606①）、賃貸人が修繕しない場合等に賃借人が修繕することができることとされています（民法607の2）（図表－23）。

◆図表－23◆　信託事務の委託先である「第三者」

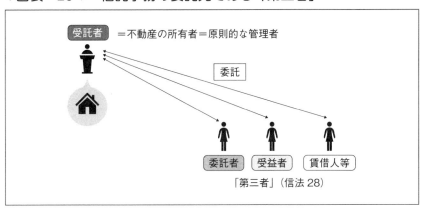

受託者　＝不動産の所有者＝原則的な管理者

委託

委託者　受益者　賃借人等

「第三者」（信法 28）

④　留 意 点

　上記のように委託者や受益者、賃借人・使用借主に信託財産の管理を委託することは可能ですが、例えば、認知症対策等、財産管理能力の低下・喪失の対策として信託を行う場合には、委託された委託者や受益者等が十分な管理をすることができない事態になることも想定されます。そのような事態に対応して、受託者が自ら管理するか、第三者に委託し直すことができるように契約上の手当てをしておくことも必要です。

（金森　健一）

4 信託税務の視点

> **Q** 　甲が生前に、甲を委託者兼当初受益者、妻を甲死亡後の二次受益者、長男を受託者兼帰属権利者とする信託契約を締結した場合、当初受益者となる甲には信託開始時にどのような課税が生じますか。

> **A** 　当初受益者甲について、課税関係は生じません。ただし、信託財産が不動産である場合には登録免許税及び不動産取得税が、信託契約により信託する場合には印紙税がかかります。

✓ 解 説

(1) 課税関係

　委託者と受益者が同じ信託（自益信託）の場合、信託設定されても実質的な財産の所有者は変わらないため、信託の開始時に課税関係は生じません。

　なお、信託設定により、形式的な財産の所有者は受託者となりますが、税務上は実質的に利益を得る受益者を財産の所有者とみなして課税が行われるため、例えば信託財産が賃貸不動産である場合のその賃貸に係る所得（不動産所得）については、受益者である甲が

所得税の申告を行います（所法 13 ①）。

(2) 登録免許税

① 所有権移転の登記

　信託設定により、形式的な財産の所有者が委託者から受託者へ変わりますが、不動産を信託した場合、その不動産の所有権移転の登記については、登録免許税は課されません（登法 7 ①一）。

② 信託設定の登記

　信託設定により、不動産が信託された財産である旨の信託の登記（所有権の信託登記）については、登録免許税が課されます。

　この場合の登録免許税は、固定資産税評価額 × 0.4％（土地の場合は令和 3 年 3 月 31 日までは 0.3％）です（登法別表第一①（十）、措法 72 ①二）。

(3) 不動産取得税

　自益信託において、信託設定時に委託者から受託者へ不動産を移転する場合については、受託者において不動産取得税は課されません（地法 73 の 7 三）。

(4) 印 紙 税

　信託契約に係る印紙税は 1 通につき 200 円です（印紙税法 2、7、別表第一（十二））。

（鏡　理恵子）

Q ＱⅠ-4-1の場合において、甲の死亡後、二次受益者となる妻にはどのような課税が生じますか。また、妻が取得する信託受益権は相続税の計算上、どのように評価されますか。

A 二次受益者である妻は、甲から信託に関する権利を遺贈により取得したものとみなされ、相続税が課されます。また、妻は信託財産に属する資産及び負債を取得し、又は承継したものとみなされ、信託受益権の評価上も信託財産及び債務を受益者が有しているものとして評価します。

✓ **解 説**

(1) 課税関係

当初受益者である甲の死亡によりその妻が適正な対価を負担せず二次受益者となった場合には、甲より信託に関する権利を遺贈により取得したものとみなされ、相続税が課されます（相法9の2②）。

(2) 信託受益権の評価

財産評価基本通達に定めるところにより評価した課税時期における信託財産の価額によって評価します（財基通202（1））。

なお、受益者が複数いる場合には、その価額にそれぞれの受益割

合を乗じて計算した価額によって評価します（財基通202（2））。

（鏡　理恵子）

▶▶ ＱⅠ-4-3　三次受益者に対する課税関係

二次受益者である妻の死亡後に長男が三次受益者となり、引き続き建物に居住する場合には、相続税法上どのように取り扱われますか。なお、妻の死亡後の受託者は長男以外の者であるものとします。

二次受益者である妻から三次受益者である長男が遺贈により信託財産に属する資産及び負債を取得し、又は承継したものとみなして、相続税が課されます。

✓　解　説

（1）　課税関係

二次受益者である妻の死亡により、長男が三次受益者となった場合には、長男が遺贈により信託財産に属する資産及び負債を取得し、又は承継したものとみなして、長男に相続税が課されます（相法9の2②・⑥）。

（2）　信託受益権の評価

ＱⅠ-4-2 と同様です。

（鏡　理恵子）

Q 　QⅠ-4-1の場合において、二次受益者である妻の死亡により信託を終了させ、残余財産を帰属権利者である長男に取得させる場合は、相続税法上どのように取り扱われますか。なお、残余財産は、自宅の土地及び建物のみであり、信託終了時に信託に係る債務はないものとします。

A 　二次受益者である妻から帰属権利者である長男に対して、残余財産である自宅の土地及び建物の遺贈があったものとみなして、長男に相続税が課されます。また、信託の終了に伴って、信託財産であった土地及び建物の所有権が受託者から帰属権利者に移転するため、一定の登録免許税及び不動産取得税が課されます。

✓ 解 説

(1) 課税関係

　二次受益者である妻の死亡により信託が終了し、残余財産である土地及び建物を帰属権利者である長男が取得する場合には、長男がその土地及び建物を妻からの遺贈により取得したものとみなして、長男に相続税が課されます（相法9の2④）。

(2) 残余財産の評価

　長男が取得する土地及び建物それぞれの自用評価額が、遺贈により取得したとみなされる残余財産の評価額となります。

(3) 登録免許税

① 所有権移転の登記

　信託終了により、不動産の所有権が受託者から帰属権利者へ移転する場合には、その所有権移転の登記について登録免許税が課されます（登法2）。その場合の登録免許税は、固定資産税評価額×2%です（登法9、別表第一①（二）ハ）。

　ただし、信託設定時から信託終了時まで委託者のみが信託の受益者である場合において、その委託者から相続により所有権を受益者が取得した場合には、相続により取得したものとして軽減税率0.4%が適用されます（登法7②、別表第一①（二）イ）。

② 信託抹消の登記

　信託終了により不動産が信託財産でなくなった場合には、信託の抹消登記が必要となります。その場合の登録免許税は不動産の信託登記1個につき1,000円です（登法2、9、別表第一①（十五））。

(4) 不動産取得税

① 原　　則

　不動産取得税は不動産の取得に対し、その不動産の取得者に対して課されるため、帰属権利者である長男が信託終了により不動産を取得した場合には、原則として、長男に不動産取得税が課されます（地法73の2）。

　その場合の不動産取得税の額は、固定資産税評価額[※1] × 4%[※2]

です（地法73の13①、地法73の15）。

※1 令和3年3月31日までに取得した宅地については固定資産税評価額×1／2（地法附則11の5①）
※2 令和3年3月31日までに住宅又は土地を取得した場合には3％（地法附則11の2①）

②　非課税となる場合

　(イ)信託設定時から委託者のみが信託財産の受益者である信託について、受託者からその委託者に信託財産を移転する場合、又は(ロ)信託終了時に信託設定時の委託者から相続により信託財産に属する財産を取得した場合には、不動産取得税は課されません（地法73の7四）。

（鏡　理恵子）

▸▸ QI-4-5　信託財産を譲渡した場合の課税関係

　受託者が信託財産に属する不動産を譲渡した場合には、どのような課税がなされますか。

　受託者が信託財産に属する不動産を譲渡した場合には、税務上は、受益者が譲渡したものとみなし、その譲渡に伴う譲渡所得があれば受益者に対して譲渡所得税が課されます。

（1）　課税関係

　信託の受益者は信託財産に属する資産及び負債を有するものとみなし、かつ、その信託財産に帰せられる収益及び費用は受益者のものとみなして、所得税が課されるとされていることから、受託者が信託財産に属する不動産を譲渡した場合であっても、その譲渡による所得や損失は受益者に帰属します（所法 13 ①）。

　この場合の譲渡による所得は、信託財産ではない不動産の譲渡と同様、譲渡所得に区分され、分離課税により課税されます（所基通 33-1 の 8、措通 31・32 共 -1 の 3）。

　なお、譲渡に係る信託報酬として受益者が受託者に支払った金額については、資産の譲渡に要した費用に含まれます（所基通 33-1 の 8(1)）。

（2）　特例の適用を受ける場合

　譲渡所得の各特例の適用を受ける場合に確定申告書に添付する書類については、受益者の有する信託財産に属する土地等の譲渡等に係るものである旨の「受託者の証明」を受ける必要があります（所基通 33-1 の 8(5)、措通 28 の 4-53、31・32 共 -1 の 3(5)）。

（鏡　理恵子）

▶▶ QI-4-6 信託財産に係る管理費用の取扱い

Q 　受託者が信託財産に属する賃貸用建物の管理費用を信託財産から支出した場合、税務上その費用相当額はどのように取り扱われますか。

A 　受託者が信託財産から支出した管理費用は、受益者の不動産所得の金額の計算上、必要経費に算入されます。ただし、信託財産から生じる不動産所得に係る損失の金額はなかったものとされます。

✓ 解 説

(1) 原則的な取扱い

　QI-4-5 のとおり、信託の受益者は信託財産に属する資産及び負債を有するものとみなし、かつ、その信託財産に帰せられる収益及び費用は受益者のものとみなして所得税が課されるとされていることから、収入を得るために直接要した費用の額や販売費一般管理費等の費用については、受益者の不動産所得の金額の計算上、必要経費に算入されます（所法 13 ①、37 ①）。

(2) 租税回避防止規定

　個人である受益者につき信託財産に係る不動産所得がある場合において、その不動産所得の総収入金額から必要経費に算入すべき金額を控除した額がマイナスとなる場合には、そのマイナスとなる額

は生じなかったものとみなし、信託をしていない不動産に係る不動産所得や他の所得との損益通算及び純損失の繰越を行うことはできません（措法41の4の2①、措令26の6の2④）。

（鏡　理恵子）

▶▶ QⅠ-4-7　税務署へ提出する書類

受託者は信託期間中、いつどのような書類を税務署に対して提出する必要がありますか。

一定の場合には、受託者は「信託の計算書」を毎年提出する必要があります。また、税務上一定額以上の贈与・遺贈に該当する事由が生じた場合には、「信託に関する受益者別（委託者別）調書」を提出する必要があります。

✓ 解　説

(1) 信託の計算書

受託者は、信託財産に係る1年間の収益の額が3万円（計算期間が1年未満の場合には1万5,000円）超の場合等には、信託の計算書及びその合計表を提出しなければなりません（所法227、所規96②）（図表−24）。

◆図表－24◆　信託の計算書

提出義務者	受託者
提出期限	毎年 1 月 31 日
提出先	受託者の事務所等の所在地の所轄税務署長
記載事項	①前年 12 月 31 日におけるその信託に係る資産及び負債の内訳ならびに資産及び負債の額 ②前年中におけるその信託に係る資産の異動 ③前年中における信託財産に帰せられる収益及び費用の額 ④その他参考事項

(2)　信託に関する受益者別（委託者別）調書

　受託者は、次の事由が生じた場合において、その信託財産の価額の合計額（相続税評価額）が 50 万円超であり、かつ、税務上贈与又は遺贈が認識されるときは、信託に関する受益者別（委託者別）調書及びその合計表を提出しなければなりません（相法 59 ③、相規 30 ⑦）（図表－25）。

---

①　信託の効力が生じたこと（信託設定時）

②　受益者等が変更されたこと（信託期間中）

③　信託が終了したこと（信託終了時）

◆図表－25◆　信託に関する受益者別（委託者別）調書

提出義務者	受託者
提出期限	事由が生じた日の属する月の翌月末日
提出先	受託者の事務所等の所在地の所轄税務署長
記載事項	①信託財産の内容に関する事項及びその価額 ②事由の生じた日 ③その他参考事項

（鏡　理恵子）

▶▶　QⅠ-4-8　信託財産に係る債務の取扱い

 　　QⅠ-4-1の場合において、当初受益者である甲の死亡時に信託財産である自宅に係るローン残高（債務）があり、妻がその信託の二次受益者となった場合には、相続税法上その債務はどのように取り扱われますか。

 　　信託財産である自宅に係るローンについては債務控除の対象となります。

(1)　借入債務の信託

信託の対象とすることができるのは不動産等の積極財産にかぎら

Ⅰ　遺される妻の居住の確保（配偶者居住権）　*169*

れ、借入金等の消極財産は信託することができません（信法2①）。

(2)　信託財産責任負担債務の定め

　信託財産である不動産に係る借入金等のように、信託財産とひも付きの債務については、受託者が債務引受けをし、信託財産責任負担債務の定めをすることにより、実質的に借入金を信託したのと同じような効果を生み出すことができます（信法2⑨、21①三）。

(3)　債務控除

①　信託設定時に受託者が債務引受けをしなかった借入金

　自宅に係るローンについて、信託設定時に受託者が債務引受けをせず、信託設定後も委託者甲の債務として存在している場合には、甲の債務として死亡時に現に存するものであることから、相続税の債務控除の対象となります（相法13）。

②　受託者が債務引受けをし、信託財産責任負担債務としての定めをしたもの

　当初受益者である甲の死亡により、妻が新たに二次受益者となる場合には、妻が信託に関する権利を遺贈により取得したものとみなされます（相法9の2②）。

　この場合、相続税法上、妻は信託財産に属する資産及び負債を取得し、又は承継したものとみなされることから、信託財産責任負担債務である自宅に係るローンは、債務控除の対象となります（相法9の2⑥、相法13）。

（鏡　理恵子）

Ⅰのまとめ

(1) 妻が他の相続人や第三者に対して自宅への居住に関して主張することができる法的な権利の有無やその種類

　夫の相続開始後、妻が夫と同居してきた自宅に住み続けることができるかどうかは、妻自身がその自宅における居住権を取得することができるかどうかにかかっています。その場合の居住権は、建物についての所有権や持分権、建物所有者との間での使用借権や賃借権、そして、法改正により新設された配偶者居住権及び配偶者短期居住権です。

　これらの権利について、夫の相続開始により妻が取得しているのか、遺産分割によって取得させることを要するのかを確認するべきです。まずは、対象となる自宅の所有権の帰属、共有者の有無と被相続人による遺言の有無を確認しましょう。

(2) 他の相続人との間の関係が良好な場合の手段と、対立関係にある場合の手段

　妻とそれ以外の相続人との間の関係が良好な場合、つまり、自宅の土地建物の所有権を妻以外の相続人が取得し、同人が妻（母）を同建物に引き続き居住させる場合もあり得ます。これは法律上、使用貸借契約であると思われます。これに対して、相続人間、特に妻と建物の所有権の取得予定者との間で対立がある場合には、後日の紛争発生時に主張することができる居住権を明確にしておくべきです。上記(1)の各方法のうち、妻の居住が最も安定するのは自宅の土地建物の所有権を妻に取得させる方法です。これに対して、配偶者

居住権は、所有権よりも少ない具体的相続分で取得可能である点は魅力的です。もっとも、対立関係にある者同士が居住建物についての権利義務関係に立つことが適切かどうかは、その対立の深刻さの程度に左右されるでしょう。妻が相続財産から預貯金等の生活資金をどの程度確保しなければならないかによりますが、配偶者居住権を利用するかどうかは慎重な検討を要するように思います。

(3) 被相続人が生前に妻のために取り得る手段の検討

　被相続人が生前に取り得る手段として、遺言と信託があります。

　遺言の場合は、妻に対する自宅不動産の所有権や持分の承継（特定承継遺言）や配偶者居住権の設定です。借家の場合には賃借権を妻に単独で相続させることも考えられます。

　一方、信託の場合には、被相続人の子を受託者にして自宅不動産の所有権を対象に信託を設定することが考えられます。その場合に、誰を受益者にするのか、受益権の内容をどのようなものにするかの検討を要します。また、受託者として適切な親族がいない場合や親族内紛争の懸念がある場合には、信託会社を受託者とすることも検討に値すると思います。

（金森　健一）

Ⅱ 相続人の当面の資金の工面（預貯金の払戻し）

事例設定

　亡甲の相続人は、妻、長男及び二男である。甲の相続財産の中には、Ｌ銀行の普通預金 2,000 万円と、Ｍ信用金庫の普通預金 1,000 万円が含まれている。長男は喪主として甲の葬儀の際に必要な費用（200 万円）を支払ったため、同額の預金を引き出したいと考えている。次のそれぞれの場合において、長男は各金融機関からいくら預金の払戻しを受けることができるか。

> ①　甲は遺言を残しており、「長男に対し、金銭 1,000 万円を相続させる」旨の記載があった。
> ②　甲は遺言を残しておらず、長男と二男との間で生前の甲の介護負担についての意見の相違により現状、遺産分割が成立していない。

　甲は遺言を残しておらず、相続人間で裁判外での協議が成立しなかったため、長男は、家庭裁判所に遺産分割調停を申し立てることになった（図表－1）。

◆図表－1◆　甲の親族関係と預金の内訳

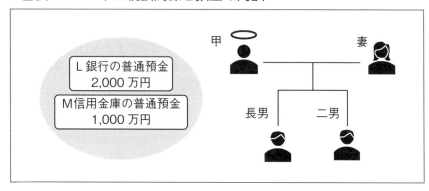

▶▶ QⅡ-1-1　相続財産の中の預貯金の払戻し方

 相続財産の中に預貯金がある場合にどのようにして引き出すことになりますか。

 原則は、遺産分割協議を成立させるか、あるいは遺言に従います。遺言がなく、遺産分割協議が成立していない場合でも、一定額を上限に各相続人が金融機関に申し出て預貯金を払い戻すことは可能です。

✓ **解　説**

(1)　原則として遺産分割協議書又は遺言書が必要

①　かつての判例・実務

　かつての判例理論は、預貯金は債権であり、相続開始と同時に相続人ごとに持分に応じて可分債権として分割され、分割された債権を直ちに持分相当額を取得するものとして取り扱われていました（最判昭 29.4.8・民集 8 巻 4 号 819 ページ等）。他方、金融機関の実務は、二重払いリスクの回避の観点から、相続人全員の同意を証する書式（相続人全員が署名押印したもの）を提出しないと預貯金口座を引き出せない運用が広く行われていました（ただし、一部の金融機関では、独自の裁量により、事実上、少額の払戻しを行うこと

もあります（いわゆる「便宜払い」）。

② 最高裁平成 28 年 12 月 19 日決定による判例変更

　その後、最高裁平成 28 年 12 月 19 日決定（民集 70 巻 8 号 2121 ページ）は、「共同相続された普通預金債権、通常貯金債権及び定期貯金債権は、いずれも、相続開始と同時に当然に相続分に応じて分割されることなく、遺産分割の対象となる」旨判示しました。さらに定期預金（債権）についても、最高裁平成 29 年 4 月 6 日判決（集民 255 号 129 ページ）により同様の判断がなされました。その結果、金融機関の実務と遺産分割協議を経る必要があるとの最高裁判決とほぼ同じになりました。

　そのため、遺産分割協議書又は遺言書（あるいは相続人全員の合意）がなければ、金融機関に被相続人の預貯金の払戻しを求めることができないのが原則です。

③ 事例①の回答

　事例の①の場合、甲は遺言を残しており、「長男に対し、金銭 1,000 万円を相続させる」旨の記載があった場合には、当該遺言書を金融機関に持参すれば、1,000 万円の払戻しを受けられます。ただし、自筆証書遺言の場合には検認を経ている必要があります。もっとも、令和 2 年 7 月 10 日以降は、「法務局における遺言書の保管等に関する法律」に基づき、自筆証書の遺言書を法務局に保管すれば、検認の手続きを省略できます。

(2) 遺産分割前における預貯金の払戻し制度

① 民法（相続法）改正

　事例の②のように、遺言書が残っておらず、しかも遺産分割協議が調っていない場合、基本的には金融機関に被相続人の預貯金の払戻しを求めることができません。

しかしながら、常に遺産分割協議を成立させる必要がある制度は迂遠であり、時間もかかります。他方、被相続人の死去に伴い、葬儀費用その他諸費用が通常かかります。また、相続人としては、相続する債務を早期に弁済することにより利息・遅延損害金の拡大を防ぎたいところです。そこで、平成30年改正により、遺産分割前における預貯金の払戻し制度（民法909の2）が新設され、各共同相続人が単独で、遺産分割前でも、一定額を限度として、相続人の預貯金を引き出すことが可能になりました。

　この限度額となる「一定額」は、以下の額です。

> ㈦　遺産に属する預貯金債権のうち相続開始の時の債権額×
> 　１／３×当該払戻しを求める共同相続人の法定相続分
> ㈡　ただし、上記㈦の額が多額の場合もあるため、上記㈦の額は
> 　預貯金債権の債務者（金融機関）ごとの上限額が政令により定
> 　められました（平成30年法務省令（第29号）によれば150
> 　万円です）。

　なお、上記㈦の算式による上限額は、個々の預貯金債権ごとに算出されます。

②　事例に基づく払戻し額

　民法909条の2により金融機関から払い戻すことができる額は、個々の預貯金債権ごとに判断されます。事例の場合、L銀行の普通預金2,000万円及びM信用金庫の普通預金1,000万円がいつの時点の額かは不明ですが、ここでは仮に、上記金額が相続開始時（被相続人死亡時）だったとします。

　その場合、長男がL銀行及びM信用金庫に請求できる払戻し額は、上記①㈦に基づけば、以下のように計算します。

<L銀行に対して>
　2,000万円×1／3×1／4＝166万6,666円
<M信用金庫に対して>
　1,000万円×1／3×1／4＝83万3,333円

　ただし、上記金額には①(ロ)の金融機関ごとの上限額の制限があり、平成30年法務省令第29号によれば、L銀行に対しては150万円に制限されます。

（岡本　泰志）

Q　「L 銀行の預金は妻に相続させる」旨の遺言や、「金銭 1,000 万円は長男に相続させる」旨の遺言はどのように執行するのですか。

A　前者は、遺産の分割の方法の指定として遺産に属する特定の財産を共同相続人の 1 人又は数人に承継させる旨の遺言（特定財産承継遺言）が行われたものとして、遺言執行者は、L 銀行の預金の払戻し又は解約を申し入れます。

後者も特定財産承継遺言が行われたものとして遺産の中に現金 1,000 万円があれば長男に引き渡すことになりますが、遺産の中に現金 1,000 万円がない（あるいは不足する）場合で預貯金債権により補充しなければならないときには、L 銀行に対し預金の払戻し又は解約を申し入れます。

✓　**解　説**

(1)　「相続させる」旨の遺言の解釈

「相続させる」旨の遺言は、原則として「遺産の分割の方法」（民法 908）の指定です（最判平 3.4.19・民集 45 巻 4 号 477 ページ）。ただし、その遺言の趣旨が遺贈であることが明確あるいは遺贈と解

すべき特段の事情があるときには、遺贈として取り扱われます。

「相続させる」旨の遺言が遺産分割の方法であるとしても、その指定が「相続分の指定」をしたと解すべき場合と、「遺産分割により特定の遺産を特定の相続人に承継させることを指定」（特定財産承継遺言（民法1014②））したものと解すべき場合とがあります。

旧法下では、「相続させる」旨の遺言と遺言執行者の権限との関係が不明確であり、最高裁判例はなく、下級審の判断も分かれていました（銀行実務上は、遺言執行者が「相続させる」旨の遺言に基づき預金の解約及び払戻しを求めた場合には、これに応じている金融機関が多いようです）。

(2) 特定財産承継遺言

特定財産承継遺言があったときに、対抗要件を具備する行為は、原則として遺言執行者の権限です（民法1014②）。また、特定財産承継遺言の対象財産が預貯金債権である場合には、遺言執行者は、その預金又は貯金の払戻しの請求及びその預金又は貯金に係る契約の解約の申入れ（解約の申入れについては、預貯金債権の全部が特定財産承継遺言の目的である場合に限ります）をすることができます（民法1014③）。

注意すべき点は、遺言執行者がなし得るのは預貯金の払戻し及び預貯金契約の解約の「申入れ」のみであり、預貯金契約を強制的に解約する権限まではありません。

とはいえ、従前から、遺言執行者が「相続させる」旨の遺言に基づき預貯金の解約及び払戻しに応じることが多かったことに鑑みれば、現行法に基づき遺言執行者が預貯金の解約又は払戻しを求めれば、金融機関はこれに応じるものと思われます。

⑶ 現金の執行

現金については、遺言執行者は、当該執行事務を処理するにあたって受け取った金銭その他の物を相続人に引き渡さなければならない（民法 1012 ③、646 ①）ため、事例の①の場合において、相続財産中に 1,000 万円の現金があれば、遺言書どおり、遺言執行者は長男に引き渡さなければなりません。他方、1,000 万円の現金がなく、預貯金から補填しなければならない場合には、上記⑵と同様の処理になります。

（岡本　泰志）

▸▸ QⅡ-1-3　遺言がなく遺産分割協議も成立しない場合の預貯金の払戻し

Q 遺言がなく遺産分割協議も成立しない場合に預貯金を払い戻すにはどうしたらよいですか。

A 各共同相続人が単独で、遺産分割前でも、一定額を限度として、相続人の預貯金を払い戻すことが可能です。

それ以外にも、預貯金債権の仮分割の仮処分を申し立てる方法、当事者間の協議により、全部又は一部の預貯金債権のみの遺産分割協議を成立させる方法等があります。

(1)　以前の最高裁の見解とその変更

①　かつての判例理論及び実務

　従前は、預貯金は債権であり、相続開始と同時に相続人ごとに持分に応じて可分債権として分割され、分割された債権を直ちに持分相当額を取得するものとして取り扱われていました（最判昭29.4.8・民集 8 巻 4 号 819 ページ等）。他方、金融機関の実務は、二重払いリスクの回避の観点から、相続人全員の同意を証する書式（相続人全員が署名押印したもの）を提出しないと預貯金口座を引き出せない運用が広く行われていました。（ただし、一部の金融機関では、独自の裁量により、事実上、少額を支払うこともあります（いわゆる「便宜払い」））。

②　最高裁平成 28 年 12 月 19 日決定による判例変更

　その後、最高裁平成 28 年 12 月 19 日決定（民集 70 巻 8 号 2121ページ）は、「共同相続された普通預金債権、通常貯金債権及び定期貯金債権は、いずれも、相続開始と同時に当然に相続分に応じて分割されることなく、遺産分割の対象となる」旨判示しました。さらに定期預金債権についても、最高裁平成 29 年 4 月 6 日判決（集民 255 号 129 ページ）により同様の判断がなされました。その結果、金融機関の実務と遺産分割協議を経る必要があるとの最高裁判決とほぼ同じになりました。

(2)　遺産分割前における預貯金の払戻し制度

　もっとも、遺産分割協議が長期化した場合でも、相続開始直後から葬儀費用等、早急に支払わなければならない費用もあるため、民

法909条の2により、各共同相続人が単独で、遺産分割前でも、一定額を限度として、相続人の預貯金を払い戻すことが可能になりました（Q II -1-1 175ページ参照）。

(3) その他の方法

上記(2)の方法のほか、遺産分割協議・遺言以外の方法により預貯金を払い戻す方法としては、次の方法があります。

第1の方法は、家事事件手続法200条3項に基づく、預貯金債権の仮分割の仮処分による方法です（Q II -1-4参照）。

第2の方法は、当事者間の協議により、全部又は一部の預貯金債権のみの遺産分割協議を調える方法です。この方法は、遺産分割調停及び審判手続きがなされていないときには、柔軟かつ迅速に遂行できます。特定の金融機関の預貯金口座のみに限定するならば、その金融機関所定の書式に相続人全員の署名押印することにより、簡易的に預貯金の払戻しを行うことができます。

他方、遺産分割調停中の場合は、その調停手続きの中で一部分割の調停を成立させることになります。審判手続きに係属しているときには、一部分割することに合理的な理由があり、かつ、一部分割により遺産全体の適正な分割が不可能とならない場合にかぎり、一部分割が可能です。

（岡本　泰志）

▸▸ QⅡ-1-4　審判前の仮処分による預貯金の払戻し

Q　審判前の仮処分による預貯金の払戻しとはどのようなものですか。

A　相続財産に属する債務の弁済や、相続人の生活費の支弁等を行うべき必要性があり、他の相続人の利益を害さないときには、遺産分割協議の審判又は調停を申し立てることを条件に、遺産に属する特定の預貯金債権の全部又は一部をその者に仮に取得させる制度です。

✓ 解　説

(1)　預貯金債権の仮分割の仮処分

　民法909条の2による預貯金の払戻しは一定額に限られているため、制限を超過した払戻しを要するときには、家事事件手続法200条3項に基づく、預貯金債権の仮分割の仮処分による必要があります。

(2)　家事事件手続法200条3項の新設

　これまでは、家事事件手続法に基づき、預貯金債権の仮分割の仮処分が認められるには「強制執行を保全し、又は事件の関係人の急

迫の危険を防止するため必要があるとき」に限られていました。しかし、改正により家事事件手続法200条3項が新設され、「相続財産に属する債務の弁済、相続人の生活費の支弁その他の事情により遺産に属する預貯金債権」を申立人又は相手方が行使する必要があれば、預貯金債権の仮分割の仮処分が認められるようになりました（ただし、「他の共同相続人の利益を害するとき」には認められません）。

　ただし、この仮分割の仮処分を申し立てるには、遺産分割調停又は審判を申し立てる必要があるため、裁判所に調停等を申し立てることなく協議を進める事案では使えません。

　そして、遺産分割協議の審判は調停が先に行われるのが通常の手続きであるため、預貯金債権の仮分割の仮処分を申し立てる際には、遺産分割協議の調停を申し立てることになります（家事事件手続法200③）。

（岡本　泰志）

▶▶ QⅡ-1-5　預貯金の払戻し時の金融機関側の留意点

Q　預貯金の仮払いに基づいて金融機関が預貯金を払い出すときに金融機関はどのような点に留意するべきですか。

A　払戻しに応じる額には金融機関ごとに上限（法務省令により定められ、当面は 150 万円）があることに注意しなければなりません。払戻しを請求する者には、その者が被相続人の相続人であることを証する書類及び本人確認書類、さらに相続開始時である死亡時を明らかにする書類を提出させる必要があります。

✓　**解　説**

(1)　仮処分によらない被相続人の預貯金の払戻し

　各共同相続人は、遺言書、遺産分割協議書あるいは相続人全員の同意がなくても、単独で、遺産分割前でも、一定額を限度として、相続人の預貯金を払い戻すことが可能です（民法 909 の 2）。

　この限度額となる「一定額」は、以下の額です。

①　（遺産に属する預貯金債権のうち<u>相続開始の時</u>の債権額）×（1 ／ 3）×（当該払戻しを求める共同相続人の法定相続分）
②　ただし、上記①の額が多額である場合もあるため、上記①の

> 額は預貯金債権の債務者（金融機関）ごとの上限額が政令により定められました（平成30年法務省令（第29号）によれば150万円です）。

　なお、上記①の算式による上限額は、個々の預貯金債権ごとに算出されます。

　したがって、金融機関の窓口担当者は、相続人による被相続人の預貯金口座の払戻し請求がなされた場合には、まずはこの「一定額」を超過しないことを確認しなければならず、そうでなければ、払戻し限度額を超過するおそれがあるので注意が必要です。

(2)　「一定額」及び提出させる資料

　上記「一定額」は、平成30年法務省令第29号によれば、当面150万円が上限です。ただし、今後、変更される可能性がありますので、変動の有無については最新の情報を把握するように努めるべきでしょう。

　その上で、「相続開始時」の金融機関ごとの預貯金残高が、相続開始の時の債権額の3分の1に法定相続分を掛けた額が上記法務省令より低いか否かの確認を要します。

　さらに、「相続開始時」がいつであるかを確認する必要がありますので、そのための書類（被相続人の除籍謄本、戸籍謄本又は全部事項証明書。なお、最近は法定相続情報一覧図（所轄の登記所に申し出たものの写し）で足りることもあります）を提出させる必要があります。

　加えて、相続人全員の戸籍謄本又は全部事項証明書、預貯金の払戻しを希望する者の印鑑証明書及び本人確認書類を提出させるべきです。

（岡本　泰志）

> **Q** 預貯金の払戻し後に、その預貯金の帰属について異なる内容の遺産分割が成立した場合や、遺言があった場合はどのように処理されますか。

> **A** 仮分割により仮に定めた帰属とは異なる遺産分割協議が成立したり、あるいはこれとは異なる遺言が見つかったりした場合に、払戻し・仮分割後に金融機関から払い出された預貯金（現金）を費消してしまったことによる不均衡は、不法行為・不当利得として、遺産分割協議とは別枠で解決することになります。ただし、このようなやり方は手続きが煩雑になるため、払い戻された預貯金の処分により不均衡が生じる場合には、あらかじめ共同相続人全員の同意により相続開始時の預貯金残高を前提とした遺産分割協議を行うほうがより簡便な処理でしょう。

✓ **解 説**

（1）従前の取扱い

　かつては、預貯金債権は金銭債権であるため、相続開始と同時に相続人ごとに相続分に応じ、可分債権として分割されるものとして取り扱われていました（最判昭 29.4.8・民集 8 巻 4 号 819 ページ

等）。その一方で、遺産分割協議は当該協議成立時の財産を分割していたため、相続開始時から遺産分割協議成立時までに預貯金債権が引き出され、かつ費消されたことに伴う不均衡は、遺産分割協議の枠外で処理するのが自然でした。したがって、相続人間で協議できない場合には、不法行為・不当利得の問題として民事訴訟で解決するのが通常でした（無論、こうした処理が煩瑣であるため、実際には、個別具体的に相続する遺産の割合を調整したり、特別受益に準じた取扱いにしたりする等により、実質的に公平な遺産分割協議を成立させることもあったと思われます）。

(2)　従前の処理の問題点

　しかしながら、不法行為・不当利得の問題として民事訴訟で解決するのが煩瑣である上、そもそも自己の持分である預貯金債権を引き出して費消すること自体が不当利得ないし不法行為の要件を満たすかどうかに疑義を有する場合もあります。

　また、民法909条の2に基づく預貯金の引出しも一部分割とみなされるため、その後の遺産分割協議により帰属主体が変更されても、不当利得と解し得ないおそれがあります。つまり、当該共同相続人が不当ないし違法な方法により金融機関に預貯金の払戻しを受けた場合にかぎり、不当利得・不法行為であると評価されるおそれがあります（処分者に対する償金請求権と構成し、返還を求める構成はあり得るかもしれません）。

(3)　民法906条の2第2項

　民法906条の2第1項は、「共同相続人全員の同意」により、処分された財産を遺産分割の対象に含めることができるようになりました。このことにより相続開始後、遺産分割協議までに処分された

財産につき、別途、不当利得ないし不法行為による請求訴訟によらず、遺産分割協議内で処理しやすくなります。さらに、遺産に属する財産を処分した共同相続人が同意しないことによる不均衡を是正すべく、民法906条の2第2項により、共同相続人により遺産に属する財産が処分された場合には、当該共同相続人の同意なしに、処分された財産を遺産分割の対象に含めることができるようになりました。

（岡本　泰志）

▸▸ QⅡ-1-7　葬儀費用相当額のみの遺産分割協議の一部成立

 Q　ひとまず、葬儀費用相当の200万円を長男が取得することについて遺産分割協議を成立させることはできますか。

 A　原則として葬儀費用は喪主負担ですが、相続人全員の協議により、葬儀費用相当額のみにつき、当事者間あるいは調停等により、遺産分割協議を一部成立させることは可能です。

✓ 解　説

(1)　葬儀費用は誰が負担すべきか

　事例では、葬儀費用は遺産ないし相続財産の一部であるかのよう

になっています。法解釈論としては諸説あるものの、裁判所の実務においては、葬儀費用は相続開始後に生じた債務と解され（片岡武・管野眞一編「家庭裁判所における遺産分割・遺留分の実務（第3版）」（日本加除出版）64ページ）、遺産ないし相続財産の一部とは解されていません。そして、この相続開始後に生じた債務である葬儀費用は葬儀主宰者（喪主）が負担するものと解するのが、下級審裁判所の見解です（東京地判昭61.1.28・家月39巻8号48ページ、神戸家審平11.4.30・家月51巻10号135ページ、香典の受領権者との関係で葬儀費用の負担者を喪主とした事例として広島高決平3.9.30・判時1434号81ページ等）。

　したがって、原則として葬儀費用を理由に（一部の）遺産分割をすることはできません（特に、審判においてはこのような理由での一部遺産分割は難しいと思われます）。

(2)　共同相続人間の協議による場合

　しかしながら、共同相続人は、いつでも、その協議で、遺産の全部又は一部の分割をすることができますので（民法907①）、共同相続人の合意により、裁判所を介さず、あるいは裁判所の調停により、葬儀費用に相当する金額にかぎって遺産分割協議を成立させることは可能です（ただし、遺言で5年を超えない期間中、分割を禁じている場合はできません（民法908））。

(3)　共同相続人間の協議が調わない場合

　共同相続人間による任意の協議が調わない場合には、家庭裁判所に一部分割の調停を申し立て、調停を成立させる方法があります。あるいは、すでに遺産の全部分割の調停を申し立てて、その中で葬儀費用相当額のみ一部分割の調停を成立させることも可能です（す

でに、遺産分割調停手続き中の時も同様です)。

(岡本　泰志)

2 相続税務の視点

**▶▶ QⅡ-2-1　葬式費用を負担した場合の相続税
法上の取扱い**

 長男が負担した 200 万円の葬式費用は相続税の計
算上、どのように取り扱われますか。

 長男が負担した葬式費用は、相続税の計算上、債
務控除として、遺産総額から差し引きます。

✓ 解　説

(1)　葬式費用の取扱い

　相続又は遺贈(包括遺贈及び被相続人からの相続人に対する遺贈
に限ります)により財産を取得した者が負担した葬式費用は、相続
税の計算上、債務控除として、遺産総額から差し引きます(相法
13、相基通 13-4、13-5)。

(2) 葬式費用の範囲

① 葬式費用に含まれるもの

(イ) 葬式や葬送に際し、又はこれらの前において、火葬、納骨その他に要した費用

(ロ) 遺体や遺骨の回送にかかった費用

(ハ) 葬式の前後に生じた費用で通常葬式に要する費用（例：通夜に要した費用）

(ニ) 葬式に際しお寺などに支払ったお布施、戒名料、読経料など

② 葬式費用に含まれないもの

(イ) 香典返しのために要した費用

(ロ) 墓地や墓石を購入するために要した費用

(ハ) 初七日※、四十九日等の法事に要した費用など

※ 初七日が告別式と同日に行われている場合において、その費用が明確に区分されていないときは、実務上、葬式費用に含めて遺産総額から差し引いて構わないとされています。

(3) 葬式費用を相続財産から控除できない場合

　長男が葬式費用を負担した場合であっても、長男が制限納税義務者であるときは、その負担した葬式費用は遺産総額から控除することができません（相法 13 ②）。

（青木　喬）

▶▶ QⅡ-2-2 長男が払戻しや仮分割により取得した預貯金債権の相続税法上の取扱い

 Q 　長男が払戻しや仮分割により取得した預貯金債権は、相続税の計算上どのように取り扱われますか。

 A 　長男が払戻し等により取得した預貯金債権については、長男に分割されたものとして課税価格を計算します。

✓ 解　説

　葬儀代や被相続人の未払いであった医療費等を支払うために、相続人である長男が遺産分割時に払戻しや仮分割により取得した預貯金債権については、民法上、長男が遺産分割により取得したものとみなされます（民法 909 の 2、家事事件手続法 200 ③）。そして、相続税の計算上も、他の相続により取得した財産と同様に取り扱われます。

（青木　喬）

相続税の申告期限までに遺産分割協議の全部又は
一部が成立していない場合、相続税の申告はどのよ
うにすればよいでしょうか。

　　　相続税の申告期限までに分割されていない財産（未
分割遺産）については、各共同相続人又は包括受遺
者が法定相続分又は包括遺贈の割合により取得した
ものと仮定して、各人ごとの課税価格を計算し、相
続税の申告・納付を行います。未分割遺産について
は、配偶者に対する相続税額の軽減や小規模宅地等
の特例等の規定を適用して申告を行うことはできな
いので、注意が必要です。

✓　解　説

(1)　未分割の場合の相続税申告

　相続又は遺贈により財産を取得した者及び相続時精算課税贈与に
より財産を取得したことがある者は、相続税の申告期限までに遺産
分割協議が成立しなかった場合であっても、相続財産の合計額が遺
産に係る基礎控除額を超え、その者に係る相続税の課税価格がある
ときは、相続の開始があったことを知った日の翌日から10か月以
内に申告・納付を行わなければなりません（相法27①）。

(2) 未分割の場合の相続税の課税価格計算

　遺産の全部又は一部が未分割である場合の課税価格の計算については、以下のとおり、二つの考え方があります。

　一つは、未分割遺産の価額に法定相続分の割合を乗じて計算した金額に、すでに分割した財産の価額を加算する方法である「積上げ説」です。

　もう一つは、「穴埋め説」という方法（計算方法は図表－2参照）で、裁判例においては、この「穴埋め説」に行うのが相当であると判断されています（東京地判平17.11.4・税資255号順号10194）。

　なお、下記(3)のとおり、分割されていない財産については、配偶者に対する相続税額の軽減等の特例措置は適用できません。

◆図表－2◆　穴埋め説に基づく計算

（単位：千円）

No.	項目	配偶者	長男	二男	合計
①	分割済み財産	30,000	20,000	10,000	60,000
②	未分割財産				40,000
③	合計額				100,000
④	法定相続分	1/2	1/4	1/4	1
⑤	④の価額（③×④）	50,000	25,000	25,000	100,000
⑥	未分割財産に対する具体的相続分の価額（⑤－①）	20,000	5,000	15,000	40,000

（出典：東京国税局課税第一部 資産課税課 資産評価官 平成24年7月作成「資産税審理研修資料」質疑応答事例7474 Ⅱ相法55条に規定する相続分をもとに作成）

(3)　未分割の場合に適用できない規定

　未分割状態での申告にあたっては、次の特例措置は適用できません。

---

① 　小規模宅地等に対する相続税の課税価格の計算の特例（措法69の4④）

② 　特定計画山林についての相続税の課税価格計算の特例（措法69の5③）

③ 　配偶者に対する相続税額の軽減（相法19の2②）

④ 　農地等についての相続税の納税猶予（措法70の6⑤）

⑤ 　非上場株式についての相続税の納税猶予（措法70の7の2⑦、措法70の7の6⑤）

⑥ 　山林についての相続税の納税猶予（措法70の6の6⑧）

⑦ 　医療法人の持分についての相続税の納税猶予（措法70の7の12④）

⑧ 　特定の美術品についての相続税の納税猶予（措法70の6の7⑦）

⑨ 　物納（相法41②、相令18一ロ）

---

(4)　申告手続き等

　上記(3)①～③の規定については、申告期限までに「申告期限後3年以内の分割見込書」を提出することで、申告期限から3年以内に遺産分割協議が成立した場合に特例の適用を受けることができます。なお、相続税の申告期限の翌日から3年を経過する日において一定のやむを得ない事情があり、同日の翌日から2か月を経過する日までに「遺産が未分割であることについてやむを得ない事由があ

る旨の承認申請書」を提出した場合において、その申請につき所轄
税務署長の承認を受けたときは、その財産の分割ができることと
なった日の翌日から4か月以内に遺産分割協議が成立すれば、上記
(3)①～③の特例の適用を受けることができます（相令4の2②、措
令40の㉔・㉕、40の2の2⑧・⑩）。

（青木　喬）

▶▶ QⅡ-2-4　申告期限後に遺産分割協議が成立した場合の相続税の申告

Q 　QⅡ-2-3により申告をした後に遺産分割協議が成立した場合、どのような手続きが必要ですか。

A 　未分割遺産について、申告期限後に遺産分割協議が成立した場合には、修正申告及び更正の請求を行うことができます。

✓ 解　説

(1)　未分割遺産が分割された場合の相続税の課税価格計算

　QⅡ-2-3(2)図表－2の穴埋め説に基づき、期限内申告を行った
場合において、その後、遺産分割協議が成立し、図表－3②の分割
結果となったときに、各相続人は、次の手続きを行うことができま
す。

◆図表－3◆　遺産分割協議確定後

(単位：千円)

No.	項目	配偶者	長男	二男	合計
①	当初申告における課税価格	50,000	25,000	25,000	100,000
②	遺産分割確定後の課税価格	40,000	45,000	15,000	100,000

※　適用できる特例は、配偶者に対する相続税額の軽減のみとする。

(イ)　配　偶　者

　配偶者は遺産分割協議が確定したことにより、実際の取得額が当初の申告額より小さくなり、また、申告期限までに分割されていなかった財産について配偶者に対する相続税額の軽減を適用することによって、すでに納付した相続税額が過大となるので、分割協議が確定してから4か月以内に更正の請求を行うことができます（相法32①）。

(ロ)　長　　　男

　長男は遺産分割協議が確定したことにより、実際の取得額が当初の申告額より大きくなりますが、修正申告書の提出は任意とされています（相法31①、32）。ただし、配偶者又は二男が更正の請求を行った場合には、長男は修正申告を行う必要があり、修正申告を行わないときには、長男に更正処分が行われます（相法35③）。

(ハ)　二　　　男

　二男は遺産分割協議が確定したことにより、実際の取得額が当初の申告額より小さくなるため、分割協議が確定してから4か月以内に更正の請求を行うことができます（相法32①）。

(2)　申告手続き等

　未分割遺産につき遺産分割協議が成立した場合には、その成立の日の翌日から4か月以内に修正申告や更正の請求をすることができます（相法55）。

（青木　喬）

▶▶　QⅡ-2-5　遺産分割協議成立後の再配分又は遺産分割協議が錯誤による取消しとなった場合に改めて行う遺産分割

　遺産分割協議の成立後に、①分割のやり直しとして相続財産の再配分をした場合や、②遺産分割協議が錯誤による取消しとなったため改めて遺産分割協議をした場合、相続税法上、必要となる手続きはありますか。

　①分割のやり直しとして相続財産の再分配を行った場合には、その分配した財産については、税務上、贈与又は交換（譲渡）があったものとして取り扱われます（相続税の申告は、再配分を考慮せずに行います）。一方、②遺産分割協議が錯誤による取消しとなったため改めて遺産分割協議をした場合には、やり直した遺産分割協議の結果をもとに相続税の修正申告や更正の請求（当初申告をしていなければ期限後申告）が必要となります。

(1) 遺産分割協議の成立後に再配分があった場合

　遺産分割協議により取得した財産について、分割のやり直しとして再配分した場合、その再配分により取得した財産は、分割により取得したものとはなりません（相基通19の2-8ただし書）。

　この場合には、自由な意思に基づく贈与又は交換等を意図して行われるものであることから、その態様に応じて贈与税又は譲渡所得税の課税関係が生ずることとなります。

　したがって、適正な対価の授受なく再配分があった場合において、その再配分により取得した財産の価額が贈与税の基礎控除額を超えるときは、その取得した者において贈与税の申告・納付の必要があり、その実態が交換と認められる場合において交換譲渡資産に含み益があるときは、渡した者において所得税の申告・納付を行う必要があります。

　ただし、再配分がまったく認められないわけでなく、当初の遺産分割協議後に生じたやむを得ない事情よって、その遺産分割協議が合意解除された場合などについて、合意解除に至った諸事情から贈与又は交換の有無について総合的に判断する必要があると考えられます（平成22年3月2日　国税庁文書回答事例）。

(2) 遺産分割協議が錯誤による取消しとなったため、改めて遺産分割協議をした場合

　当初の遺産分割による財産の取得について無効又は取消すべき原因がある場合には、財産の帰属そのものに問題があるので、これについての分割のやり直しは（当初の）遺産分割の範疇として考えら

れます（平成22年3月2日　国税庁文書回答事例）。

　この場合には、相続税の修正申告及び更正の請求（当初申告をしていなければ期限後申告）の対象となります。

（青木　喬）

③ 信託法務の視点

▶▶ QⅡ-3-1　遺言代用の信託

　被相続人の死亡後直ちに預貯金の払出しを受けることができる信託とはどのようなものですか。

　金銭を信託財産とし、被相続人である委託者兼当初受益者が死亡した場合の、受益者又は帰属権利者を特定の相続人として、受託者がその相続人に金銭を払い戻す内容の信託があります。

✓　解　説

(1)　委託者兼受益者が死亡した場合の信託財産の帰属

　契約による信託の場合、設定によって信託の対象とされた財産は委託者から受託者へ移転します。これにより信託財産は受託者に帰属します（信法2③）。そのため、信託設定後に委託者兼受益者が

死亡しても、もはや同人の財産ではない信託財産に属する財産が同人の相続財産に属することはありません。有効な信託における信託財産に属する財産は遺産分割の対象になることはありません。

なお、委託者兼受益者が有していた受益権が相続財産となることはあります。もっとも、委託者兼受益者の死亡により消滅するという受益権ですと（信法91参照）、やはり相続財産にはなりません。

(2)　受取人としての受益者又は帰属権利者

信託財産を受託者から受け取るのは、受益者か帰属権利者です。

①　受益者の場合

信託契約により受益者として指定された者は、委託者兼受益者の死亡により、信託財産に属する一定額の金銭の支払いを請求することができる受益権を取得します。この受益権に基づいて受託者から金銭の支払いを受けます。

②　帰属権利者の場合

委託者兼受益者の死亡により信託が終了するものとした場合（信法163九）、指定された者は、帰属権利者として、信託の清算手続きを経た残余財産である金銭の支払いを請求することができます（図表−4）。

◆図表－4◆　信託された預貯金（金銭）の帰属と受益者等への給付

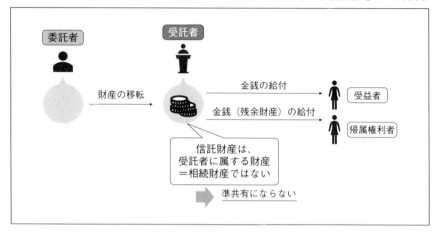

(3)　留　意　点

　一定の要件を満たした信託は、原則、委託者が受益者変更権を有します（信法90①一・二）。遺言の場合に、遺言者による遺言の撤回が自由であることと同じく、委託者が自由に受益者を変更することができるとするものですが、遺言の撤回は、遺言者の最終意思を尊重する側面があるだけでなく、承継を不安定にする要因でもあります。承継目的や承継先との関係もありますが、例えば、事業承継の場面のように、特定の者に確実に承継させたいという場合には、受益者変更権を認めない旨の別段の定めをすることの検討を要します。同じく承継の安定性を高めるために、委託者及び受益者のみによる信託の終了の規定（信法164①）や受託者の解任の規定（信法58①）に対する別段の定めを置くことも検討を要します。

　なお、信託財産に属する預貯金の預貯金者は受託者であり、受益者が金融機関に対して直接払戻しを求めることはできません。

（金森　健一）

▶▶ QⅡ-3-2　預貯金の払戻しにおける信託と民法上の制度の比較

　QⅡ-3-1 の信託と民法上の預貯金の払戻しのための制度とを比較した場合のメリットとデメリットはどのようなものですか。

　信託のメリットは、払戻手続きの簡便さ及び金額の上限がないことが挙げられます。信託のデメリットは、契約の締結や専用口座の開設といった事前準備が必要なことや受託者による管理の負担、受託者による着服・流用のおそれなどがあります。

✓ 解　説

（1）　概　　要

　民法 909 条の 2 に基づく預貯金の払戻しや家事事件手続法 200 条 3 項に基づく預貯金の仮分割の仮処分は、被相続人の相続財産に属し、共同相続人間の準共有となった預貯金について、一定の要件を満たすかぎりで、その一部を相続人の一部の者によって処分することを認めるものです。したがって、その預貯金は、あくまでも共同相続人に属するものです。これに対して、信託の場合、被相続人が生前に委託者となり、預貯金（正確には、それを引き出すことで得られる金銭）に信託を設定し、受託者へ移転させます。これによ

り、預貯金が相続財産に属することを回避して、準共有とされることによる不都合・不便を回避することができます。しかし、そのためには、一定の手続きを負担しなければなりませんし、預貯金を喪失する信託特有の危険も生じます。

(2) 信託のメリット

① 払戻手続きの簡便さ

民法909条の2に基づく預貯金の払戻しは、家庭裁判所の判断を経ることなく、金融機関内での手続きを経て払出しを受けられるものですが、払戻しを求める際には、被相続人の死亡の事実のほかに、自らが相続人であることやその相続分を証明しなければなりません。相続人の関係によりますが、例えば、子がいないために兄弟姉妹が相続人となる場合には、戸籍謄本の収集だけでも多大な労力と費用がかかることがあります。また、民法909条の2による場合は、払戻しを受けられる金額にも制限があります。この制限を超える金額が必要な場合には、家事事件手続法200条3項の利用が考えられますが、遺産分割の調停又は審判の申立てという家庭裁判所への本案の申立てが必要であり、その手続負担はより重くなります。

これに対して、信託を利用した場合には、委託者が死亡した事実を証する書面があり、かつ、払戻しを求めるのが受益者本人であることを確認するための書類が提出されれば、他の相続人の有無を問わず、受託者に対し、払戻しを求めることができます。

② 払戻金額に上限がない

民法909条の2に基づく預貯金の払戻しは、預貯金債権ごと及び金融機関（債務者）ごとに払戻金額について上限があります。これに対して、信託の場合には、委託者によって対象とされた金額全額を受益者に支払うことができます。当然のことながら、対象とされ

た金額を超える金額の支払いを求めることはできません（信法100）。

　なお、家事事件手続法200条3項に基づく場合は、上限額はありません。

(3)　信託のデメリット

①　事前準備の必要性

　信託を利用するには、預貯金者である被相続人が信託契約を締結しなければなりません。契約の締結をするには、意思能力が必要ですので、認知症等により、預貯金者（委託者）がすでに意思能力を失っている場合には信託を利用することができません。

　また、信託財産となる預貯金を管理するための預貯金口座も民事信託に対応したものが好ましいのですが、現状、対応していない金融機関もあります。取り扱っている金融機関での開設手続きが必要になります。

②　受託者の事務負担

　受託者は、信託の開始日以降、信託財産となった預貯金を管理し続けることになります。信託の開始日は、契約の締結日か遅くとも受託者の口座に入金がされた日となりますので、その日以降、少なくとも、1年に1回は受益者に対し報告をしなければならなくなります（信法37②・③本文）。

③　受託者の着服・流用リスク

　信託財産として管理される預貯金は、受託者が預貯金者となります。金融機関によっては、受託者のみでは引き出せない預貯金商品もあるようですが、原則は、預貯金者である受託者が単独で引き出すことができるようになっています。受託者の状況、例えば経済的な困窮等により、信託財産である預貯金が受託者により着服・流用

されてしまうおそれがあります（図表−5）。

◆図表−5◆　遺言代用信託のメリット・デメリット

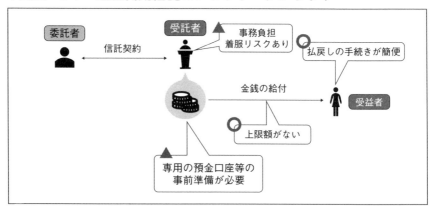

（金森　健一）

信託の設定方法について、契約による場合と遺言による場合とで異なるところはありますか。

　　　大きな相違点は、信託の効力発生時について、委託者の生前からとすることも可能か（契約の場合）、委託者の死亡時からのみであるか（遺言の場合）です。そのほか法律上は、変更の容易性の程度や、要式性の有無などの違いもありますが、実務上はこれらの違いはそれほど大きくないといえます。

✓　解　説

(1)　信託の効力発生時期―信託の利用理由との関係

　信託法は、信託の効力発生時について、信託の設定方法ごとに分けて定めています。つまり、契約による場合はその締結時（信法4①）、遺言による場合は委託者（遺言者）の死亡時（信法4②）にそれぞれ信託の効力が発生します。そのため、信託を利用して何をしたいかによって信託を設定する方法が定まることになります。

　例えば、財産所有者の認知症対策、すなわち、意思能力の低下・喪失に備えて所有権を受託者へ移転し管理を委ねることを目的とする信託においては、財産所有者である委託者が死亡する前に信託を開始することが必要なことはいうまでもありません。自ずから契約

による信託の設定を検討することになります。

　一方、信託の要件である、委託者から受託者への財産の移転（とくに不動産名義の移転）を嫌い、自分が死亡してからであれば権利移転もやむを得ないという考えの方もいらっしゃいます。そのような場合には遺言による信託の設定が選択肢になります。もっとも、そのようなニーズがある場合であっても、委託者の死亡を停止条件（信法4④）とする信託契約の締結をすることにより、遺言によるのと同じように委託者の生前には財産の移転を生じさせることなく、気持ちが変化した場合に応じて、委託者の生前の信託開始が可能となるなど、開始時期についての選択の幅をより拡げた信託を設定することもできます。不動産の場合には、信託の仮登記をしておくことが有効であると考えられます。

(2)　変更の容易性の程度

　信託の設定をするための遺言書を作成して信託の効力が発生するまでの間に、事情等の変更により、遺言内容を変更する場合は、遺言による形式によることになります（遺言の撤回について民法1022参照）。公正証書遺言で変更する場合には公証人への相応の手数料が必要になりますし、自筆証書遺言では自書による負担があります。これに対して、契約による場合には、締結してから効力が発生するまでは、法律上、別段の定めをすることで、委託者兼受益者と受託者の合意のみで内容を変更することができます（信法149①・④）。もっとも、実務上、特に民事信託においては信託契約を公正証書により締結することが金融機関から求められることが多いため、変更する場合にも同じく公正証書によることになります。そうすると、公正証書を要するという点では、遺言による場合と契約による場合とで、実際上の負担はそれほど変わらないといえます。

⑶　要式性の有無

　信託法上、契約による場合は諾成・不要式契約であり（信法3一）、遺言は遺言の形式に従うため遺言書の作成が必要とされますので、書面の有無という要式性の点で違いがあります。しかし、上記⑵で述べたように、民事信託の実務においては公正証書が要求され、商事信託においても契約書の締結や約款の交付（信託業法26参照）がなされますので、書面の要否についても、契約と遺言とで両者の違いは実務上大きくないといえます（図表−6）。

◆図表−6◆　契約信託と遺言信託の法律上の相違点と実務における接近

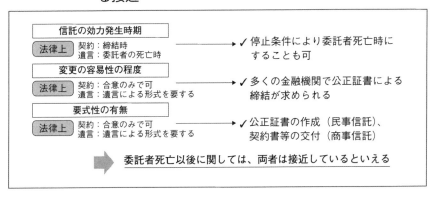

（金森　健一）

信託開始時に、委託者兼受益者の死亡により信託が終了した場合の残余財産の帰属権利者を定めず、委託者の死後、その相続人間で決めさせる内容の信託は可能ですか。

 信託財産に属する財産は委託者兼受益者である被相続人の相続財産に属しませんので遺産分割の対象になりません。相続人間の合意で信託財産に属する財産の帰属を定めるとする信託は可能と考えます。

✓ 解　説

(1) 信託財産に属する財産の帰属

　信託の設定により、対象とされた財産は、委託者から受託者へ移転します。そのため、委託者の死亡をもって信託終了事由とされている場合であっても、信託財産は、受託者に属しており、委託者であった被相続人の相続財産に属しません。信託財産に属する財産自体は遺産分割の対象にはなりません。

(2) 帰属先を定めたくないというニーズ

　一方、本問のように、委託者において自分の死後の財産分配は、相続人間で決めてほしいというニーズがあります。認知症に備えるために信託を利用したいが、特定の相続人への承継までは考えてい

ないという場合などです。

(3)　考えられる二つの方策

　そのようなニーズに対応するために考えられる方策として、例え
ば、次の二つがあります（図表−7）。

◆図表−7◆　帰属権利者を当初に特定しない方策

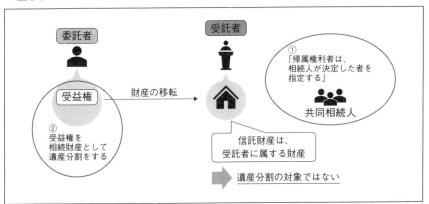

①　法定相続人の協議により帰属権利者を決定する旨を定める方法

　帰属権利者となるべき者の指定は、通常は、特定の人を挙げて行
いますが、「法定相続人間の協議により決定された者を帰属権利者
となるべき者として指定する」などの方法が考えられます。これ
は、信託の変更（信法149以下）に関する定めに当たると考えま
す。

②　受益権を相続財産とする方法

　もう一つは、委託者（被相続人）の死亡後も（当初）受益権を消
滅させず、相続により共同相続人に承継されるようにするもので

す。この場合の受益権は、相続財産となりますので、これを共同相続した共同相続人間で遺産分割を行います。受益債権の内容をどのように定めるかがポイントになるように思われます。

(4) "何も決めないこと"のリスク

上記(3)で述べた方法は、法律上可能であるとしても、委託者の死後については何も承継先を決めていないのと同じ状態ですので、いわば、被相続人が遺言を残していない状態と同じです。相続人間の協議に任せるということは、相続人にとってみれば、被相続人の意思などの指針が何もないということですので、相続に関する紛争の予防という点では不十分といわざるを得ません。

（金森　健一）

甲の死亡後の受益者として指定されていた者が甲の死亡以前に死亡していた場合は、誰が次の受益者となりますか。

 信託契約において次の受益者が指定されていればその者が受益者になります。そのような指定がなく、受益者が不在となれば、信託の目的は達成不能であるとして信託は終了します。ただし、現に受益者は不在であっても、次の受益者になる者を指定する旨の定めがあるときは、その者への承継の余地がある限り、信託の目的の達成とはいえませんので、信託は継続します。

✓ 解 説

(1) 受益者と受遺者の違い

　信託における受益者と遺贈における受遺者は、いずれも財産の交付を受ける者ですが、委託者や遺言者より先に死亡した場合や、委託者や遺言者の死亡後に死亡した場合の取扱いに違いがあります。

＜信託の例＞
　委託者甲が死亡したことにより長男の子（孫）が金銭100万円の交付を受ける受益権を取得できる旨の信託が設定された。

<＜遺贈の例＞

　遺言者甲が、相続財産のうち長男の子（孫）に金銭100万円を遺贈する旨の遺言書を作成した。

①　委託者・遺言者の死亡以前の死亡

㈠　委託者の死亡以前に受益者が死亡した場合

　この場合、委託者が死亡したとしても孫が受益権を取得することはできませんので、委託者死亡時において受益者が不在の信託となります。当然に、孫の相続人が受益者になるものではありません。可能であれば、信託の変更や受益者変更権（信法90①、89①）の行使により孫に代わる受益者を指定するなどの対応が必要になります。

㈣　遺言者の死亡以前に受遺者が死亡した場合

　孫に遺贈するとの部分の遺言は無効となります（民法994①）。孫の相続人が代襲相続のように受け継ぐこともありません。このような場合に備えて、補充遺贈（受遺者が遺贈を放棄し又は死亡した場合にその者へ遺贈する予定であった財産を他の者へ遺贈するもの）が必要になります。

②　委託者・遺言者の死亡後の死亡

㈠　委託者の死亡後に受益者が死亡した場合

　この場合、孫は受益権を取得してから死亡しています。その受益権が孫の相続財産であるかは、受益権についての信託契約の定め次第です。例えば、孫が死亡しても消滅しないのであれば、孫の相続人が受益権を相続します。「孫の死亡による場合には消滅する」とされている場合で、次の受益者の定めがないのであれば、受益者不在となります。当然に、孫の相続人が受益者になるものではありません。

㈡　遺言者の死亡後に受遺者が死亡した場合

　この場合、孫は金銭 100 万円の支払いを受ける権利を取得した後に死亡していますので、孫の相続人は同権利（一部の支払いをすでに受けた後に孫が死亡した場合は、その金銭と残額の請求権）を相続します。

(2)　受益者が不在となる信託

　信託の目的が、特定の受益者に財産を交付することである場合（資産承継のために信託を利用する場合）には、受益者が不在になった時点で、信託の目的の達成が不能になったとして、信託が終了することになります（信法 163 一）。

　一方、現に受益者（孫）は不在であるものの、次の受益者になるべき者を指定する旨の定めがある場合には、その者への承継の余地があるかぎり、信託の目的の達成が不能とはいえません。この場合には、信託は継続します。もっとも、現に受益者が不存在であるため、法人課税信託（法法 2 二十九の二）となります。なお、受益者を定める方法の定めがある以上、受益者の定めのない信託（目的信託）ではありません（信法 258 ①）。

（金森　健一）

▶▶ QⅡ-3-6　民事信託の利用の留意点

Q　民事信託をする場合に留意すべき点はどのようなものですか。

A　受託者の特性による信託目的不達成リスクがあることと、インフラの未整備による制約があることには、特に留意するべきです（図表－8）。

◆図表－8◆　民事信託の目的の不達成リスクとインフラの未整備

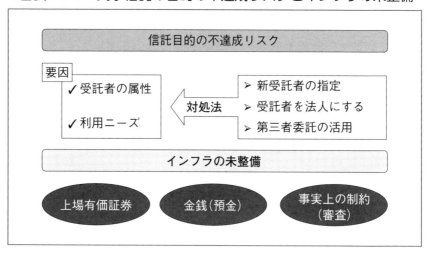

(1) 信託目的の不達成リスク

① リスク要因

　民事信託の受託者は、委託者の親族であることが多いですが、受託者の属性や、商事信託ではなく民事信託を利用するに至った事情に起因して、信託がその目的を達成せずに終了するリスクがあります。

(イ) 受託者の属性に起因するもの

　生身の肉体と精神を有する人間であるがゆえの、死亡、傷病、加齢による能力低下、性格、モチベーションの低下、経験不足、事務の不慣れ、故意・過失による義務違反（横領リスク等）等もあれば、受託者としての立場のほかに個人的な生活もあるがゆえの、外国や遠方地への転勤、時間的余裕のなさ、経済的困窮、家族関係（周りの理解・協力を含む）の悪化などにより、信託事務の遂行ができなくなることもあります。

(ロ) 民事信託の利用が求められる事情に起因するもの

　商事信託では対応できない、何らかの懸念（例えば、老朽化物件や収益性がない又は低い物件を信託財産としたい案件や、信託業法の要請する体制整備が不十分（知的財産権等）といった事情）があるけれども、信託しか打開策がないという案件において民事信託が利用されることもあります。このような場合、例えば、老朽化に伴う修繕費の負担や、保存の瑕疵に起因する損害賠償責任、受託者報酬が賄えないことによる受託者の任務の放棄や懈怠が信託の運営に悪影響を与える場合があります。

② リスクへの対処法

上記のリスクへの対処法として、次のようなものが考えられます。

㈠ 新受託者の指定

信託契約において次の受託者の候補者を指定しておきます。信託法には、委託者及び受益者が新受託者を選任することができる旨（信法62①）や、裁判所が新受託者を選任する旨（信法62④）の定めがありますが、受益者が高齢者や障害者である場合に新受託者の選任に支障が生じることや、裁判所での手続きには一定の時間がかかることが懸念されます。あらかじめ指定しておけば、指定された者による承諾があれば受託者に就任できます。

㈡ 受託者を法人にする

法人を受託者にすることで、その死亡により受託者の任務が終了することはなくなります。ただし、法人の構成員は個人ですので、上記①㈠に挙げた懸念は残ります。また、法人という別の法制度を併せて利用することになりますので、十分な説明と支援が必要になります。

㈢ 第三者委託の活用

受託者は、信託事務を第三者に委託することができますので（信法28）、これにより負担を軽減させることができます。もっとも、士業等の専門家に委託する場合にはその報酬が必要になりますが、信託財産に収益性がないとそれを賄うことができないといった制約もあります。

(2) インフラの未整備

受託者は、信託財産に属する財産の種類に応じて、その財産が信託財産に属する財産であることを第三者に対抗するために行うべき

ことや、固有財産との分別管理の方法として行うべきことが異なります。

① 上場有価証券の場合

受託者が有する上場株式その他の上場有価証券については、証券会社等の口座管理機関において受託者を加入者とする振替口座簿中の顧客口座を除く各口座について、信託財産であるものの数を記載することが、当該株式が信託財産に属することの対抗要件となります（社債株式振替法 142 ①）。これに加えて、その計算を明らかにする方法が分別管理の方法となります（信法 34 ①三、信規 4 ①・②）（QⅢ-3-4 参照）。

② 金銭（預貯金）の場合

金銭の分別管理方法については、信託法上、別段の定めがなされない以上、計算による方法とされ（信法 34 ①二ロ）、また、信託財産に属する旨の対抗要件についての実定法上の定めはありません。したがって、法律上は、金銭や預貯金の管理について計算による方法（帳簿付け）以外に、一定の措置は求められてはいません。しかし、受託者の帳簿作成義務（信法 37 ①）の支援や信託財産の独立性を保全して固有財産との混同を予防のために、一部の預金取扱金融機関では、民事信託の受託者向けの預金口座の開設をしています（信託口（しんたくぐち）口座、信託口座等と呼ばれます）。

③ 信託利用の事実上の制約

以上のような取扱いが法律上又は実務上求められますが、これらに対応可能な証券会社や預金取扱金融機関は、現状限られています。信託の利用を希望する委託者の取引先金融機関や、受託者の住居に近いなど利便性が高い金融機関において、上記対応ができない場合には、他の金融機関の利用を提案すべき場合もあります。信託利用希望者の取引先金融機関との関係維持への要望の強さや、受託

者にとっての利用可能性が、実際の民事信託の利用の可否を左右することがあります。また、信託口口座等に対応可能な金融機関においても、事前に信託契約の内容のチェックを受ける必要があり、諸条件に合致した信託条項でないと口座の開設を受けられないなど利用上の制約があります。

（金森　健一）

4 信託税務の視点

▶▶ QⅡ-4-1　信託受益権の評価

>
> QⅡ-3-1の信託を設定した場合において、甲の死亡により、妻が取得する受益権は、相続税の計算上どのように評価されますか。
>
>
> 受益権については、信託された財産（金銭）の価額が受益権の評価額となりますので、その評価額に基づいて相続税の計算を行います。

✓　解　説

受益権については、信託財産を受益者が有しているものとみなして計算した価額がその評価額となります（相法9の2②・⑥、財基通202）。信託財産である金銭債権が普通預金に預入れされている場合には、課税時期における普通預金の預入高が受益権の評価額と

なりますが、定期預金に預入れされている場合には、課税時期における定期預金の預入高に既経過利息の額（源泉徴収されるべき所得税等の額の控除後の金額）を加算した金額が受益権の評価額となります（財基通203）。

（青木　喬）

QⅡ-3-1の信託において、委託者自身を当初受益者とするのは何故でしょうか。

委託者自身が当初受益者でない場合には、税務上は、委託者から受益者に対する贈与があったとみなされ、信託財産の額が贈与税の基礎控除額を超えるときは、受益者に贈与税が課税されるためです。

✓　解　説

　委託者自身が受益者となる自益信託の場合には、税務上、財産価値は移転していないとして、課税関係は生じません（ただし、信託財産に不動産がある場合には、信託の登記に係る登録免許税が課税されます）。

　しかし、委託者以外の者が受益者となる他益信託の場合には、税務上、委託者から受益者に財産価値が移転したと考えられるため、信託設定に際し適正対価の授受がないときは、委託者から受益者に贈与があったものとみなされ、受益者に贈与税が課税されます（相

法9の2①)。

　したがって、信託の効力発生時の課税関係を避けたい場合には、委託者自身を当初受益者とします（当初受益者の死亡時には、次の受益者又は帰属権利者に相続税が課税されます）。

（青木　喬）

▶▶ QⅡ-4-3　帰属権利者間で各人に帰属すべき残余財産の額を変更した場合

Q　　QⅡ-3-1の信託を設定した場合において、信託終了時に、複数の帰属権利者間で協議して各人に帰属すべき残余財産の額を変更した場合には、どのような課税関係になりますか。

A　　税務上、信託終了時には、終了直前の受益者から帰属権利者に財産価値が移転したと考えます。また、帰属権利者間で帰属すべき残余財産の額を変更した場合には、贈与税の課税関係が生じます。

✓ 解　説

(1)　帰属権利者

　信託が終了した場合の残余財産の帰属先として、「帰属権利者」を定めることができます。税務上は、信託終了時に、受益者から帰属権利者に財産価値が移転したとして課税関係を考えます。

(2) 帰属権利者間で各人に帰属する残余財産の額を変更した場合

　帰属権利者が複数人存在する場合において、帰属権利者間で協議をして各人に帰属すべき残余財産の額を変更した場合には、帰属権利者間で、その変更した残余財産の額相当額の贈与があったものとみなして、贈与税の課税関係が生じます（相法9）。

（青木　喬）

▶▶ QⅡ-4-4　受益者間で受益権割合を変更した場合の課税関係

　　QⅡ-3-1の信託において、当初受益者の死亡後に、複数の二次受益者間で協議を行って受益権割合を変更した場合には、どのような課税関係になりますか。なお、信託行為において、受益者間の協議により受益権割合を変更することが認められているものとします。

　　受益者間で受益権割合の変更を行った場合には、受益者間で受益権の贈与があったものとして、贈与税の課税関係が生じます。

✓　解　説

　複数の受益者間で協議を行って受益権割合を変更した場合におい

ては、税務上、各受益者間で受益権の贈与があったものとみなされます（相法9の2③)。例えば、二次受益者が妻と長男の2人の場合において、受益権割合を図表-9のように変更したときは、長男は妻から100の財産の贈与を受けたものとみなされます。

◆図表-9◆　贈与により取得したものとみなされる金額

受益者	当初の受益権の評価額	変更後の受益権の評価額	贈与により取得したものとみなされる金額
妻	400	300	—
長男	200	300	100
合計	600	600	100

▶▶　QⅡ-4-5　受益権の放棄

 　二次受益者として指定された妻が受益権を放棄した場合に、妻に課税関係は生じますか。

 　受益権を放棄した妻は、受益権を当初から有していなかったものとみなされるため、課税関係は生じません。

✓ 解 説

（1）　受益権の放棄

　受益者は、受託者に対して、受益権を放棄する旨の意思表示をすることができます。ただし、その受益者が信託行為の当事者である委託者又は受託者でもある場合においては、受益権の放棄をすることはできません（信法99①）。

（2）　課税関係

　受益権を放棄した場合には、受益者は、当初から受益権を有していなかったものとみなされます（信法99②）。したがって、受益権の放棄を行った場合には、その放棄を行った受益者に課税関係は生じません。

（青木　喬）

Ⅱのまとめ

(1) 預貯金の払戻しに必要な手続きの内容の把握

① 遺言書・遺産分割協議書の有無の確認

遺言書・遺産分割協議書がある場合には、これらの書面の記載内容に従い、権利を有する者が預貯金の払戻しを行います。

② 遺言書・遺産分割協議書がある場合

遺言書がある場合には、遺言執行者が金融機関に対し、預貯金の払戻し又は預貯金契約の解約手続きを行います。

遺産分割協議書がある場合には、その協議書に基づき、当該預貯金債権の権利を承継した者が金融機関に対し、預貯金の払戻し又は預貯金契約の解約手続きを行います。

③ 遺言書・遺産分割協議書がない場合

これに対し、遺言書・遺産分割協議書が存在しない場合、相続人は、遺産分割前の預貯金の払戻し制度（民法909の2）に基づき、一定額の払戻しを受けられます（その場合、戸籍謄本・除籍謄本など、自らが相続人であることを証する書類の提示を求められるのが通常です）。また、一部の金融機関では、これにかかわらず少額の払戻しに応じることがあります（いわゆる「便宜払い」）。

ただし、これらの方法による払戻しには上限があるため、預貯金債権の全部又は一部に限定し、遺産の一部分割を行うことも可能です。その場合は、一部分割の協議書に基づき、権利者が金融機関に対し、預貯金の払戻し又は預貯金契約の解約手続きを行います。

さらに、家事事件手続法200条3項に基づき、預貯金債権の仮分割の仮処分により、預貯金の払戻しを行うことも可能です。

（岡本　泰志）

(2) 事前の対策としての、遺言と信託のそれぞれ の特徴の把握

　事前に遺言書を作成しておけば、被相続人は将来の相続後の紛争を減らす効果があるのみならず、被相続人の意思による遺産の分配が可能です。

　ただし、遺留分の問題などがありますので、すべて被相続人の意思どおりに遺産を分配できるわけではありません。遺留分に反した遺言書や信託は、かえって相続人あるいは受遺者などとの無用な紛争を拡大することになりかねませんので、注意が必要です。

　さらに、遺言書を複数作成したり、遺言書と信託を併用したりする場合にも、いずれの契約ないし遺言が有効なのかにつき、無用な紛争を拡大するおそれがあります。したがって、遺言書を作り直す際には、前の遺言を撤回し、それが無効である旨の遺言書を作成するなどにより、無用な紛争を残さないようにすることも大切です。

　信託においても、遺留分等の相続法の規制を受けますが、対象財産を被相続人の生前にあらかじめ移転しておくことや、委託者と受託者との間での契約によることから、遺言による承継よりも、より確実に承継させることができます。もっとも、信託中は、受託者に対して各種の義務や責任が課されます。特に民事信託ではそのような負担の内容を理解した上での利用が望まれます。

（岡本　泰志・金森　健一）

(3) 民事信託を利用する場合の実務上の留意点

　金銭を対象にして民事信託を設定することはできます。もっとも、民事信託専用の預金口座の開設を取り扱っている金融機関は限られており、また、対応している金融機関においても信託契約書の

定めを独自の基準でチェックしたり、信託監督人の就任を求めたりするなど、取扱いは区々です。

　また、民事信託の受託者は預金者本人ですので、原則として自由に預金を引き出すことができます。成年後見における成年後見人による不正行為の例と同じ、又はそれ以上の資産喪失リスクがあります。受託者を誰にするかが重要になります。適切な受託者候補がいないときは、信託銀行の信託商品の利用や、信託会社を受託者とする信託の利用を検討するのがよいでしょう。

（金森　健一）

Ⅲ 資産承継の方法 の選択 （自筆証書遺言）

事例設定

　甲の主な財産は、自宅、賃貸用マンション、預貯金、有価証券、借入金である。推定相続人は、妻、長男、二男の子（孫）、の３人である。なお、妻は軽度の認知症であるとの診断を受けている。

　甲は、自らの死亡後の妻の生活を心配するととともに、孫に対する学費の援助もしたいと考えている（図表－1）。

◆図表－1◆　甲の推定相続人と甲の財産状況

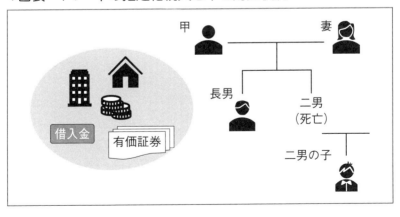

1 相続法務の視点

 Q 　甲が遺言を残すことなく死亡した場合は、その相続財産はどうなりますか。

A 　原則として民法が定める法定相続分に応じて各法定相続人が相続することになります。なお、特別受益や寄与がある場合は具体的に相続できる額が変わることになります。具体的相続分を前提に、相続人全員で遺産分割協議を行い、遺産分割をします。もっとも、相続人全員で合意ができれば、法定相続分や具体的相続分にとらわれることなく、自由に遺産分割が可能です。

✓ 解　説

(1)　相続人の範囲

①　はじめに

　相続人に誰が含まれるかは民法の規定により定められており、これを法定相続人といいます。被相続人の意思で勝手に法定相続人を増やすことはできませんので、法定相続人以外の人に財産を残したい場合には、遺言等を活用する必要があります。法定相続人には、

配偶者と血族相続人の2種類があります。

②　配 偶 者

　被相続人の配偶者は常に相続人となります（民法890）。相続人となる配偶者とは、婚姻関係にある者のことをいい、いわゆる内縁関係にある者は相続人にはなれません（最決平12.3.10参照）。

③　血族相続人

(イ)　はじめに

　血族相続人には相続の順位があり、前順位の血族相続人がいる場合には、後順位の血族相続人は相続人になりません。相続の順位は、第1順位が子（子の代襲相続人を含みます）、第2順位が直系尊属、第3順位が兄弟姉妹（兄弟姉妹の代襲相続人を含みます）です。

(ロ)　第1順位の相続人—子

　被相続人の子は、相続人となります（民法887①）。被相続人の死亡前に子が死亡している場合、その死亡した子に子（被相続人からみたら孫）がいれば、その者が相続人となります（民法887②）。これを代襲相続といいます。子も孫も先に死亡していた場合、ひ孫がいれば、ひ孫が代襲相続します。

(ハ)　第2順位の相続人—直系尊属

　被相続人に子（代襲相続人を含みます）がいない場合、第2順位である直系尊属が相続人となります（民法889①一）。親等が異なる直系尊属がいる場合、親等が近いものが相続人になります。つまり、父方の祖父母と母が存命の場合、母のみが相続人となります。

(ニ)　第3順位の相続人—兄弟姉妹

　被相続人に子（代襲相続人を含みます）も、直系尊属もいない場合、第3順位である兄弟姉妹が相続人となります（民法889①二）。被相続人より先に兄弟姉妹が死亡している場合、兄弟姉妹の子が代

襲相続人となりますが、兄弟姉妹の子も死亡している場合、兄弟姉妹の孫は代襲相続人にはなりません（民法889②）。

(2) 法定相続分

　法定相続分は、子及び配偶者が相続人であるときは、相続分は子が2分の1、配偶者が2分の1です。配偶者及び直系尊属が相続人であるときは、相続分は配偶者が3分の2、直系尊属が3分の1です。配偶者及び兄弟姉妹が相続人であるときは、相続分は配偶者が4分の3、兄弟姉妹が4分の1です（民法900一・二・三）。

　なお、子、直系尊属、兄弟姉妹が複数いるときは、同順位の相続人間で相続分は等分されます。ただし例外として、半血兄弟姉妹は、そうでない兄弟姉妹と比べて2分の1の相続分しかありません（民法900四）。

(3) 特別受益の持戻し

　被相続人から、生計の資本として生前贈与等を受けた相続人がいる場合、当該相続人の具体的相続分は減少することになります（民法903①）。計算としては、特別受益の価額を相続財産の計算上加算し、当該相続人の具体的相続分を計算した後、その具体的相続分から特別受益の価額を引いた額が、当該相続人の相続分となります。

　相続人が受けた贈与等が特別受益に当たるのか、当たるとしていくらと評価されるのかが紛争になりやすいことに留意が必要です。

(4) 寄 与 分

　特別受益の持戻しの逆パターンといえます。相続人で（相続法改正で若干の例外ができました）、被相続人の療養看護などにより、

被相続人の財産の維持又は増加について特別の寄与をした者がいれば、当該相続人の具体的相続分は増加することになります（民法904の2①）。

　なお、親族には扶養義務があることから、単に子が親の面倒をみていたという程度では、寄与分の主張が認められることは難しいです。したがって、寄与分を認めてあげたい相続人がいるのであれば、寄与分を反映した遺言を作成したり、生前贈与したりするようにしたほうが望ましいといえるでしょう。

(5)　遺産分割

　被相続人の死亡により、相続人らが相続分の割合で遺産を共有する状態になります。この共有状態を解消するために、相続人全員で遺産分割協議を行います（民法907①）。任意での協議が調わない場合は、家庭裁判所での調停に移行します。それでもまとまらない場合は、家庭裁判所の審判で遺産分割がなされます（民法907②）。

(6)　事例の検討

　事例のケースでは、甲の相続人は、配偶者である妻と、第1順位の血族相続人の長男と孫（二男の子）です。なお、孫は代襲相続人です。子及び配偶者が相続人なので、法定相続分は、妻が2分の1、長男が4分の1、孫が4分の1です。

　ただ、この3人が合意すれば、妻に全財産を相続させるなど、相続分に縛られない遺産分割が可能です。

（福士　貴紀）

▶▶ QⅢ-1-2 遺言による相続対策を行う場合の注意点

 Q 　遺言による相続対策を行う場合の注意点はどのようなものですか。

 A 　将来の紛争を防止するという観点からは、遺留分を侵害する遺言は極力避けることが望ましいでしょう。また、遺言は形式的な要件について厳格な定めがありますので、それらに違反しないよう細心の注意が必要です。基本的には、弁護士、税理士等の専門家に相談することが望ましいです。

✓ 解　説

（1）　遺言の種類

　遺言には普通方式と特別方式があり、普通方式の遺言には、自筆証書遺言、公正証書遺言、秘密証書遺言の3種類があります。自筆証書遺言と公正証書遺言の相違点については、QⅢ-1-3を参照してください。

（2）　遺言の成立要件

　遺言は、遺言者が死亡してはじめて効力が生じることから、効力が発生した時点で遺言者の真意を確かめることはもうできません。

そのため、遺言が有効に成立するための要件を、民法が厳格に規定しています。専門家に相談しないで作成した自筆証書遺言の場合、これらの要件に反してしまい遺言が無効となるおそれがあるので、注意が必要です。

(3) 遺言能力

遺言を作成するには、遺言能力が必要とされています。未成年者であっても、15歳以上の者であれば、遺言能力があると定められています（民法961）。15歳以上の者であっても、重度の認知症患者などの意思能力がない者の作成した遺言は無効とされますので、意思がはっきりしているうちに、遺言を作成するよう留意する必要があります。

(4) 遺 留 分

兄弟姉妹以外の法定相続人には、遺留分があります（民法1042①）。したがって、兄弟姉妹以外の法定相続人がいる場合には、遺言を作成する際、遺留分に留意する必要があります。

特に、経営している会社の株式を遺贈する場合に遺留分を侵害しないようにするには、企業価値の算定が必要になってきますので、税理士や会計士に相談することが望ましいでしょう。

もっとも、遺留分を侵害する遺言であっても無効とはなりません。遺留分を侵害された者が遺留分に関する権利行使をすると、遺言により財産を取得した者又は受贈者に対して、遺留分侵害額に相当する金銭を支払うことを請求できます（民法1046①）。この点、改正前の民法では、遺留分を侵害する遺贈や贈与については、部分的に失効し、現物返還を受けることが原則とされていましたが、改正により遺留分侵害額請求権は金銭債権へと変更されまし

た。

(5)　事例の検討

　事例のケースでは、妻、長男、孫のいずれもが遺留分を有しています。したがって、甲が特定の誰かに財産を集める遺言を作成した場合であっても、当該遺言自体は有効ですが、遺留分を侵害された他の相続人から遺留分侵害額請求権の行使がなされるおそれがあります。

　したがって、各人の遺留分（妻が4分の1、長男と孫はそれぞれ8分の1）を侵害しないような遺言を作成することが望ましいでしょう。

（福士　貴紀）

▶▶ QⅢ-1-3　公正証書遺言と自筆証書遺言の相違点

Q　公正証書遺言と自筆証書遺言の相違点について教えてください。

A　公正証書遺言は、公証人の関与、2人の証人など、いくつかの条件があり手間や費用がかかりますが、無効とされるリスクが極めて小さいというメリットがあります。一方、自筆証書遺言は遺言者1人でも作成できるメリットがありますが、形式要件に反して無効とされてしまうリスクがあるなどのデメリットもあります。もっとも、遺言書保管法施行後に、法務局に自筆証書遺言の保管を頼めば、自筆証書のデメリットをほとんどなくすことが可能となります。

✓ 解　説

(1) 遺言の種類

普通方式の遺言には、自筆証書遺言、公正証書遺言、秘密証書遺言の3種類がありますが、秘密証書遺言は実務上あまり用いられていないため、自筆証書遺言と公正証書遺言について、以下説明します。

(2)　自筆証書遺言

①　自筆証書遺言とは

　自筆証書遺言とは、全文、日付、氏名のすべてを遺言者自身が手書きをしたうえで、押印して作成する遺言のことです（民法968①）。

②　自筆証書遺言のメリット・デメリット

　自筆証書遺言のメリットは、(イ)遺言者1人で作成できること、(ロ)遺言作成の費用がかからないことです。一方のデメリットは、(イ)紛失・隠匿・偽造等がされやすいこと、(ロ)家庭裁判所での検認が必要とされること、(ハ)方式違反で無効とされるリスクが高いことです。もっとも、遺言書保管法施行後に始まる遺言書保管制度を利用すれば、このようなデメリットを解消することが可能となります。

(3)　公正証書遺言

①　公正証書遺言とは

　公正証書遺言とは、2人以上の証人の立会いのもと、遺言者が遺言内容を公証人に口頭で伝え、公証人が公正証書によって作成する遺言のことをいいます（民法969）。

②　公正証書遺言のメリット・デメリット

　公正証書遺言のメリットは、自筆証書遺言のデメリットの裏返しで、(イ)紛失・隠匿・偽造等がされるリスクがないこと、(ロ)家庭裁判所での検認が不要なこと、(ハ)方式違反で無効とされるリスクが低いことです。一方のデメリットは、自筆証書遺言のメリットの裏返しで、(イ)遺言者1人では作成できないので遺言の存在を秘密にできないこと、(ロ)遺言作成の費用が別途かかることです。

(4)　事例の検討

　事例のケースでは、妻が軽度の認知症ということですので、自筆証書遺言を作成する場合には、遺言が紛失しないように留意する必要があります。

　したがって、紛失のリスクが高い自筆証書遺言よりも、公正証書遺言を残しておくほうがよいかもしれません。もっとも、遺言書保管法施行後は、自筆証書遺言を法務局に保管してもらう手段もあります。いずれの方法をとるにしても、遺言の存在や保管場所を長男や孫に伝えておく必要があるでしょう。

（福士　貴紀）

Q　遺言により法定相続分を上回る取り分がある場合に、必要な手続きはありますか。

A　遺言により法定相続分を上回る取り分があるからといって、それだけで実体法上の効力に特に問題・影響はありません。　たとえ他の相続人の遺留分を侵害するような取り分を相続することになっている遺言も、遺言自体は有効です。

　ただし、法定相続分を上回る財産の承継については登記等の対抗要件を備えないかぎり第三者へは対抗できないので、遺言執行者等が速やかに登記等の手続きをとる必要があります。

✓ **解　説**

(1)　遺言の効力

　遺言が有効であれば、その内容が法定相続分と異なる遺産の分け方であったり、遺留分を侵害するような分け方であったりしても、遺言そのものは無効になりません。したがって、相続人、遺言執行者が、その遺言の内容に沿った財産の分け方を実現させることとなります。

　ただし、相続人や受遺者が法定相続分を上回る財産を承継する場

合には、登記等の対抗要件を備えなければ、その権利の承継を第三者へ対抗することができません（民法899の2①）。

　また、承継する財産が債権である場合には、本来債権の「譲渡人」に当たる共同相続人全員から債務者への通知が必要となります（民法467①）。しかしながら、共同相続人全員からの通知という要件を満たすことは難しい場合もあることから、共同相続人のうち当該債権を承継した者が単独で遺言の内容を明らかにして債務者に承継の通知をしたときであっても、対抗要件を備えたものとみなされます（民法899の2②）。

(2)　遺言執行者

　遺言の内容には、遺言内容の執行を必要とするものと、必要としないものがあります。前者の例としては、遺産分割方法の指定などがあります。後者の例としては、遺贈や遺言による認知などがあります。

　後者のうち、遺言による認知等一定のものについては、遺言執行者が必須とされていますので注意が必要です。

　遺言執行者の選任方法は、遺言によって定めることができる（民法1006①）ことから、遺言で定めておくことが一般的です。遺言執行者が遺言で定められていない場合には、利害関係人が家庭裁判所に対して遺言執行者を選任するよう請求することができます（民法1010）。なお、遺言執行者の報酬については、遺言に定めがあればそれに従いますが、遺言に定めがない場合には、家庭裁判所が報酬を定めることになります（民法1018①）。遺言によって遺言執行者を指定するのであれば、ついでに、報酬についても定めておくのがよいでしょう。

　前述のとおり、法定相続分を上回る財産の承継については、対抗

要件を備えないかぎり第三者に対抗できないことから、速やかな対抗要件の具備が必要といえます。したがって、弁護士、税理士といった専門家を遺言執行者に指定して、速やかな遺言執行を依頼することが望ましいでしょう。

(3) 事例の検討

　仮に妻に法定相続分より多くの財産を残す旨の遺言を残しても、当該遺言は有効です。なお、軽度の認知症の妻には遺言内容の執行は難しいと思われますので、遺言の中で遺言執行者及び遺言執行者の報酬を定めておくのが望ましいでしょう。

（福士　貴紀）

▶▶　QⅢ-1-5　遺言の柔軟な活用方法

　甲が妻の生活支援と孫への援助を遺言により行う場合には、どのような内容になりますか。

　妻の生活資金がショートしてしまっては元も子もありませんし、妻から孫へ援助させることは可能ですので、原則として妻に多めに残すことが望ましいと考えます。妻への多めの財産承継が遺留分を侵害しないようにするためには、配偶者居住権の設定について検討することが有効です。また、孫への援助については、教育資金の一括贈与について検討することも有効です。

(1)　前提—遺言の効力が及ぶ範囲

　遺言の効力が及ぶのは、遺言者が死亡したときに有していた財産のみですので、生前に処分可能な財産については、生前に処分しておくことが望ましい場合があります。例えば、孫へ学費等の援助をしたいのであれば、教育資金の一括贈与を用いて、節税と財産の承継を一度にすることができます。

　もちろん、遺言のみでも、ある程度柔軟に作成することは可能ですが、遺言を作成してから遺言者が亡くなるまでの状況変化があり得ることも考慮に入れて、遺言を作成することが肝心です。

(2)　配偶者居住権の活用

　居住建物に、遺言者と配偶者が同居しているのであれば、遺言によって、その居住建物に配偶者居住権（民法 1028 ①）を設定することが考えられます。

　配偶者居住権の評価額は、建物の評価額そのものよりも低くなります。そのため、配偶者居住権のほかに、配偶者に預貯金を多めに相続させることとしても、遺留分を侵害しにくくなります。つまり、相続財産の大半を居住建物が占めている場合にも、配偶者居住権を利用することにより、遺留分や相続分を意識した財産承継が行いやすくなります。

　さらに、遺言による配偶者居住権の設定には、配偶者に居住建物そのものを相続させる場合と異なり、配偶者が生存中は配偶者に住まわせ、配偶者の死亡後に不動産そのものを相続する人を決めることができるというメリットがあります。従来、まず配偶者に不動産

を相続させ、配偶者の死亡後は別の者に不動産を相続させるという遺言（いわゆる「跡継ぎ遺贈」）を残したいという希望をする方がいましたが、跡継ぎ遺贈は民法上無効であると考えられていました。しかし、配偶者居住権をうまく活用することで、跡継ぎ遺贈同様の財産承継をすることが可能となりました。

このように、配偶者居住権をうまく活用することで、柔軟な財産承継が可能となります。

(3) 事例の検討

事例のケースでは、孫に対する教育資金の一括贈与が考えられます。また、自宅について配偶者居住権を設定する遺言を残すことも考えられます。もっとも、いずれの制度も、デメリットはありますので、よく検討して対応することが必要でしょう。

（福士　貴紀）

Q 　相続人に財産の管理能力が不足する場合には、どのような方法で承継させることができますか。

A 　管理能力のない相続人に関して、遺言者の生前に成年後見人等の選任をしておくことが考えられます。また、管理能力が不足する相続人が配偶者である場合には、配偶者居住権の設定も考えられるところです。さらには、信託制度の利用も検討するといいでしょう。

✓ **解　説**

(1)　成年後見制度等の利用のメリット・デメリット

　認知症などによって財産管理能力が不足してしまった方が相続人にいる場合、遺言によって財産を残しても、財産を有効に使えないおそれがあります。このような場合、家庭裁判所に対して後見開始の審判を申し立て（民法7）、成年後見人を選任してもらうことで、管理能力のない方であっても、適切なサポートが受けられるようになるというメリットがあります。認知能力に応じて、保佐（民法11）、補助（民法15）の制度の利用も考えられるところです。

　もっとも、成年後見人を選任すると、家族であっても成年被後見

人の金銭等を利用することが著しく困難になるというデメリットもあります。

⑵　配偶者居住権の活用

　QⅢ-1-5と同様、居住建物に遺言者と配偶者が同居しているのであれば、遺言によって、その居住建物に配偶者居住権を設定することが考えられます。

　財産管理能力の不足する配偶者には配偶者居住権だけ承継させて、残りの財産を信頼できる相続人に承継させることが考えられます。こうすることで、配偶者が承継した財産を散財してしまうことを防ぐことができます。

⑶　信託制度の活用

　成年後見の利用しにくい点をうまく回避するように、信託を設定することも考えられます。例えば、受益者に毎月15万円を生活費として支給することで、一度に財産を承継させて散財してしまうことを防ぐことができます。

⑷　事例の検討

　事例のケースでは、妻が軽度の認知症ということですので、その意思能力に応じて、成年後見制度等の利用も検討してみるのがいいでしょう。もっとも、成年後見は一度開始してしまうと、任意に終了させることができません。甲がまだ元気であるならば、信託や配偶者居住権を考慮した財産承継を考えるのがいいかと思われます。

（福士　貴紀）

2 相続税務の視点

▸▸ QⅢ-2-1 相続税の債務控除の取扱い

相続税の計算上、被相続人甲の借入金はどのように取り扱われますか。

甲の借入金は、相続税の課税価格の計算上、相続財産の価額から控除します。この控除を債務控除といいます。

✓ 解 説

(1) 納税義務者の類型別の債務控除の範囲

① 無制限納税義務者

　相続又は遺贈により財産を取得した個人で、その財産を取得した時において日本国内に住所を有する者（一定の外国人を除きます）や、日本国内に住所を有しないが相続開始前10年以内に日本国内に住所があった日本人等は、相続税の無制限納税義務者となります（相法1の3①一・二）。無制限納税義務者に該当する者は、その者が相続又は遺贈により取得した財産の全部に対し、相続税が課されます（相法2①）。

　そして、無制限納税義務者の場合には、被相続人の債務で相続開始の際に現に存するもの（下記(2)参照）のうちその者が負担した金

額を、相続又は遺贈により取得した財産の価額から控除して相続税の課税価格を計算します（相法13①）。

②　制限納税義務者

　相続又は遺贈により財産を取得した個人のうち、無制限納税義務者以外の者のことを制限納税義務者といいます（相法1の3①三・四）。制限納税義務者に該当する者は、その者が相続又は遺贈により取得した財産のうち、国内にあるものに対し相続税が課されます（相法2②）。

　そして、制限納税義務者の場合には、次に掲げる被相続人の債務のうちその者が負担した金額を、その者が相続又は遺贈により取得した国内にある財産の価額から控除して相続税の課税価格を計算します（相法13②）。

⑴　その財産に係る公租公課
⑵　その財産を目的とする留置権、特別の先取特権、質権又は抵当権で担保される債務
⑶　その財産の取得、維持又は管理のために生じた債務（上記⑴又は⑵に該当するものを除く）
⑷　その財産に関する贈与の義務
⑸　被相続人が死亡の際、国内に営業所又は事業所を有していた場合における、その営業所又は事業所に係る営業上又は事業上の債務（上記⑴〜⑷に該当するものを除く）

⑵　債務控除の対象となる債務の要件

　相続財産の価額から控除すべき債務の金額は、相続開始の際、現に存するもの（公租公課を含む）でかつ「確実」と認められるものに限られます（相法13①一、14①）。

債務が「確実」であるかどうかについては、必ずしも書面の証拠があることを必要としません。また、債務の金額が「確定」していなくてもその債務の存在が「確実」と認められるものについては、相続開始当時の現況によって「確実」と認められる範囲の金額だけを控除します（相基通14-1）。「債務の金額が確定していなくてもその債務の存在が確実と認められるもの」の例としては、不動産の所有者（被相続人）が、1月1日から固定資産税の納税通知書が届くまでの間に死亡した場合の、その年分の固定資産税が挙げられます。

(3)　本事例における借入金が自宅に係る住宅ローンである場合において、被相続人が団体信用生命保険に加入しているとき

　本事例における借入金が自宅に係る住宅ローンである場合において、被相続人が団体信用生命保険に加入しているときは、甲が死亡すると、団体信用生命保険の契約に基づきローン残高は肩代わりされることが確実ですから、相続人が支払う必要のない債務であるといえます。したがって、残った住宅ローンは相続税法14条に規定する「確実と認められる」債務に当たらず、債務控除を適用することができません（昭63.4.6裁決・裁決事例集35号141ページ）。

（吉濱　康倫）

▶▶ QⅢ-2-2　成年後見人の相続税申告の取扱い

　甲に係る相続税の申告や納付が必要となる場合において、甲の妻が重度の認知症で判断能力を欠く常況にあるときは、妻の相続税の申告や納付はどのように行えばよいですか。

　妻について成年後見制度を利用することで、家庭裁判所が選任した成年後見人が成年被後見人である妻を代理して、妻の相続税の申告や納付を行うことができます。

✓ 解　説

(1)　成年後見制度

①　概　　要

　判断能力の不十分な人を保護し、支援する制度として成年後見制度があります。そして、成年後見制度には、法定後見制度と任意後見制度の二つがあり、法定後見制度には、「後見」「保佐」「補助」があります。

　本人（成年被後見人）が判断能力を欠く常況の場合には、上記のうち「後見」を利用し、家庭裁判所によって選ばれた成年後見人が、本人の利益を考えながら、本人を代理して法律行為をします。

②　本事例における制度の利用

　妻が判断能力を欠く常況であるため、法定後見制度のうち「後

見」の利用を検討します。

(2) 成年後見人の権限

成年後見人は、包括的代理権を有する法定代理人となります。この代理権に基づき、成年被後見人に代わって法律行為を行います。すなわち、成年後見人が、成年被後見人である妻に代わって、相続税の申告及び納付を行います。

(3) 成年被後見人の相続税の申告に係る留意事項

① 障害者控除の適用

成年被後見人は相続税法上、特別障害者に該当すると考えられます（日本税理士会連合会　日税連成年後見支援センターホームページ）。

相続又は遺贈により財産を取得した特別障害者は、その相続開始時に日本国内に住所があること等の要件を満たしていれば、満85歳になるまでの年数1年（1年未満の端数は1年）につき20万円の金額を、その者が納付すべき相続税の額から差し引くことができます（相法19の4①）。

② 申告書の記載

納税者の署名押印欄には、代理人である成年後見人の住所、氏名、押印が必要です。成年被後見人が乙、成年後見人が丙の場合には、署名押印欄は「乙　成年後見人　丙」と記載し押印します（日本税理士会連合会　日税連成年後見支援センターホームページ）。

（吉濱　康倫）

個人に対して、相続財産を金銭に換価したうえでその金銭を相続させる、又は遺贈する旨の遺言（いわゆる「清算型遺言」）があった場合の税務上の取扱いについて教えてください。

　　相続税法上、換価前の財産の評価額をもとに、換価された金銭を取得する相続人又は受遺者に対して、相続税が課税されると考えられます。また、所得税法上、換価財産が不動産等の譲渡所得の基因となる資産である場合には、「相続させる」旨の遺言のときはその換価された金銭を取得する相続人が、「遺贈する」旨の遺言のときは受遺者が、それぞれ譲渡所得税の納税義務者になると考えられます。

✓ 　解　説

(1)　清算型遺言とは

　相続財産を売却又は換金したうえで、その金銭を相続人又は受遺者に相続させる、又は遺贈する旨の遺言を清算型遺言といいます。例えば、「遺言執行者は、相続財産一切を金銭に換価し、その換価代金から被相続人の債務、遺言執行者の報酬、遺言執行に関して必要な費用（公租公課を含む）を控除した残額をＡに２分の１、Ｂに

4分の1、Cに4分の1の割合で相続させる（又は遺贈する）」と
いった内容の遺言が清算型遺言にあたります。

　私法上、不動産等の財産の換価による効果は、「相続させる」旨
の遺言の場合はその相続人に帰属し、「遺贈する」旨の遺言の場合
は受遺者に、それぞれ帰属すると考えられます。

(2)　税務上の取扱い

①　相続税法

　相続税法上、清算型遺言により「相続させる」旨の遺言があった
場合には、換価された金銭を取得した相続人に対して相続税が課税
され、「遺贈する」旨の遺言があった場合には、換価された金銭を
取得した受遺者に対して相続税が課税されると考えられます。その
際の相続財産の評価額は、「相続させる」又は「遺贈する」どちら
の遺言であっても、換価前の財産そのものの相続税評価額（財産評
価基本通達等に基づき評価した金額）によります。

②　所得税法

　所得税法上、換価財産が不動産等の譲渡所得の基因となる資産で
ある場合には、その換価（譲渡）による所得は、譲渡所得に該当し
ます（所法33）。

　「相続させる」旨の遺言があった場合には換価された金銭を取得
する相続人が、「遺贈する」旨の遺言があった場合には換価された
金銭を取得する受遺者が、それぞれ譲渡所得税の申告を行うべき当
事者（納税義務者）になると考えられます。

〈参考文献〉　小柳誠「換価遺言が行われた場合の課税関係について」税務大
学校論叢

（吉濱　康倫）

▶▶ QⅢ-2-4　負担付遺贈があった場合の税務上の取扱い

　　　　負担付遺贈があった場合、相続税はどのように計算されますか。

　　　　負担がないものとした場合における財産の価額から負担額を控除した価額を、その負担付遺贈により取得した財産の価額として、相続税の課税価格を計算します。

✓ 解　説

(1) 負担付遺贈とは

① 概　要

　負担付遺贈とは、遺言者が受遺者に対して、財産を遺贈する代償として受遺者に一定の義務を負担させる遺贈のことを言います。

② 負担する義務の範囲

　負担付遺贈により財産を取得した受遺者は、遺贈の目的の価額を超えない限度においてのみ、負担した義務を履行する責任を負います（民法 1002 ①）。

③ 負担付遺贈を放棄した場合

　受遺者が遺贈を放棄した場合には、上記①の負担の利益を受けるべき者が自ら受遺者となることができます。ただし、遺言者がその

遺言に別段の意思を表示したときは、その意思に従います（民法1002②）。

④　受遺者が義務を履行しない場合

　負担付遺贈を受けた者がその負担した義務を履行しないときは、相続人は相当の期間を定めてその履行の催告をすることができます。この場合において、その期間内に履行がないときは、その負担付遺贈に係る遺言の取消しを家庭裁判所に請求することができます。これにより取消しが認められると、受遺者は負担付遺贈の対象となった財産を取得することができなくなります（民法1027）。

(2)　課税価格の計算

　相続税の課税価格の計算における負担付遺贈により取得した財産の価額は、負担がないものとした場合におけるその財産の価額からその負担額（その遺贈のあったときにおいて確実と認められる金額に限ります）を控除した金額です（相基通11の2-7）。

　例えば、「借入金債務3,000万円を承継する代わりに1億円の金銭債権を遺贈する」という遺言があった場合、相続税の課税価格は7,000万円（1億円−3,000万円）となります。

（吉濱　康倫）

▶▶ QⅢ-3-1 信託をする場合の遺言の必要性

信託をすれば遺言書を作成する必要はありません
か。

信託は信託契約等において特定された財産のみが
対象となるため、それ以外の財産は対象になりま
せん。文字どおり、すべての財産を信託の対象にす
ることの妥当性を踏まえると、信託の対象外とした
財産の承継先を定めるために遺言書を作成するべき
でしょう。

✓ 解 説

(1) 信託財産の特定性と特定承継

① 信託財産の特定性

　信託を設定する場合、どの財産を信託財産とするかについて信託
契約等において特定しなければなりません。特定しなければ、受託
者に属する財産のうちどれがその固有財産と異なる取扱い（信託財
産の独立性（信法 23、25 等））をすればよいかわからなくなるため
です。

② 特定承継

委託者兼受益者が死亡したときに、受益者が信託財産に属する財産の引渡しを求められる内容の信託は、委託者兼受益者の死亡という事実により財産が移転するため、遺言による財産処分（死後処分）と同じ機能があります。もっとも、この場合も、移転する財産は信託財産として受託者に属していた特定の財産のみ（積極財産のみで消極財産（債務）は含みません）ですので、特定の権利のみが承継される「特定承継」です。

(2) 「委託者のすべての財産」を対象とする信託の妥当性

信託の対象とする財産を特定する方法として、巷間、締結されている信託契約において「委託者のすべての財産」とするものがあるようです。この定めはいつの時点の委託者のすべての財産なのかわからないという意味で、特定性の点で不十分ですが、「この契約を締結した時点での委託者のすべての財産」と解釈できた場合はどうでしょうか。たしかに、理屈の上では、一時点に委託者が所有していた財産と定まりますので、特定はされているといえないこともありません。しかし、実際に、受託者が文字どおり委託者の全財産を管理しきることは可能でしょうか。全財産には、家財道具等の動産や有価証券や預貯金も含みます。金融機関での対応を横においても、例えば、動産を一つ一つ分別管理するのは、現実的ではありません。

(3) 遺言と信託の役割分担の重要性

信託のみで相続対策をするのは困難といわざるを得ません。信託は、特定の積極財産のみを対象とするものだからです。例えば、不

動産や有価証券等の価値が大きく、委託者兼受益者の生前において
その管理をしなければ同人の不利益が大きくなる財産は信託で管理
し、それ以外のものは遺言によって包括的に承継させることが考え
られます。また、遺言であれば、共同相続人間での債務の帰属指定
（民法902の2）や、包括遺贈により債務を承継させることもでき
ます。信託と遺言の組合せにより、財産承継の選択の幅が大きく広
がります（図表−2）。

◆図表−2◆　信託と遺言がそれぞれ対象とする財産の範囲の違い

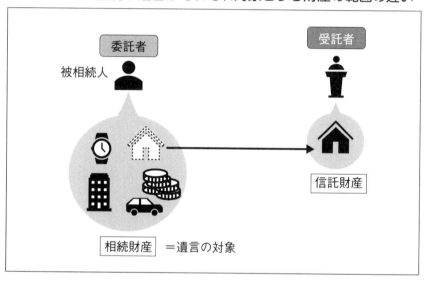

（金森　健一）

年金の管理も受託者に委ねることは可能ですか。

年金受給権は信託の対象とすることはできません。年金として振り込まれた後の委託者名義の預貯金口座内の金銭は信託の対象となり得ますが、委託者名義の口座からどのようにして受託者の管理する口座へ移すかが問題となります。

✓ 解　説

(1)　信託の対象である「財産」と年金受給権

①　契約による信託の場合

　少なくとも契約による信託（信法2②一）では、委託者が有する財産が受託者へ移転することを要します。信託財産は、受託者に属することが要件の一つです（信法2③）。この点、年金受給権は、譲渡することができませんので（厚生年金保険法41①等）、委託者から受託者へ権利を移転させることができず、信託の対象とすることはできません。

②　遺言による信託の場合

　遺言による信託（信法2②二）でも、契約による場合と同じく委託者から受託者への移転可能性が必要ですが、年金受給権は受給者

の死亡により消滅しますので（厚生年金保険法 45 等）、やはり信託の対象となりません。

③　自己信託の場合

　自己信託（信法 2 ②三）の場合は、受給者自身が委託者兼受託者となるため、権利の移転はありません。そのため、権利自体の移転可能性は問題になりません。しかし、年金受給権は、譲渡のほか、差押えや担保設定も禁止されています（厚生年金保険法 41 ①）。受益者を受給権者でない第三者にする自己信託は、帰属上の一身専属権である年金受給権を本来であれば取得（享有）し得ない第三者に与えるものですので、脱法信託（信法 9）又は公序良俗違反（民法 90）で無効であるとされるおそれが高いと思われます。

(2)　委託者名義の預貯金口座内の金銭を信託財産とする場合

　年金受給権自体の信託は認められませんが、受給者が取得した金銭、つまり、受給者名義の預貯金口座に振り込まれた金銭は、他の原因によって振り込まれた金銭と同じく、信託の対象とすることに支障はありません。

　もっとも、年金は、受給者（委託者）名義の預貯金口座へ定期的に振り込まれますので、一定期間ごとに、受託者名義の口座へ振込み等をする必要があります。このとき、委託者自身がその意思に基づいて資金移動をすることは差し支えありません（追加信託）。しかし、委託者が認知症等により意思能力が低下・喪失したとき以降は、委託者において預貯金の引出しと振込み等をすることができません。委託者名義のキャッシュカードを利用した ATM での引出しやインターネットバンキングを利用して、受託者等委託者以外の者が資金移動することは、紛争の種になりますので、厳かに慎むべき

と考えます（図表−3）。

◆図表−3◆　年金を対象とする信託の可能性

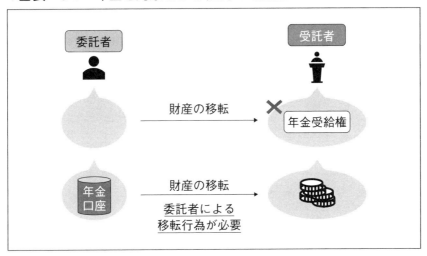

（金森　健一）

▸▸ QⅢ-3-3　不動産に信託を設定するメリットと留意点

 　不動産に信託を設定するメリットと留意点について教えてください。

 　認知症等により委託者の管理能力が低下しても、受託者において不動産を管理・処分することができることや、複数の相続人間で平等に価値を分け合うことができることなどのメリットがあります。留意点は、受託者が不動産の所有者としての責任や義務を負いながらも、不動産からの利益を得ることは禁じられることです。

✓　解　説

(1)　不動産信託のメリット

①　委託者の財産管理能力の補完

　不動産は、それが自宅であるか賃貸物件であるかを問わず、一定の財産管理能力、例えば、適切な判断をし、その判断に基づいて、契約等の意思表示をしたり、交渉などの事実行為をしたりすることが必要です。認知症だけでなく、加齢による気力や体力の減退によって、これらをすることに支障が生じます。信託では、財産所有者である委託者から管理者である受託者がその不動産の所有権ごと

引き受けてその不動産を管理します。受託者は、買主や賃借人等の第三者に対しては不動産の所有者そのものとして扱われます。信託により委託者の財産管理能力を補完することになります。

②　共同相続人間の平等な分配の実現

　財産所有者は、遺言により特定の財産を特定の相続人に相続させることができます（「特定財産承継遺言」（民法 1014 ②参照））。もっとも、所有不動産が一つしかない場合や、複数あっても収益性にばらつきがある場合には、すべての相続人を平等に扱うことが困難です。このような場合に不動産所有者が信託を利用すれば、不動産所有権を受託者へ移転させつつ、その不動産からの賃料等の収益を法定相続分と同じ割合等で共同相続人が受け取れるようにすることができます（図表−4）。

◆図表−4◆　不動産を信託する場合のメリット

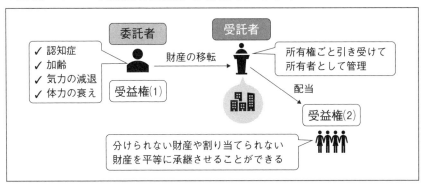

(2)　不動産信託の留意点

　信託法 8 条は、「受託者は、受益者として信託の利益を享受する場合を除き、何人の名義をもってするかを問わず、信託の利益を享

受することができない。」としています。例えば、事例の甲を委託者、その長男を受託者、妻を受益者とした信託契約を締結するとして、その契約書に「受託者は自宅不動産に無償で居住することができる」などと定めるのは、この8条に違反するものと思われます。長男が、甲と同居していたり、甲の所有する宅地上に建物を所有していたりするときは、受託者である長男が信託財産から利益を得ているとされかねません。このような場合、受託者に不動産利用を内容とする受益権を与えるか、受託者が不動産の利用料を支払うなどの方法が考えられます。

（金森　健一）

▶▶ QⅢ-3-4 上場有価証券に信託を設定する場合の留意点

Q 　上場有価証券に信託を設定する場合の留意点はありますか。

A 　上場有価証券、例えば、上場株式に信託を設定する場合、証券会社において信託用の証券口座の開設を受けられないときがあることや、証券口座の取扱いが可能とされていても信託契約の内容について制限があることには留意が必要です。

(1)　上場株式の信託と証券口座

①　上場株式の信託

　上場株式を対象にする信託は、信託受益権がみなし有価証券となるがゆえに金融商品取引法の適用を受けるのに加えて、対象株式は形式的には受託者が保有しているものの、実質的には、受益者や議決権行使に関する指図権を留保している場合の委託者が株式に係る権利を有しているといえる場合があるため、やはり金融商品取引法の適用を受ける場合があります。金融商品取引法の適用により、公開買付規制、インサイダー取引規制、売買報告書制度、大量保有報告制度等の規制に服する必要が生じることがあるため、それらの負担を受けないようなストラクチャー構築が求められることになります。

②　証券口座の役割

　上場株式、つまり振替株式（株券を発行する旨の定款の定めがない会社の株式（譲渡制限株式を除きます）で振替機関が取り扱うもの（社債株式振替法128①）の信託において、受託者は、対象とされた上場株式について、それが信託財産に属する旨を第三者に対抗するために、社債株式振替法129条3項5号の規定により当該振替株式が信託財産に属する旨を振替口座簿に記載又は記録することを要します（社債株式振替法142①）。また、受託者は、信託財産に属する上場株式を、固有財産に属する有価証券と分別して管理しなければなりません。その方法は、上記記録をするとともに、その計算を明らかにする方法です（信法34①三、信規4②）。

　このように、証券口座への記録は、第三者に対する対抗要件であ

り、かつ、分別管理義務の（一部の）履行です。対抗要件について明文の規定がない信託財産に属する預金にとっての信託専用の預金口座とは、その役割が異なります（図表−5）。

◆図表−5◆　上場有価証券の信託における口座の役割

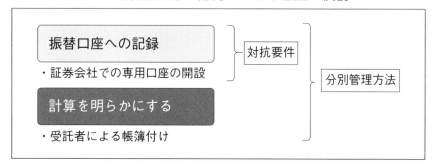

(2)　証券口座開設のための信託契約の要件

　証券口座を開設するにあたり、法律が信託について何らかの要件を定めているものではありませんが、証券会社ごとに口座開設可能な信託の要件について、内部規程で定めているようです。口座開設にあたっては、事前に証券会社に相談をするなどして要件を把握して、民事信託の利用希望者のニーズに応えつつ、口座開設が可能な信託スキームを考案し、実行する必要があります。信託契約書を公正証書にした後で、証券会社に持ち込んで初めてそこでのチェックを受けるなどといった手順をとると、重ねて公証人手数料を依頼者に負担させることになるなどトラブルの原因にもなりますので、慎重に進める必要があります。

（金森　健一）

信託財産からの利益を妻→長男→孫の順に渡すという信託をすることはできますか。

 　収益を受け取ることを内容とする受益権が妻→長男→孫に順次取得される旨の定めのある信託（後継ぎ遺贈型受益者連続信託（信法91））を設定することができます。

✓　解　説

(1)　後継ぎ遺贈型受益者連続信託とは

　受益者としての地位が次々に変わる信託を受益者連続信託といいますが、そのうち、受益者の死亡により、他の者が受益権を取得するものが後継ぎ遺贈型受益者連続信託（後継ぎ遺贈型信託）です（条解475ページ）。信託法91条は、そのような後継ぎ遺贈型受益者信託のうち、「受益者の死亡により、当該受益者の有する受益権が消滅し、他の者が新たな受益権を取得する旨の定め（中略）のある信託」を対象とします。

(2)　期間制限―「30年」からいつまで存続するか

　信託法91条は、「（中略）信託がされた時から30年を経過した時以後に現に存する受益者が当該定めにより受益権を取得した場合で

あって当該受益者が死亡するまで又は当該受益権が消滅するまでの間、その効力を有する。」とします。この「30年」からいつまで存続するかについては、複数の見解が主張されています（条解 477ページ）（図表－6）。

◆図表－6◆ 信託法 91 条が定める期間制限の解釈

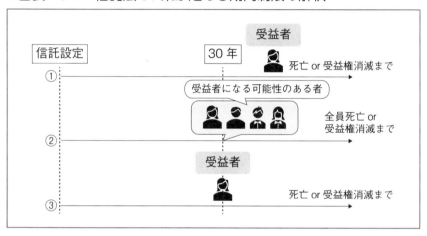

① 信託設定時から 30 年を経過した時点よりも後に受益権を取得した者がいる場合、その者が死亡するか、又はその受益権が消滅するまで信託が継続するとする見解（立案担当者や学説の多数説）
② 信託設定時から、30 年経過時点で生存する、受益者となる可能性のある者のすべてが死亡するか受益権が消滅するまでは信託が継続するという見解
③ 信託設定時から 30 年経過時点に受益者である者が死亡するまで信託が存続するという見解

(3) 遺留分侵害に関して

① 侵害が問題とされる相続は？

　平成30年の民法改正により、遺留分制度は、遺留分減殺請求制度から遺留分侵害額請求制度へ変更されましたが、民法改正前の信託法の立案担当者の書籍によりますと、受益者が夫→妻→第1子と変更される信託では、妻や第1子は、夫から直接受益権を取得するものと法律構成されることになるとのことですので（寺本260ページ注5）、遺留分侵害が問題となるのは、信託を設定した委託者（夫）の相続開始時のみであり、その後の妻や第1子の各相続開始時においては、遺留分が問題にならないことになります。

② 算定の基礎財産の評価方法

　委託者（夫）の相続開始時において遺留分侵害があるという見解によると、妻が取得する第二次受益権や、第1子が取得する第三次受益権も、委託者（夫）の相続開始時を基準として遺留分侵害の算定基礎財産の算定に必要な評価がなされることになります（寺本260ページ以降参照）。

（金森　健一）

Q 妻の扶養の目的と、孫への援助の目的を同じ信託で遂げようとする場合の留意点はありますか。

A 信託契約書において、複数の信託目的間の優先順位、信託財産の管理方法や受益債権の内容、受託者の公平義務について定めるのがよいでしょう。

✓ 解 説

(1) 複数の信託目的間の優先順位

一つの信託において、複数の目的を定めることは禁止されませんが、複数の目的を漫然と定めた場合に、受託者の信託事務処理に支障が生じるおそれがあります。例えば、本問のように、妻の扶養と孫への援助という二つの目的を定めた場合、特に、まずは妻の扶養を行い、妻の死亡後に孫への援助を行うなど、時期を異にする場合です。価格が下落し続けている居住用不動産について、妻の居住を確保するためには所有し続けるべきである一方で、孫への援助を確保するためには、直ちに売却するべきという場合、受託者は、二つの目的の間で板挟みになります。そのような場合に備えて、いずれの目的を優先させるかという順序を定めるのがよいでしょう。

(2)　信託財産の管理方法や受益債権の内容に関する定め

　不動産や金銭の管理方法について、単に「受託者の裁量で」行うとするものや、受益者が誰であるかのみを定め、受益権（受益債権）の内容が明らかでない信託契約が締結された場合、受託者は、妻の扶養や孫への援助を行う都度、それが各受益者に対する善管注意義務（信法29②）に反することにならないかの判断を迫られることになります。民事信託の受託者が実際にこの点を意識するかどうかにかかわらず、妻と孫という受益者間や、受益者と受託者との間で紛争が顕在化することになれば、受益者は受託者の善管注意義務を問題とすることが予想されます。次の公平義務と重複しますが、受託者が行うべき義務内容である管理方法や受益債権の内容を明らかにすることで、果たすべき義務を明らかにして、確実な義務の履行を担保することが紛争の発生を未然に防ぐことになります。

(3)　受託者の公平義務についての定め

　信託法33条は、「受益者が2人以上ある信託においては、受託者は、受益者のために公平にその職務を行わなければならない。」としています。妻と孫がそれぞれ受益者とされる場合、本条に基づいて受託者は「受益者のために公平に」職務を行う義務を負います。例えば、信託財産に一定額の金銭がある場合、それを妻の扶養のために使うか、孫への援助に充てるかについて、何が「公平」であるかは判断が容易ではありません。受託者が公平義務を果たしたかどうかは、信託契約の定めに基づいて実質的に判断される、例えば、信託契約の定めにより受益権の内容が異なる場合には、その定めに従って各受益者を取り扱うことは公平義務に適う旨の記述がありま

す（村松ほか 106 ページ）。扶養と援助の両方をすべて賄うのに足りない場合にいずれを優先するか、割合を定めるなどの方法が考えられます。

（金森　健一）

▸▸　QⅢ-3-7　受益者連続信託の利用の留意点

受益者連続信託を利用する場合の留意点はどのようなものがありますか。

前の受益者が死亡した場合にその相続人等が新たに受益権を取得する旨の定めをする受益者連続信託を利用する場合、①受益者に指定された者の死亡の順序や受益権の放棄に配慮することや、②信託の利益帰属先に空白が生じないようにすることなどに留意すべきです。

✓　解　説

(1)　受益者に指定された者の死亡の順序への配慮

後継ぎ遺贈と同様の効果が享受できるとして信託が利用されることがありますが、信託法 91 条によれば、後継ぎ遺贈型受益者連続信託における受益者の連続は、その受益権が新旧受益者間で承継されることによるのではなく、旧受益者の受益権が消滅し、新受益者に受益権が発生するという原始取得の連続によってなされます。そ

のため、信託契約において受益権についての定めをするにあたり、どのような受益権を誰がいつからいつまで取得・保有するのかを定める必要があります。この定めをするにあたり注意を要するのは、「人は年齢の順に死亡するものではない」という点です。複数の子に年齢の順に受益権を取得させる場合や、まずは父母に、次に子、最後は孫というように世代を跨いで受益権を取得させる場合に、年齢の上の者から下の者へ順に指定する契約書の定めが散見されますが、このような契約の定めですと、年の若い者が先に死亡した場合に、受益権の行き先がなくなってしまい、場合によっては受益者が不在であるとして信託が途中で終了してしまうことになりかねません。遺言において補充遺言がなされるのと同じように、「もしすでに妻が死亡している場合は二男の子（孫）に受益権を取得させる」などと、条件の定めが必要になります。

(2) 信託の利益帰属の空白の防止

　事例とは離れますが、例えば、3人の子（A、B及びC）を受益者とし、それぞれ3分の1の割合で受益権を与え、いずれの受益権もその受益者が死亡したときを終期とし、それぞれの子（孫）が自分の親が取得した受益権と同じ内容の受益権を取得できるとします。また、信託終了は、指定された者（子と孫）全員が死亡したときとしたとします。このとき、受益者Aと同Bが死亡し、その後のそれぞれの子（孫）が死亡し、受益者C（又はその子（孫））が生存しているとしたら、AやBが受けるべき信託の利益について受益者が不在の状況になってしまいます。消滅する受益権によって得られるはずである利益について、次は誰が取得するかを定めるなどして、信託の利益の帰属先がない状態にならないようにしなければなりません（図表−7）。

◆図表-7◆　信託の利益の帰属先

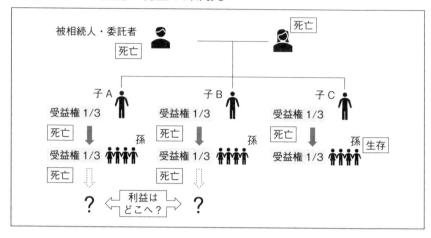

（金森　健一）

> ▶▶ QⅢ-4-1　遺言と信託の相続税の課税上の
> 　　　　　　　相違点

Q　相続人又は受遺者に対して、遺言により財産そのものを承継させる場合と、信託契約により財産を信託した上で受益権として承継させる場合とで、課税上の違いはありますか。

A　相続人又は受遺者（以下、本問において「相続人等」）が財産そのものを遺言によって取得する場合と、相続人等が被相続人の死亡に基因して信託の受益者となる（受益権を取得する）場合とで、相続税の課税の違いはありません。

✓ **解　説**

（1）　課税上の取扱い

①　遺言による場合

相続人等が遺言により取得した財産については、相続税が課税されます（相法2①）。

②　信託による場合

相続人等が当初受益者である被相続人の死亡に基因して信託の受

益者となった場合には、その受益者となった相続人等は、直前の受益者である被相続人から遺贈により信託財産を取得したものとみなされます（相法9の2②・⑥）。

　したがって、上記①と同じように、その取得したとみなされた信託財産に対して相続税が課税されます（相法2①）。

（吉濱　康倫）

▶▶　**QⅢ-4-2　賃貸不動産を信託した場合の課税関係**

　賃貸不動産を信託した場合の、信託開始時、信託期間中（賃料収入発生時、賃貸不動産の売却時、受益者変更時）、信託終了時の各課税関係はどのようになりますか。

　各場面に応じ、受益者を信託財産の所有者とみなして、課税関係が処理されます。

✓　**解　説**

（1）　信託開始時

①　自益信託（委託者と受益者が同じ信託）の場合

　信託の受益者はその信託の信託財産に属する資産及び負債を有するものとみなされます（所法13①）。自益信託の場合は委託者と受益者が信託開始の前後を通じて同じであることから課税関係は生じ

ません。

② 他益信託（委託者と受益者が異なる信託）の場合

他益信託の場合、信託開始時に次のような課税関係が生じます。

㈤ 適正な対価の負担がない場合

適正な対価の負担がない場合は、相続税法上、委託者から受益者へ、その信託に関する権利の贈与（委託者の死亡に基因して信託の効力が生じた場合には、遺贈）があったものとみなして、適正な対価と負担した金額との差額に対して、受益者に贈与税（遺贈があったとみなされた場合には相続税）が課税されます（相法９の２①）。この相続税法９条の２第１項では、相続税法７条の一般的なみなし贈与の規定のように「著しく（低い）」という文言はないことから、著しく低いとまではいえない対価を負担した場合も、適正な対価より低い対価であれば、適正な対価との差額についてみなし贈与が認識されると思われます（以下同じ）。

なお、贈与又は遺贈により信託に関する権利を取得したとみなされた者は、相続税法上、信託財産に属する資産及び負債を取得し、又は承継したものとみなされます（以下同じ。相法９の２⑥）。

㈥ 適正な対価の負担がある場合

適正な対価の負担がある場合には、委託者から受益者へ、信託財産の有償譲渡があったものとして、課税関係を処理します（所基通13-6）。

委託者は、受益者から適正な対価を得て信託財産に属する資産を譲渡すると考えるため、譲渡所得税が課税されます（所法33）。

また、受益者は、適正な対価を支払って受益権（所得税法上は信託財産に属する資産）を取得するため、通常の資産の取得の場合と同様に、課税関係は生じません。

(2) 信託期間中

① 賃料収入発生時

　信託の受益者は信託財産に属する資産及び負債を有するものとみなし、信託財産に帰せられる収益及び費用は受益者の収益及び費用とみなして所得税法の規定が適用されます（所法13①）。したがって、信託財産である賃貸不動産に係る収益及び費用は、その信託の計算期間にかかわらず、受益者の各年分の総収入金額又は必要経費となるものにより不動産所得の金額を計算します（所基通13-2）。また、信託財産に帰せられる収益及び費用の額は、信託財産から生じる利益又は損失を純額で計上するのではなく、信託財産に属する資産及び負債ならびに収益及び費用を、それぞれ、受益者のこれらの金額として計算します（所基通13-3）。

　なお、不動産所得の金額の計算上、信託から生じる不動産所得の損失の金額は、「なかったもの」とみなされます。すなわち、信託をしていない不動産に係る不動産所得の金額や他の所得の金額と損益通算をすることや、純損失の繰越控除を適用することはできません（措法41の4の2①）。

② 賃貸不動産の売却時

　民法上、信託財産である賃貸不動産を売却するのは、その所有者である受託者です。しかし、所得税法上、信託財産に属する資産は受益者が有しているものとみなされるため、信託財産である賃貸不動産は受益者が譲渡したものとみなされ、譲渡所得は受益者に帰属します（所法13①、33）。

(3) 受益者変更時

① 変更後の受益者が適正な対価を負担しない場合

受益者の変更に際し、変更後の受益者が適正な対価を負担しない場合には、変更前の受益者から変更後の受益者へ、信託に関する権利の贈与（直前の受益者の死亡に基因する変更の場合は遺贈）があったものとみなして、適正な対価と負担した金額との差額に対して、変更後の受益者に贈与税（遺贈があったとみなされた場合には相続税）が課税されます（相法9の2②）。

② 適正な対価の負担がある場合

適正な対価の負担がある場合には、変更前の受益者から変更後の受益者へ、信託財産の有償譲渡があったものとして、課税関係を処理します（所基通13-6）。

変更前の受益者は、適正な対価を得て信託財産に属する資産を変更後の受益者に譲渡したものとして譲渡所得税が課税されます（所法33）。

また、変更後の受益者は、適正な対価を支払って受益権（所得税法上は信託財産に属する資産）を取得するため、通常の資産の取得の場合と同様に、課税関係は生じません。

(4) 信託終了時

① 終了直前の受益者と帰属権利者が同一の場合

信託の終了直前の受益者と帰属権利者が同一の場合には、受益者から帰属権利者への信託に関する権利の移転が生じないため、課税関係は生じません。

② 受益者と帰属権利者が異なる場合

信託の終了直前の受益者と帰属権利者が異なる場合には、次の課

税関係が生じます。

㈠　適正な対価の負担がない場合

　帰属権利者が適正な対価を負担しない場合は、受益者から帰属権利者へ、その信託の残余財産の贈与（受益者の死亡に基因して信託が終了した場合には、遺贈）があったものとみなして、適正な対価と負担した金額との差額に対して帰属権利者に贈与税（遺贈があったとみなされた場合には相続税）が課税されます（相法9の2④）。

㈡　適正な対価の負担がある場合

　適正な対価の負担がある場合には、受益者から帰属権利者へ、信託財産の有償譲渡があったものとして、課税関係を処理します（所基通13-6）。

　受益者は、帰属権利者から適正対価を得てその信託の信託財産に属していた資産そのものを譲渡すると考えるため、譲渡所得税が課税されます（所法33）。

　また、帰属権利者は、適正な対価を支払ってその財産を取得することから、通常の資産の取得の場合と同様に、課税関係は生じません。

（吉濱　康倫）

Q　QⅢ-3-5の信託、すなわち、受益者連続型信託で、当初受益者である甲の死亡により妻がその受益権を取得した場合の課税関係はどのようになりますか。

A　妻は、直前の受益者である甲からの遺贈により受益権を取得したものとみなされて相続税が課税されます。

✓　解　説

(1)　当初受益者が死亡した場合の課税関係

　当初受益者である甲の死亡により妻がその受益権を取得するときは、妻は甲からの遺贈により受益権を取得したものとみなされて、妻に相続税が課税されます（相法9の2②）。

(2)　受益者連続型信託に関する権利の価額

　受益者連続型信託に関する権利を受益者が適正な対価を負担せずに取得した場合において、その利益を受ける期間の制限その他の権利の価値に作用する要因としての制約が付されているものについては、その制約は付されていないものとみなされます（相法9の3①）。

　甲の死亡により、信託契約で次の受益者に定められている妻が受

益権を取得する場合、適正な対価を負担せずに受益者連続型信託に関する権利の全部を取得することになるため、その権利の価額は、信託財産の全部の価額となります（相法9の3、相基通9の3-1）。

　さらに、妻の死亡により、その次の受益者に定められている長男が受益権を取得した場合、甲の死亡に伴って妻が受益権を取得した場合と同様、適正な対価を負担せずに受益者連続型信託に関する権利の全部を取得することになるため、その受益者連続型信託の権利の価額は、信託財産の全部の価額となります（相法9の3、相基通9の3-1）。

（吉濱　康倫）

▶▶ QⅢ-4-4　被扶養者を受益者とした場合の 課税関係

Q　委託者の被扶養者を受益者にした場合にも、信託の効力発生時に課税は生じますか。

A　信託の効力が生じた場合、受益者は信託に関する権利を委託者から贈与により取得したものとみなされます。これは受益者が委託者の被扶養者（委託者が受益者の扶養義務者）であったとしても変わりません。ただし、受益者が税務上の特定障害者であり、信託会社等を受託者とした特定障害者扶養信託（特定贈与信託）を利用する場合には、特定障害者が取得する受益権については、一定限度額まで贈与税が非課税となります。

 解　説

(1)　他益信託の課税関係の原則

　信託の効力が生じた場合において、適正な対価を負担せずにその信託の受益者となったときは、信託の効力発生時に、委託者から受益者へ受益権の贈与があったものとして課税関係が処理されます。（相法9の2①）。

(2) 特定障害者扶養信託（特定贈与信託）

　特定障害者が贈与により取得した特定贈与信託の信託受益権については、限度額まで贈与税が非課税となります（相法21の4、相令4の7〜4の20）。特定贈与信託の概要は、図表−8に記載のとおりです。

◆図表−8◆　特定贈与信託の概要

手続き	①　特定障害者扶養信託契約を締結 ②　「障害者非課税信託申告書」を、金融機関を経由して税務署へ提出
委託者【贈与者】	特定障害者の親族、篤志家等の個人
受託者	信託会社及び信託業務を営む金融機関
受益者【受贈者】	特定障害者
受贈者ごとの非課税限度額	特別障害者の場合…6,000万円 特別障害者以外の特定障害者の場合…3,000万円
使途の制限	奢侈品の購入、株式の購入等の生活や療養に直接関係のない資金のための引出しや特別な理由のない多額の資金の一時引出しはできない。
信託期間中に贈与者が死亡した場合の課税関係	贈与者の死亡日前3年以内の信託受益権の取得については、非課税枠を超える部分について相続又は遺贈により取得したものとして相続税の課税対象となる。
信託終了事由	①　受贈者が死亡した場合 ②　信託財産の残高が0となった場合
信託終了時の課税関係	信託終了時に課税関係は生じない。

（吉濱　康倫）

▶▶ QⅢ-4-5　相続開始時に信託内借入がある 場合の債務控除

 Q　信託内借入がある状態で当初受益者である甲が死亡し、新たに受益者となる者がいる場合の相続税の計算はどのようになりますか。

 A　相続税法上、直前の受益者の死亡により新たに受益者となった者は、信託財産に属する資産又は負債を、その直前の受益者から遺贈により取得し、又は承継したものとみなされます。したがって、信託内借入についても、相続税の計算上、債務控除の対象になります。

✓ **解　説**

(1) 債務控除の適用

　当初受益者である甲の死亡により、新たに受益者となった者がいる場合、新たな受益者は直前の受益者である甲から信託に関する権利を遺贈により取得したものとみなされます（相法9の2②）。遺贈により取得したものとみなされる信託に関する権利を取得した受益者は、その信託財産に属する資産又は負債を取得し、又は承継したものとみなして、相続税を計算します（相法9の2⑥）。

　したがって、直前の受益者の死亡時に信託内に借入金が残っている場合には、その借入金は、相続税の計算上、債務控除の対象とな

ります（相法 13 ①）。

（吉濱　康倫）

▶▶ QⅢ-4-6　受託者が提出すべき提出書類等

Q　信託の利用により受託者が税務署等へ提出すべき書類等にはどのようなものがあり、いつまでに提出しなければなりませんか。

A　個人が受益者の場合、受託者が税務署へ提出しなければならない書類及び提出期限は下記のとおりです。

✓ 解　説

(1) 信託に関する受益者別（委託者別）調書及び合計表

① 内　容

　受託者は、信託について次の事由が生じた場合には、その事由が生じた日の属する月の翌月末日までに、税務署長に対し、信託財産の種類・所在場所・価額等を記載した信託に関する受益者別（委託者）調書及び提出事由の異なるごとに、その件数や受益者数、信託財産の価額等を合計した、信託に関する受益者別（委託者別）調書合計表を提出しなければなりません（相法 59 ③）。

> (イ) 信託の効力発生時
> (ロ) 受益者変更時
> (ハ) 信託の終了時
> (ニ) 権利内容の変更時

② 提出が不要となる主な場合

ただし、次に掲げる事由に該当する場合には調書の提出は不要です（相法59③）。

> (イ) 受益者別に計算した信託財産の相続税評価額が50万円以下の場合（相規30⑦一）
> (ロ) 上記①(イ)の場合は、信託効力発生時の委託者と受益者が同一である場合（相規30⑦五イ（4））
> (ハ) 上記①(ハ)の場合は、信託終了直前の受益者に残余財産が帰属する場合（相規30⑦五ハ（5））
> (ニ) 信託終了時の残余財産がない場合（相規30⑦五ハ（6））

(2) 信託の計算書

① 内　　容

受託者は、原則として毎年1月31日までに、税務署長に対し、受益者及び委託者等の氏名やその信託の期間及び目的、その信託に係る資産及び負債の内訳等を記載した信託の計算書及び信託の計算書合計表を提出しなければなりません（所法227、所規96①）。

② 提出が不要な場合

信託財産に係る収益の額の合計額が3万円（計算期間が1年未満である場合には1万5,000円）以下であるときは信託の計算書の提出は不要です（所規96②）。

ただし、その信託が特定寄附信託である場合や、収益の額に確定申告を要しない配当等が含まれている場合には、信託財産に係る収益の額の合計額が3万円以下（計算期間が1年未満である場合には1万5,000円）であっても、信託の計算書の提出が必要です（所規96③）。

（吉濱　康倫）

Ⅲのまとめ

(1) 資産承継方法としての遺言と信託の異同点、それぞれの長短所の把握、依頼者の親族関係及び資産状況に合わせた使い分けと組合せの提案

① 遺言の特徴

遺言は、遺言者１人でも作成できることから、思い立ったらいつでも作成できます。また、信託に比べれば法的な複雑さはなく、必ずしも弁護士等の専門家の関与がなくても作成できるなど、作成のしやすさに大きなメリットがあります。

一方、遺言は、民法で厳格に要件が定められており、柔軟な財産承継に適した方法とはいいがたい点がデメリットといえるでしょう。また、遺言は、最後に書いたものが有効となり、それ以前の遺言の内容が抵触する部分は無効となってしまうことから、認知能力が低下した親を囲って、都合の良い遺言を書かせてしまうような相続人がいる場合には注意が必要です。

② 信託の特徴

信託は、専門家の関与なく作成することは極めて困難であり、事実上専門家の関与は必須である点に特徴があります。また、信託は、生前中から効力を発生させることもできるなど、柔軟な財産承継も可能となる点に特徴があります。

また、信託は生前に財産を処分することになるので、事実上撤回が不能な遺言と同様の効果を発生させることもできます。なぜなら、認知能力が低下した親を囲って、都合の良い遺言を書かせてしまうような相続人がいる場合でも、遺言は死亡時に残っている財産にしか効力が及ばないためです。

このように、状況に応じて臨機応変な対応が取れる点が信託のメリットですが、専門家の費用がかかる点がデメリットといえるでしょう。

③ 事例の検討

本事例には、信託を用いなければ特段対応できないようなことは想定されませんので、遺言で対応することで十分かと思われます。もっとも、甲は賃貸用マンションを所有しており、このマンションの管理を甲の生前に長男に引き継ぎたいなど、より柔軟な財産承継がしたいのであれば、信託の利用も考えられるかもしれません。

(2) 自筆証書遺言の改正を踏まえての公正証書遺言との優位性の比較と案件ごとの選択

① 自筆証書遺言を用いる場合の留意点

QⅢ-1-3のとおり、自筆証書遺言には、紛失・偽造・隠匿等がされやすいこと、裁判所での検認が必要なこと、方式違反で無効となるおそれがあること、が主なデメリットです。

もっとも、専門家の関与がある場合、方式違反で無効とされるリスクは低いといえるでしょう。また、紛失・偽造・隠匿等のリスクについても、遺言執行者等が預かることで対応が可能です。

さらに、遺言書保管法施行後は、遺言書保管所を利用すれば上述の三つのデメリットはほとんどなくなることから、自筆証書遺言のデメリットはほとんどなくなるといってよいでしょう。

② 公正証書遺言を用いるのが好ましい場合

それにもかかわらず、自筆証書遺言ではなく公正証書遺言を作成するのが好ましいといえる場合は、遺言者に軽度の認知症の疑いがあるなど、遺言者の死後に遺言能力が問題とされ得る場合です。公正証書遺言にしたからといって、絶対に無効にならないというわけ

ではありませんが、公証人が作成に関与していることから、無効にされる可能性は自筆証書遺言に比べて極端に低くなります。

　また、金銭上の問題になりますが、遺産総額が極めて大きい場合、公証人の手数料が高額となりますので、遺言者（費用負担者）の中には公正証書遺言を倦厭する人もいます。

③　案件ごとの選択

　遺言書保管法が施行されるまでは、安全を期したいのであれば、公正証書遺言にするべきでしょう。同法施行後は、遺言書保管所を利用することで、従来いわれてきた自筆証書遺言の難点をクリアすることができる案件も多いと思いますが、遺言能力に疑義があると後日争われるおそれがある場合などは、やはり公正証書遺言にしておくべきでしょう。

④　事例の検討

　遺言書保管法が施行されるまでは、公正証書によることがよいかと思われますが、同法施行後は、相続に詳しい専門家が関与するのであれば、自筆証書でも問題ない案件も多いかと思われます。ただし安全を期したい場合は公正証書遺言によることも十分考えられるので、遺言者とよく相談して決めるとよいでしょう。

（福士　貴紀）

(3)　遺言による財産承継を補完するための信託の利用

　平成 30 年の民法（相続法）改正により、遺言を利用した財産承継の実務に大きな変更がもたらされました。

　一つは、民法 899 条の 2 の新設により、相続させる旨の遺言によって受益相続人の法定相続分を超える特定の財産を承継させる場合には、その受益相続人は不動産登記等の対抗要件を具備しなけれ

ば、他の相続人からの譲受人や相続人の債権者との関係で、法定相続分を超える権利の取得を対抗することができなくなりました。これにより、例えば、実務で行われている清算型遺言（積極財産を処分・換価して債務を弁済した残りを特定の者へ承継させるための遺言）は、不動産の売却先を探している間に他の相続人に相続登記のうえ持分の移転登記をされてしまうと、受益相続人への承継は持分の譲受人に対して対抗することができないことになります。

　また、遺言執行者の定めがある場合に相続人は遺言の執行を妨げるべき行為をすることが禁止されますが（民法1013①）、同条に2項が新設され、違反行為の無効は善意の第三者に対抗することができなくなりました（同項ただし書）。遺贈については法改正前から対抗要件主義の適用がありましたが、遺言執行者の定めをすることで相続人による処分は無効となるため、遺言どおりの承継が可能でした。しかし、上記改正により、この場合も他の相続人からの譲受人や差押債権者に対して遺贈を対抗することができなくなる事態が生じることになりました。

　このように、相続させる旨の遺言（特定財産承継遺言）も遺贈も登記による早い者勝ちとなりました。これに対して、信託は、委託者から受託者に対して、承継させたい財産を移転させて、相続財産とは別扱いをすることができます。遺言を利用しての確実な承継に空いた穴を信託の利用によって埋める方策が求められていくでしょう。

（金森　健一）

同族会社の事業承継（遺留分に関する見直し等）

事例設定

　甲は、製造業を営む株式会社Ｘ社（以下、「Ｘ社」）の創業社長かつ100％株主である。推定相続人は妻、長女及び二女である。Ｘ社に所属するのは、後継者候補である長女の夫（以下、「後継者」）と、二女の子（孫）である。妻、長女及び二女は、Ｘ社の経営には関与していない。

　甲の資産は、自宅の土地・建物、Ｘ社の株式及びＸ社に対する貸付金である。

　甲は、相続対策、特にＸ社の承継について次のような希望や懸念を有している。

①　Ｘ社は自ら創業したものであるため、できる限り自分が経営を続けたい。

②　Ｘ社は現在無配当である。しかし、自分の死後の妻の生活保障や、子への利益の分配の趣旨で、妻、長女及び二女が配当金を受け取れるようにしたい。ただし、経営に関与していない彼女らに株式そのものを引き継がせるのは不安である。

③　後継者は、会社に対する貢献の点からみて長女の夫でほ

ぼ決まりである。ただし、長女との離婚や、資質の見込み違いがあったときに後継者を決め直す方策があれば、利用したい（図表－1）。

◆図表－1◆　甲の親族関係と財産状況

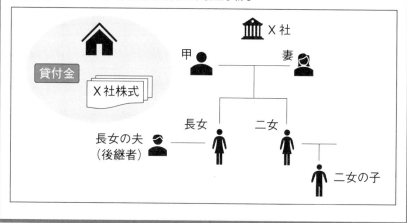

▶▶ QⅣ-1-1　確実な承継と経営への関与の両立

　甲が死亡した際には確実に後継者に事業承継できるようにしつつ、引き続き甲がＸ社の経営に関与するための方法として、どのようなものがありますか。

　甲の生前に、Ｘ社株式を甲から後継者に移転（売買、贈与）しつつ、甲が拒否権付種類株式を保有することで、引き続き甲がＸ社の経営に関与することができます。

✓ 解　説

(1)　確実な事業承継

　甲が死亡した際に確実に後継者に事業承継するための方法としては、甲の存命中に、甲から後継者へ株式を移転することが有用です。生前に株式を移転することによって、相続による株式の分散を防止することができ、かつ、甲の存命中に、その支援・助言を受けながら、計画的に後継者へ事業承継を行うことができるからです。

　甲の生前に株式を移転する方法として、①売買と②贈与が考えられます。

① 売　　買

　後継者が、相応の対価を支払って、甲から株式を譲り受ける方法です。対価が相応であれば、後述する遺留分の対象とはならないというメリットがありますが、後継者が対価を支出しなければならないため、これを準備することができるかという問題があります。

② 贈与（生前贈与）

　贈与は、甲が後継者に対して株式を無償で譲り渡す方法です。この場合、後継者は株式の対価を準備する必要がありませんが、(イ)推定相続人の遺留分を侵害する可能性があり（QⅣ-1-2 参照）、また、(ロ)贈与税（一般的に相続税よりも高額です）が課せられる（QⅣ-2-1 参照）というデメリットがあります。

(2)　引き続き甲が X 社の経営に関与する方法

① 拒否権付種類株式（黄金株）の利用

　拒否権付種類株式とは、株主総会又は取締役会の決議事項について、さらに種類株主総会の決議を必要とする種類株式のことをいいます。会社法上の種類株式として認められており、一般に「黄金株」とも呼ばれています。

　本事例の場合、後継者に株式の大部分を移転したとしても、甲が一定期間は拒否権付種類株式を保有することで、後継者の経営を監視し、軌道修正することができます。

　ただし、甲の判断能力が低下した場合や、急逝によって突如相続が発生したような場合には、この拒否権付種類株式が、X 社の経営にとって望ましくない者の手に渡ってしまうことが考えられ、その場合、いたずらに拒否権を行使されてしまうと、経営が成り立たなくなってしまいます。これに対処するため、あらかじめ拒否権行使を可能とする期間を定めておいたり、甲の死亡等一定事由が発生し

た場合には、X社が当該株式を取得することができる旨を定めておいたり（取得条項付種類株式）するといった対策を講じておくことが望ましいです。

（金澤　耕作）

▶▶ QⅣ-1-2　遺留分による制限

　事業承継において後継者等へX社の株式を承継させる場合には、法律上、どのような点に留意が必要ですか。

　後継者以外の相続人の遺留分を侵害しないように留意する必要があります。そのために、経営承継円滑化法は、除外合意及び固定合意といった遺留分に関する特例を設けています。

✓　解　説

(1)　遺留分制度

①　遺留分とは

　遺留分とは、被相続人の一定の近親者に留保された相続財産の一定の割合のことをいい、兄弟姉妹以外の相続人に認められています（民法 1042）。遺留分割合は、直系尊属のみが相続人の場合は 3 分の 1、その他の場合は 2 分の 1 です（民法 1042 ①）。

② 基礎財産

遺留分を算定するための財産の価額（基礎財産）は、次のとおりです（民法1043①）。

> 被相続人が相続開始の時において有した財産＋贈与財産－相続債務の全額

この「贈与財産」は、原則として、相続人が10年以内に生計の資本等として受けたもの、及び、第三者が1年以内に受けたものが対象となります（民法1044①・③）。この点、旧民法では、相続人が受けた生前贈与は、期間の制限なく基礎財産に含まれると広く解されていました（最三判平10.3.24）。したがって、今般の改正によって、遺留分侵害の事案は減少することになります。

③ 事業承継と遺留分侵害

もっとも、事業承継のための自社株式の贈与の場合、先代経営者の晩年に相続人に対して行われることが多く、贈与後10年以内に先代経営者が死亡する場合は依然として多いものと考えられます。また、本設例のように第三者（推定相続人ではない者）に生前贈与をする場合であっても、生前贈与の当事者双方が遺留分権利者に損害を加えることを知って贈与をしたときは、基礎財産に含まれます（民法1044①）。ですから、先代経営者が保有する資産の価額の大部分を自社株式の価額が占めているような場合には、当該株式のすべてを後継者等に承継させようとすると、推定相続人の遺留分を侵害する場合が多いと考えられます。

(2) 除外合意と固定合意

① 経営承継円滑化法

上記(1)のような問題に対処するため、「中小企業における経営の

承継の円滑化に関する法律」（経営承継円滑化法）では、一定の要件を満たす中小企業において、現経営者（法律上「旧代表者」）から自社株式等を遺贈・贈与等を受けた後継者が、一定の場合に、遺留分に関する特例を受けることができるとされています。

② 除外合意

上記特例として、後継者が現経営者からの遺贈・贈与等によって取得した自社株式について、遺留分を算定するための基礎財産の価額に算入しないことが認められています（除外合意。経営承継円滑化法４①一）。他の遺留分権利者は、自社株式の価額について遺留分の主張ができなくなるので、相続に伴う自社株式の分散を防止することができます。

③ 固定合意

また、後継者が現経営者からの遺贈・贈与によって取得した自社株式について、遺留分を算定するための基礎財産に算入する価額を、相続時の価額ではなく、合意の時における価額とすることも認められています（固定合意。経営承継円滑化法４①二）。ただし、この「合意の時における価額」は、相当な価額として弁護士、公認会計士、税理士等による証明が必要です。これがあれば、合意後に自社株式の価額が上昇しても遺留分の額に影響しないことから、後継者は、会社の業績を上げて自社株式の価値を高めることに躊躇する必要がなくなります。

なお、除外合意と固定合意は択一的ではなく、両方を組み合わせることも可能です。

④ 特例を利用する要件

これら特例を受けるためには、中小企業者であることに加え、(イ)現経営者の推定相続人全員（ただし、遺留分を有する者に限られます）と後継者で合意書面を作成すること、(ロ)上記(イ)の合意をした日

から1か月以内に経済産業大臣に対して確認の申請をすること、(ハ)上記(ロ)の経済産業大臣の確認を受けた日から1か月以内に家庭裁判所の許可を受けることが必要です。

(金澤　耕作)

▸▸ QⅣ-1-3　種類株式

 種類株式とはどのようなものでしょうか。利用するための手続きについても教えてください。

 種類株式とは、内容の異なる2以上の種類の株式をいいます（会社法108①）。これを利用するためには、定款変更手続き及び登記手続きを経て種類株式発行会社となったうえで、実際に発行手続き等を行う必要があります。

✓ 解　説

(1)　種類株式とは

　種類株式とは、内容の異なる2以上の種類の株式をいい、内容の異なる事項として認められるのは、次の9つに限定されています（会社法108①）。(イ)剰余金の配当、(ロ)残余財産の分配、(ハ)株主総会において議決権を行使できる事項（議決権制限種類株式）、(ニ)譲渡制限（譲渡制限種類株式）、(ホ)株主から会社への取得請求権（取得請求権付種類株式）、(ヘ)会社による強制取得（取得条項付種類株

式）、(ト)総会決議に基づく全部強制取得（全部取得条項付種類株式）、(チ)（定款に基づく）種類株主総会の承認（いわゆる拒否権付種類株式）、(リ)種類株主総会での取締役・監査役の選任（選解任権付種類株式）。

このほか、非公開会社では、剰余金配当、残余財産分配、議決権について株主ごとに異なる取扱いとする旨を定款で定めることができます。この場合、その株主が有する株式は、これらの事項に関する種類株式とみなされ、会社法第2編、第5編の規定が適用されます（会社法109②・③、105①。いわゆる「属人的定め」）。

(2) 事業承継における種類株式の活用

「事業承継ガイドライン」（中小企業庁）では、次のような種類株式の活用法が考えられています。

① 議決権制限種類株式

後継者には議決権のある普通株式を相続させ、他の相続人には無議決権株式を相続させることで、遺留分侵害を回避しつつ、株式（議決権）分散のリスクの低減させることができます。また、甲は、妻、長女及び二女が配当金を受け取れるようにしたいとの意向を持っていますので、これらの者が取得する無議決権株式を、配当について優先権を有する株式とすることも考えられます。

② 取得条項付種類株式

相続により株式が分散してしまうことに対処するため、「株主の死亡」を取得条項における条件としておくことで、甲が死亡した場合には会社がこれを買い取ることにより、株式の散逸を防止することができます。

ただし、会社が支払う取得対価は、分配可能額による財源規制を受けることに注意が必要です（会社法461①）。

③　譲渡制限株式

　株式の譲渡について会社の承認を必要とする種類の株式です。これにより、例えば経営者以外の者が、その保有する株式を経営者にとって望ましくない第三者に売却しようとした場合、会社はこれを承認しない判断をすることにより、株式の分散を防止することができます。

(3)　種類株式を利用するための手続き

①　定款変更

　種類株式を発行するためには、まず、各種類株式の内容及び発行可能種類株式総数を定款に定める必要があります（会社法 108 ②）。事業承継にあたって新たに種類株式を利用する場合には、定款を変更することになりますが、その場合は株主総会の特別決議を経なければなりません（会社法 309 ②十一、466）。

②　登記

　種類株式の発行は登記事項ですので、定款変更によりこれを定めた場合には 2 週間以内に変更登記を行わなければなりません（会社法 911 ③七、915 ①）。

③　種類株式の発行

　種類株式の発行方法として、(イ)会社が既存株主に対して保有株式数に応じて新株を（無償で）交付する方法（株主割当て）、(ロ)特定の第三者に取得させる方法（第三者割当て）、(ハ)発行済株式の内容の変更が考えられます。

> (イ)　株式無償割当ての場合、割当株式数・効力日発生日等の募集事項の決定は、株主総会決議（取締役会設置会社では取締役会の決議）によります（会社法 186）。

（ロ）　第三者割当ての場合、非公開会社では株主総会の特別決議により、公開会社では取締役会決議により決定します（会社法199②、309②五、201①）。

（ハ）　発行済株式の内容の変更の場合、株主平等の原則の例外に当たるため、少数株主保護の観点から、株主全員の同意が必要であると解されています。

（金澤　耕作）

▶▶ QⅣ-1-4　種類株式のメリット・デメリット

 種類株式を利用する場合のメリットやデメリットはどのようなものでしょうか。

 種類株式は、議決権と経済的利益を分離して、財産の公平な分配を実現するための有効な手段であり、法的安定性があること、低コストであることがメリットとして挙げられます。他方、柔軟な制度設計に難があり、また、内容が公開されてしまうこと、想定外の第三者が取得する危険があるといったデメリットがあります。

(1)　はじめに

　種類株式は、議決権と経済的利益を分離できるため、事業承継に活用することができるとされています。事業承継では、将来的にも後継者と親族との間の紛争を生じないようにすることが望ましく、先代経営者の遺産の分配はできるだけ公平に行われる必要があります。そこで、議決権と経済的利益を分離し、前者を後継者に集中させつつ、経済的利益は親族間で公平な分配をするための手段として、種類株式を活用するのです。

(2)　種類株式のメリット

①　法的安定性が高いこと

　種類株式は、株主平等原則の例外として、9つの種類株式が法定されており、また、第三者に対しても当然に効力を有するため、法的安定性が高いといえます。

②　費用がかからないこと

　信託を利用する場合には、信託報酬等の継続的な費用の支払いが必要になりますが、これを節約できる点は種類株式のメリットとして挙げることができるでしょう。

(3)　種類株式のデメリット

①　柔軟な制度設計が困難であること

　法的安定性が高いことの裏返しとなりますが、柔軟な制度設計が困難であるということができます。

② 内容が公開されること

　種類株式の内容は登記されるため、公開情報となってしまうというデメリットがあります。これについては、公開情報としたくないような部分については、株主間契約で規定するに止めるといった対策が考えられます。

③ 想定外の第三者に承継されてしまう危険があること

　種類株式が、会社にとって望ましくない者に移転する潜在的な可能性は常に付いて回ることになります。そこで、議決権制限種類株式や取得条項付種類株式を併用することで、上記事態を回避するための対策を講じることが考えられます。

（金澤　耕作）

▶▶ QⅣ-1-5　公開会社と非公開会社の違い

　種類株式の利用において、Ｘ社が公開会社である場合と、非公開会社である場合とでどのような違いがありますか。

　非公開会社では、株主ごとに異なる取扱いを行う旨を定款で定めることができます（属人的定め）。また、非公開会社にのみ取締役や監査役の選解任についての種類株式の発行が認められます。さらに、公開会社の場合は、議決権制限種類株式の発行限度があります。

✓ 解 説

(1) 属人的定め

① 属人的定めとは

QⅣ-1-3 でも述べたとおり、非公開会社（株式譲渡制限会社）では、(イ)剰余金の配当、(ロ)残余財産の分配、(ハ)株主の議決権について、株主ごとに異なる取扱いを行う旨を定款で定めることができます（「属人的定め」。会社法 109 ②③）。

② 事業承継における利用方法

例えば、本事例の推定相続人妻、長女及び二女の遺留分を侵害しないために、X 社の株式を後継者にのみ与えるのではなく、推定相続人にも与えるものとしたうえで、議決権は後継者のみが有するという属人的な定めをすることによって、遺留分侵害を回避しつつ経営権の集中を実現することができます。

また、「事業承継ガイドライン」（中小企業庁）では、属人的定めが、認知症等により現経営者の判断能力が低下した場合への対応策として利用することができるとされています。具体的には、例えば株式の大半を後継者に生前贈与し、先代経営者は 1 株だけ保有している状態において、先代経営者が株主であるかぎりは議決権を 100 個とする、としておき、さらに「（先代経営者）が医師の診断により認知症と診断された場合においては、議決権は 1 個となる」旨を定めておけば、会社の意思決定に空白期間が生ずることを防止できるのです（中小企業庁「事業承継ガイドライン」68 ページ）。

③ 属人的定めの導入方法

属人的定めの導入にあたって必要となる定款変更は、総株主の半数以上（これを上回る割合を定款で定めた場合にあっては、その割

合以上）であって、総株主の議決権の4分の3（これを上回る割合を定款で定めた場合にあっては、その割合）以上に当たる多数をもって行わなければなりません（特殊決議。会社法309④）。

　もっとも、種類株式とは異なり、登記事項とはされていないため、第三者に公開することなく導入することが可能です。

(2)　取締役・監査役の選解任についての種類株式

　種類株式のうち、取締役・監査役の選解任についての種類株式は、非公開会社にのみ認められます（会社法108①九）。

(3)　議決権制限種類株式の発行総数

　非公開会社では、議決権制限種類株式の総数に制限はありませんが、公開会社では、発行済株式総数の2分の1を超えてはならないとされています（会社法115）。

（金澤　耕作）

▶▶ QIV-1-6　貸付金の処理

Ｘ社に対する貸付金が相続財産に含まれていることは、Ｘ社の経営上、どのような懸念がありますか。また、それを解決するための方法はどのようなものがありますか。

貸付金債権が後継者以外の者に取得されると直ちに返還を求められる危険があること、相続税が高額になる危険があるといった懸念が生じます。これを解決する方法としては、債権放棄、デット・エクイティ・スワップが考えられます。

✓　解　説

(1)　貸付金の相続における取扱い

①　貸付金債権の相続財産性

　経営者が会社に対して金銭を貸し付けることは散見されますが、経営者が死亡して相続が発生した場合、貸付金債権も財産である以上、経営者の遺産に含まれますので、望ましくない者が会社に対する貸付金債権を相続により取得する可能性があります。また、貸付金債権は相続税の課税対象となります（QIV-2-5 参照）。

②　返済義務

　貸付金債権は可分債権であり、相続開始と同時に相続分に応じて当然に分割される（遺産分割の対象とはならない）と解されます

（最判昭 29.4.8・民集 8 巻 4 号 819 ページ）。そして、経営者の会社
に対する貸付金債権は、返済を想定しておらず、期限の定めがない
場合が多いため、当該貸付金を相続により取得した相続人が、会社
に対して返済を催告した場合、会社は、相当期間経過後、借入金を
当該相続人に返済しなければなりません（民法 591 ①）。

(2) 解 決 法

① 債権放棄

経営者（甲）は、生前に貸付金債権を放棄することが可能です。
これにより、甲の遺産から除外することができます。もっとも、こ
れによって会社は利益を得ることになりますので、法人税がかかる
場合があります。

② デット・エクイティ・スワップ

貸付金債権を資本金へ振り返る手法は、デット・エクイティ・ス
ワップと呼ばれています。これにより、甲には新株が発行されます
ので、望ましくない者に当然に貸付金債権を取得されてしまうと
いった事態を回避することができます。また、株式の評価額を、貸
付金の額面額より低額にすることは可能ですので、相続税額を下げ
る効果も期待できます。

デット・エクイティ・スワップは、会社に対する金銭債権の現物
出資ですが、この金銭債権の弁済期がすでに到来しており、かつ、
株式の募集事項として定めた価額が当該金銭債権に係る負債の帳簿
価格を超えない場合には、検査役の調査は必要ありません（会社法
207 ⑨五）。

（金澤　耕作）

Q 　遺留分侵害ができるだけ起きないようにする予防策としてどのようなものがありますか。

A 　遺留分侵害の予防策として、遺留分の放棄、遺留分に関する民法特例がありますが、推定相続人の同意が必要となります。推定相続人の同意が必ずしも必要ない方策としては、退職金の支給、種類株式等の活用が考えられます。

✓ 　解　説

(1)　遺留分の放棄

　遺留分は、相続分と異なり、あらかじめ放棄することができます（民法 1049）。甲の生前に、遺留分権利者が遺留分の放棄について同意するのであれば、家庭裁判所の許可を得ることによって、遺留分の放棄手続きを経ることにより、遺留分侵害という事態を避けることができます。

　もっとも、遺留分の放棄は、本人の意思であること、合理的かつ必要性がある理由によるものであること、放棄の代償を得ていることといった事項を家庭裁判所によって審査され、結果として認められないこともあるため、ハードルは高いといえます。

(2) 遺留分に関する民法の特例

QⅣ-1-2で述べたとおり、遺留分権利者全員との合意により、自社株式を遺留分の対象から除外すること（除外合意）、自社株式の価額を合意時の価額に固定すること（固定合意）が認められています。これによって、遺留分侵害の可能性を低減することが可能です。

(3) 株式価額を下げる方法

① 総　　論

事業承継において、遺留分侵害といった事態を避けるためには、遺産総額に占めるX社株式の価額の比率を下げることが有用です。これにより、株式以外の遺産の相対的価値が上がるため、これらを後継者以外の相続人に相続させることによって、後継者に株式を集中させながら、遺留分侵害を回避することができます。

② 退職金の支給

甲がX社の代表者を退くにあたって、X社から甲に対して退職金を支給することにより、X社の資産が減少させ、株式の評価額を下げることができます。

(4) 種類株式等の活用

QⅣ-1-3参照。

（金澤　耕作）

② 相続税務の視点

▶▶ QⅣ-2-1　生前贈与があった場合の贈与税

 Q　同族会社Ｘ社の支配株主兼経営者である甲は、事業承継のため、長女に株式を贈与したいと考えています。贈与税の課税方法は２種類あると聞きましたが、それぞれどのような課税になるのでしょうか。また、贈与した財産は甲の相続時にどのように取り扱われますか。

 A　贈与税の課税方法には、「暦年課税」と「相続時精算課税」があり、暦年課税が原則ですが、一定の要件を満たす場合には「相続時精算課税」を選択することができます。贈与者である甲が死亡した場合において、受贈者である長女が甲からの生前贈与につき「暦年課税」の適用を受けていたときは、長女が相続開始前３年以内に甲から贈与を受けた財産の贈与時の価額を相続財産に加算し、「相続時精算課税」の適用を受けていたときは、相続時精算課税の適用を受けた贈与財産の贈与時の価額すべてを相続財産に加算します。

✓ 解　説

(1)　贈与税の課税方法

①　暦年課税

　その年1月1日から12月31日までの間に贈与を受けた財産（贈与税の非課税財産を除きます）の価額の合計額から贈与税の基礎控除額（1年間につき110万円）を控除した残額に対して、贈与税が課税されます。基礎控除額は贈与者ごとにではなく、受贈者ごとに1年間につき110万円となります。1人から贈与を受けた場合でも、複数の者から贈与を受けた場合でも、贈与を受けた財産の価額の合計額が110万円を超える場合に贈与税が課税されます（相法2の2、21の2、21の5、措法70の2の4）。

②　相続時精算課税

　原則として60歳以上の直系尊属から20歳以上の子や孫への贈与について、受贈者の選択により、暦年課税に代えて適用を受けることができる制度です。贈与者ごとに複数年にわたる贈与金額の累計が2,500万円に達するまで贈与税は課税されず、2,500万円を超えた部分に一律20％の税率で贈与税が課税されます。なお、相続時精算課税は、暦年課税との選択制で、一度、選択すると、取消しはできません（相法21の9〜10、12〜13、相令5、措法70の2の6①）。

(2)　生前贈与された財産の贈与者に相続が発生した場合の相続税法上の取扱い

①　暦年課税を適用した贈与財産

　贈与者である甲に相続が発生すると、相続又は遺贈により財産を

取得した相続人が相続開始前3年以内に甲から受けた贈与財産については、贈与時の贈与財産の価額を相続財産の課税価格に加算した価額を相続税の課税価格とみなして相続税の計算を行います（相法19①）。相続財産の課税価格に加算される贈与財産に係る納付済みの贈与税額は、相続税額から控除されます（相法21の2）。

② 相続時精算課税を適用した贈与財産

贈与者である甲に相続が発生すると、相続時精算課税を選択した贈与財産は、贈与時期にかかわらず、すべてその贈与の時の価額を相続税の課税価格に加算した価額が相続税の課税価格となります。納付済みの贈与税額は相続税額から控除され、控除しきれない額は還付されます（相法21の15、33の2）。

（猪狩　祐介）

> **Q**　QⅣ-2-1において、甲が長女に対し、非上場株式であるⅩ社株式を、贈与ではなく譲渡した場合の課税関係について教えてください。なお、譲渡対価は時価として適正であるものとします。
>
> **A**　Ⅹ社株式の譲渡に伴い譲渡所得が生じた場合には、上場株式等に係る譲渡所得や他の所得の金額と区分し、その譲渡所得に対し20.315％の税率で所得税等が課税されます（申告分離課税）。なお、譲渡損が生じた場合には、他の一般株式等に係る譲渡所得等の金額から控除しますが、その控除をしてもなお控除しきれない部分についてはなかったものとみなされます。

✓ 解 説

(1)　譲渡所得の金額の計算方法

　次の算式により計算します（所法33、措法37の10⑥三）。
　譲渡所得の金額
　＝総収入金額（譲渡価額）－必要経費（取得費＋委託手数料等）

＜参　考＞
　株式等の譲渡による所得が事業所得もしくは雑所得に該当する

か又は譲渡所得に該当するかは、その株式等の譲渡が営利を目的として継続的に行われているかどうかにより判定しますが、所有期間1年超の上場株式等や非上場株式等の売却に係る所得については、譲渡所得として取り扱って差し支えないとされています（措通37の10、37の11共-2）。

(2) 課税関係

① 譲渡益が生じた場合

個人が非上場株式等を譲渡した場合において、上記(1)により計算した譲渡所得の金額があるときは、その譲渡所得の金額は、上場株式等の譲渡による所得や他の所得の金額と区分し、20.315％（所得税及び復興特別所得税15.315％、住民税5％）の税率で所得税等が課税されます（申告分離課税）（所法33、措法37の10①前段）。

② 譲渡損が生じた場合

個人が非上場株式等を譲渡した場合において、譲渡所得等の金額の計算上生じた損失の金額があるとき（上記(1)により計算した金額がマイナスになるとき）は、他の一般株式等に係る譲渡所得等の金額から控除しますが、その控除をしてもなお控除しきれない部分については生じなかったものとみなされます（措法37の10①、措令25の8）。

なお、「上場株式等に係る譲渡所得等の金額」と「非上場株式等に係る譲渡所得等の金額」は、それぞれ別々の申告分離課税とされていることから、非上場株式等に係る譲渡損失の金額を上場株式等に係る譲渡所得等の金額から控除することはできません（措法37の10①後段）。

※ 一般株式等とは、一定の上場株式等以外の株式等をいいます。

（猪狩 祐介）

QⅣ-2-3　相続税の計算

甲が死亡した場合、相続税はどのように計算します
か。甲の相続財産は、X社株式（相続税評価額1
億円）、現預金（同6,000万円）、不動産（同9,000
万円）、貸付金（同5,000万円）、生命保険金（同
1,500万円）、債務（同1,200万円）とし、甲は生
前贈与をしておらず、相続人は、妻、長女、二女の
3人とします。

A　相続税は、各相続人が相続した財産の価額合計額
に基づき、相続税の総額を算定し、すべての相続人
が取得した財産の課税価格の合計額のうち、各相続
人が取得した財産の課税価格の合計額の割合に基づ
き計算されます。

✓ **解　説**

(1)　相続税の計算方法の概要（相法11 ～ 20 の 2、相基通 16-1 ～ 16-3、19-11、20 の 2-4）

①　各相続人の課税価格の計算

⑴　相続又は遺贈により取得した財産の価額
　　（例：現金、株式、不動産、貸付金等）
⑵　相続・遺贈により取得したとみなされる財産の価額

（例：生命保険金、退職手当金等）

(ハ)　非課税財産の価額

　　　（例：墓地、仏具、生命保険金の非課税金額等）

(ニ)　債務及び葬式費用の額

(ホ)　被相続人からの3年以内の暦年贈与分の贈与財産の価額

(ヘ)　相続時精算課税に係る贈与財産の贈与時の価額

(ト)　各相続人の課税価格（千円未満切捨て）

　　　(イ)＋(ロ)－(ハ)－(ニ)＋(ホ)＋(ヘ)

②　相続税の総額の計算

(イ)　各相続人の課税価格の合計額

　　　（上記①(ト)の合計額）

(ロ)　課税される遺産の総額

　　　(イ)－基礎控除額（3,000万円＋600万円×法定相続人の数）

(ハ)　(ロ)を各法定相続人が法定相続分に従って取得したものとした
　　　場合の各法定相続人の取得金額（千円未満切捨て）：(ロ)×各法
　　　定相続人の法定相続分

(ニ)　相続税の総額のもととなる各法定相続人の税額：(ハ)×税率

(ホ)　相続税の総額：(ニ)の合計

③　各相続人の相続税額の計算

$$上記②(ホ)×\frac{各相続人の課税価格（上記①(ト)の金額）}{課税価格の合計額（上記②(イ)の金額）}$$

(2) 本問における相続税の計算

① 課税価格の合計額

1億円（X社株式）＋6,000万円（現預金）＋9,000万円（不動産）＋5,000万円（貸付金）＋1,500万円（生命保険金）－1,500万円（生命保険金の非課税、計算方法については QIV-2-6 を参照）－1,200万円（債務）＝2億8,800万円

② 課税遺産の総額

①－基礎控除額（3,000万円＋600万円×3＝4,800万円）＝2億4,000万円

③ 各法定相続人の取得金額

妻：②×1／2＝1億2,000万円

子：②×1／4＝6,000万円

④ 算出税額

妻：1億2,000万円×40％－1,700万円＝3,100万円

子：6,000万円×30％－700万円＝1,100万円

⑤ 相続税の総額

3,100万円＋1,100万円×2＝5,300万円

⑥ 長女の相続税額

長女の取得する財産がX社株式（1億円）のみとした場合

5,300万円×1億円／2億8,800万円≒1,840万円

（猪狩　祐介）

> **Q** 甲は将来相続が発生した際の対策として、X社の株式について、議決権制限株式又は拒否権付種類株式の発行を検討しています。これらの株式の発行時に何かしら課税関係は発生しますか。また、贈与や相続があった場合の相続税評価について教えてください。
>
> **A** 議決権制限株式や拒否権付種類株式の発行時に、課税関係は生じません。また、種類株式につき贈与や相続があった場合の評価方法については、相続税法や財産評価基本通達では定められていませんが、①配当優先の無議決権株式、②社債類似株式、③拒否権付種類株式については、国税庁の情報において、その評価方法が示されています。

✓ 解 説

(1) 議決権制限株式

① 概 要

会社は、株主の権利のうち株主総会における議決権について、議決権行使の全部又は一部を制限した株式を発行することができます。これを「議決権制限株式」といいます（会社108②三）。

例えば、優先的に配当を受け取る権利を付与する一方、議決権がない「配当優先無議決権株式」を発行し、その分、経営者の議決権割合を増加させる場合があります。

② 効　　果

経営に関与しない者が議決権をもつ場合には、その者が経営者と対立したときに、会社の経営に大きな混乱をもたらす可能性があります。経営に関与しない者には、議決権のある株式ではなく、配当優先無議決権株式（配当金を優先的に受け取れる議決権制限株式）を取得させることで、円滑な事業承継を実現できる場合があります。

③ 評価方法

(イ) 原　　則

議決権の有無を考慮せずに評価します（普通株式と同様の評価となる）。

(ロ) 例　　外

議決権の有無で株式の価値に差が生じるのではないかという観点から、原則に代えて、次の評価とすることもできます（北村厚編「平成30年版 財産評価基本通達逐条解説」（大蔵財務協会）の712 ～ 715項の「相続等により取得した種類株式の評価について（平成19年2月19日付平成19・02・07中庁第1号に対する回答）」）。

ⓐ　無議決権株式

調整前の評価額× 95％

ⓑ　議決権株式

調整前の評価額に上記ⓐで減額した分の評価額を加算

(2) 拒否権付種類株式

① 概　要

　会社は、会社の経営権に係る一定の重要な事項（例えば取締役の選任・解任など）についてはある種類株式の株主の決議を必要とする株式を発行することができます。その種類株式を有する株主は、普通株式の株主総会で賛成決議を得た事項についても否決決議をすることができ、これを拒否権付種類株式（いわゆる黄金株）といいます（会社108①八）。

② 活用方法

　事業承継に際し、先代経営者から後継者に株式の贈与を行いたいが、経営権（経営上の重要事項の決定権）は先代経営者の手許に保持しておきたい場合等に活用します。

　例えば、ある時点の株式の評価額が低いため、この機に税負担を抑えつつ株式を後継者へ贈与したいものの、株式の価値とともに議決権も譲ってしまうのは不安がある場合があります。このような場合には、拒否権付種類株式を1株発行してそれを先代経営者が保有し、残りの株式を後継者へ贈与する方法が考えられます。そうすることで、一定の決議について先代経営者が拒否権を発動することができ、後継者に対する牽制効果が期待できます。

③ 評価方法

　拒否権付種類株式については、拒否権があることを考慮せず普通株式と同様に評価します（国税庁　情報「種類株式の評価について（情報）」平成19年3月9日）。

（猪狩　祐介）

▸▸ QIV-2-5　自己株式を取得・消却する場合の課税関係

　　親族に分散している X 社株式について、その発行会社である X 社で買い取り、消却したいと考えています。売却した株主については、税務上どのような課税が行われるのでしょうか。なお、X 社は非上場会社とします。

　　株主が株式をその発行会社に譲渡した場合（発行法人が自己株式を取得する場合）には、税務上、その自己株式の取得によりその株主が交付を受ける金銭等の額のうち、その法人の資本金等の額に対応する部分の金額は出資の払戻しとして（譲渡所得の総収入金額として）取り扱い、利益積立金の額に対応する部分の金額は配当とみなされ（総合課税の対象となり、超過累進税率による課税の対象）ます。ただし、相続等により取得した株式を一定期間内に発行会社に譲渡した場合には、その株主が交付を受ける金銭等の額すべてを譲渡所得の総収入金額として取り扱うことができます。

(1)　株式を譲渡した場合の課税関係

①　原　　則

　個人株主が株式を譲渡した場合には、譲渡対価の額（譲渡所得の総収入金額）から取得費及び譲渡費用の額を控除した残額が譲渡所得の金額となります（所法 33 ③）。そして、その譲渡所得の金額については、20.315％の税率で譲渡所得税等が課税されます。

②　例　　外（発行法人へ譲渡した場合）

　株式の譲渡先がその株式の発行法人である場合には、税務上、発行法人から株主に対する純資産の部の払戻しと考え、次のように取り扱われます。

(イ)　みなし配当

ⓐ　原　　則

　譲渡により株主が発行法人から交付を受けた金銭等の額の合計額のうち、その発行法人の利益積立金額に対応する部分の金額は、発行法人からの配当とみなされ、配当所得として総合課税の対象となります（みなし配当課税。所法 25 ①五）。なお、実際の支払いにあたっては、配当とみなされる金額に対して 20.42％ の税率により所得税及び復興特別所得税が源泉徴収されます（所法 181、182 他）。

ⓑ　特　　例

　個人株主が相続により取得した株式を相続税の申告書の法定提出期限から 3 年以内にその発行会社に譲渡した場合において、その譲渡時までに一定の書面がその発行会社経由で税務署長に提出されているときは、一定の上記ⓐのみなし配当課税の適用はありません（措法 9 の 7、措令 5 の 2 ②）。

㈑ 譲渡所得

譲渡により株主が発行法人から交付を受けた金銭等の額の合計額から、上記(イ)により配当とみなされる部分を除いた金額が、譲渡所得の総収入金額とされます（措法 37 の 10 ③五）。

なお、個人株主が相続により取得した株式を相続税の申告書の法定申告期限から 3 年以内にその発行会社に譲渡した場合には、一定の申告要件のもと、譲渡所得の金額の計算上、負担した相続税額のうち一定額を取得費に加算する「相続税額の取得費加算特例」の適用を受けることができます（措法 39、措令 25 の 16 ①）。

(2) 消却時の取扱い

上記(1)のとおり、株主における課税は、発行法人への株式の譲渡時に完結します。したがって、その後、発行法人が自己株式を消却したとしても、旧株主において課税関係は発生しません。

（猪狩　祐介）

甲は、Ｘ社に対し、5,000万円の貸付を行っています。Ｘ社は事業を継続していますが、債務超過の状態が続いており、回収は困難な状況です。甲に相続が発生した場合、この貸付金も相続財産に含まれるのでしょうか。また、後継者の負担を考えると、甲の生前中に貸付金を整理しておきたいと考えていますが、何か良い方法はないのでしょうか。

　ご質問の貸付金は相続財産に含まれます。整理方法としては、債権放棄や資本金への振替えが挙げられます。なお、債権放棄や資本金への振替えを行った場合には、会社に利益が計上され、他の同族株主への贈与があったものとして取り扱われることもありますので留意が必要です。

✔　解　説

（1）　貸付金の評価

①　原　則

　「元本の価額＋既経過利息」の合計額が評価額となります（財基通204）。

②　回収困難な場合

　「元本の価額」につき、実際の回収可能性を考慮し、財産評価基

本通達 205 で列挙されている事由（債務者が経済的に破綻している事実等）に該当した場合や、その事由に該当しないものの、これと同視できる程度の事情、すなわち、債務者が経済的に破綻していることが客観的に明白であり、そのため、回収が不能又は著しく困難であることが客観的に認められるときには、その回収不能金額については「元本価額」に含まれないことになります（財基通 205）。

(2) 貸付金債権の放棄

① 甲の取扱い

債権放棄をした貸付金は相続財産に含まれません。

② X 社の取扱い

X 社においては、債務免除を受けた日の属する事業年度の所得の金額の計算上、債務免除額相当額は益金の額に算入され、法人税が課税されます（法法 22 ②）。

③ 他の株主の税務上の影響

債権放棄を行った結果、X 社の財務状況が改善され、X 社の株式の評価額が増加する場合があります。

その場合、他の同族株主については、甲から価額増加部分の贈与があったものとみなして、その同族株主に贈与税が課税されます（相法 9、相基通 9-2 (3)）。

④ 具 体 例

X 社（現預金 8,000 万円、甲からの借入金 5,000 万円、発行済株式 1,000 株）について、甲が債権放棄をした場合は図表－2 のとおりです。

◆図表-2◆　貸付金の免除

【放棄前のX社の状況】

現預金等 8,000万円	甲借入金 5,000万円

純資産：3,000万円
株式1株あたりの評価額：

30,000円

（3,000万円÷1,000株）

【放棄後のX社の状況】

現預金等 8,000万円	甲借入金 0円

純資産：8,000万円
株式1株あたりの評価額：

80,000円

（8,000万円÷1,000株）

【他の株主が受けた利益】

例えば、1,000株のうち100株を他の株主が保有している
場合、他の株主は下記のとおり500万円相当の贈与を甲か
ら受けたものとみなされます。（相法9、相基通9-2(3)）。

（80,000円-30,000円）×100株＝<u>500万円</u>

(3)　貸付金の資本化（現物出資：DES）

①　概　　要

　貸付金の額面金額でX社への出資を行うこと、すなわち債権と
資本の交換を行うことをDES（デット・エクイティ・スワップ）
といいます（図表-3）。

◆図表－3◆　貸付金の資本化

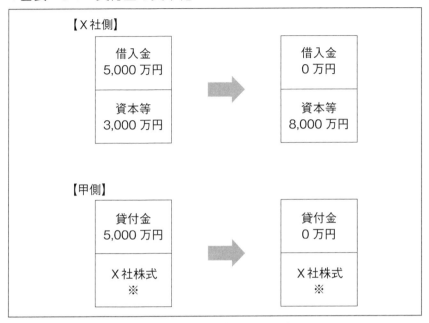

※　財産評価基本通達により評価した金額となります。

②　問題点

　DESによって、甲は額面5,000万円の貸付金の代わりにX社の株式を取得することになります。財産評価基本通達205によれば、会社が営業を継続しているときの貸付金の0評価は、一般的に困難であり、リスクを伴いますが、DESにより貸付金が株式に振り替えられれば、一般的には、貸付金よりも株式の評価額のほうが低いため、財産の圧縮効果が期待されます。

　一方で、貸付金については、第三者に譲渡した場合における価額が時価となるため、法人税法上の時価が1,000万円である場合には、甲は実質的には差額4,000万円の債権放棄をしたことになりま

す。上記(2)と同様、X社においては債務消滅益について課税（下記の仕訳を参照）されることになり、また、甲から他の同族株主への贈与があったものとみなして贈与税が課税されます。

＜法人の税務仕訳＞

（借入金）5,000万円／（資 本 金 等）1,000万円

　　　　　　　　　／（債務消滅益）4,000万円

（猪狩　祐介）

▶▶ QⅣ-2-7　死亡保険金の税務上の取扱い

　　　甲は遺留分対策として生命保険に加入しようと考えています。受取人を相続人以外の者（長女の夫や二女の子）とした場合、又は相続人（妻、長女又は二女）とした場合、それぞれについて税務上の取扱いを教えてください。

　　　甲の死亡に伴い、相続人が取得した生命保険金は相続により、相続人以外の者が取得した生命保険金は遺贈により取得したものとみなされます。受取人が相続人（妻、長女、二女）の場合は、一定金額までは非課税財産とされ、相続税の課税価格に算入されません。一方で相続人以外の者（長女の夫、二女の子）については受け取った生命保険金の全額が相続税の課税価格に算入されます。

(1) 被相続人の死亡に伴い取得した生命保険金等（相法 3 ①一）

被保険者を被相続人（甲）とする生命保険契約又は損害保険契約について、甲の死亡に伴い取得した生命保険金等の額のうち、以下の算式により計算した金額が相続税の課税対象となります。

$$\text{生命保険金等の額} \times \frac{\text{被相続人が負担した保険料等の額}}{\text{払込保険料等の総額}}$$

(2) 生命保険金の非課税金額（相法 12 ①五）

相続人（相続の放棄をした人を除く）が取得した生命保険金等の額の合計額のうち、次の①又は②の区分に応じた金額については非課税となり、相続税の課税価格に算入されません。これは、相続人以外の者が取得した生命保険金等の額には適用されません。

　（A）…すべての相続人が取得した生命保険金等の額の合計額
　（B）…500 万円×法定相続人の数
① （A）＜（B）の場合
　各相続人が取得した生命保険金等の額の合計額
② （A）＞（B）の場合
$$（B）\times \frac{\text{その相続人が取得した保険金等の額}}{（A）}$$

---

(3) 遺留分対策としての活用方法

　生命保険金は、被相続人の死亡により支払われますが、生命保険金の受取人は保険契約によって指定されており、相続によって承継される財産ではないため、相続人固有の財産となります。したがって、原則として遺留分を算定するための財産の価額（以下、「基礎財産」）には算入されません。

　ただし、他の相続人の遺留分を著しく侵害するほど高額な保険金の場合には基礎財産に含めることになりますので留意が必要です（最判平 16.10.29・民集 58 巻 7 号 1979 ページ）。詳細については、Ⅳのまとめ(3)「**遺留分侵害による負担の軽減**」（369 ページ）をご確認ください。

（猪狩　祐介）

▶▶ QIV-2-8　遺留分侵害額請求権の行使に伴う課税関係

> **Q** 　甲から全財産の遺贈を受けた長女は、二女から遺留分侵害額請求を受けました。しかし、相続税の申告期限内には弁償すべき金額が確定しなかったことから、長女は弁償すべき金額がないものとして期限内申告をし、二女は期限内申告をしませんでした。そして、申告期限後に、弁償すべき金額が確定しました。長女と二女について、相続税法上、どのように取り扱われますか。
>
> **A** 　遺留分侵害額の支払義務者である長女は、二女に対して弁償すべき金銭の金額が確定した場合には、遺留分侵害額が確定したことを知った日の翌日から４か月以内に更正の請求をすることができます。一方で遺留分権利者である二女は、決定があるまでは、期限後申告をすることができます。

解　説

(1)　遺留分侵害額の支払義務者の取扱い

　相続税の期限内申告書を提出した長女は、二女から遺留分侵害額請求を受け、返還すべき、又は弁償すべき額が確定したことにより、相続税の課税価格及び相続税額が過大となったときは、返還額

が確定したことを知った日の翌日から4か月以内に更正の請求をすることができます（相法32①三）。

(2) 遺留分権利者の取扱い

　遺留分侵害額請求により新たに申告書を提出すべき要件に該当した遺留分権利者は、上記(1)の更正の請求がされる場合、決定があるまでは、期限後申告書を提出することができます（通法25、相法30①、35③）。

（猪狩　祐介）

▸▸ **QⅣ-2-9　遺留分侵害額の請求に関する税務上の取扱い**

　甲からの遺贈によりⅩ社株式を取得した長女は、二女から遺留分侵害額請求を受けました。長女には十分な現預金がないため、金銭ではなく、Ⅹ社株式の一部を二女に渡すことで解決したいと考えており、二女も同意しています。税務上の取扱いはどうなりますか？

　遺留分侵害額請求権は金銭債権であるため、金銭の支払いに代えてⅩ社株式を渡すことは、税務上、代物弁済による資産の譲渡があったものとして取り扱われ、長女において譲渡所得の課税が行われると考えられます。

✔ 解　説

(1)　税務上の取扱い

①　改　正　前

　民法改正前の遺留分制度は、遺贈及び贈与を減殺する物権的効力を有する制度でした。したがって、長女が減殺された遺留分相当のＸ社株式を二女に渡したとしても、長女に対して譲渡所得税の課税が行われることはありませんでした。

②　改　正　後

　民法改正により、遺留分権利者が持つ遺留分侵害額請求権は金銭債権と改められました。したがって、長女が遺留分侵害額に相当する金銭の支払いに代えてＸ社株式を二女に渡した場合には、資産を譲渡して、その譲渡代金を二女への支払いに充てたことと同じになるため、原則として、長女に対して譲渡所得税が課税されます（財務省「令和元年度　税制改正の解説」111 ページ、所基通 33-1の 6）。

（猪狩　祐介）

3 信託法務の視点

　　　　　　事業承継において信託を利用するメリットにはど
のようなものがありますか。

　　　　　　何らの策のないまま企業オーナーの相続開始を迎
えてしまうという最悪の事態を回避することができ
ることや、支配権を維持しつつ対策を講じていける
こと、会社支配権と経済的利益との分属ができるこ
となどが挙げられます。

✓ 解　説

(1)　事業承継対策の難しさ

　企業オーナーの高齢化により事業承継の必要性が強く意識されて
いますが、企業オーナー自身が事業承継の必要性を理解し、実践し
なければ事業承継を成し遂げることはできません。もっとも、株式
の贈与や売却といった方法では、企業オーナーは株式を失うことに
なりますし、贈与税等や買取代金の支払資金が必要となります。そ
のような状況の下で何らの対策も講じられないまま企業オーナーが
死亡してしまいますと、共同相続により株式が分散してしまうこと

になります。

(2) 相続財産からの分離

　株式の共同相続を回避するためには、企業オーナーが株式を対象にして信託を設定することが有効です。なお、株式は受託者へ移転しますが、この移転について所得税や贈与税は発生しません。受益権が委託者（企業オーナー）以外の者へ付与されるとそこで課税が発生します。

(3) 企業オーナーによる支配権の維持

　企業オーナーにしてみれば、承継することへの必要性は理解できても、その実践がすなわち自分の権限の喪失を意味するために、事業承継に取り組みづらい場合があります。このような場合、信託を利用することで、信託期間中は指図権の行使により議決権等の株主の権利の行使に関与し続けることができますし、また、信託を終了させて株式自体を取り戻すこともできます。このように信託の利用により企業オーナーの支配権を維持しつつ、タイミングを見て承継させることができるようになります。

(4) 会社支配権と経済的利益との分属

　信託を利用すれば、株式の内容である、いわゆる共益権（株主総会での議決権等）と自益権（剰余金配当請求権や残余財産分配請求権）に相当するものに分けて、それぞれ別の者に帰属させることができます。これにより、企業経営に関与がない相続人に対して、自益権相当の受益権のみを渡し、後継者に経営権を集中させることができるようになります（図表－4）。

◆図表－4◆　株式の信託による権能の分属

（金森　健一）

▶▶ QⅣ-3-2　信託と種類株式の比較

 　信託の利用は、種類株式を利用する場合と比較してどのような特徴がありますか。

 　信託は、種類株式と比較して、導入がより容易である一方で、利用期間中の管理の負担があります。また、信託のほうがより広いニーズに対応することができると考えます。

✓ 解　説

(1)　導入方法の相違

①　種類株式の場合

　種類株式を発行する際には、定款変更が必要なため、そのための株主総会決議を要します。発行済みの株式を別の種類の株式に変更

する場合には、決議要件が加重されることになりますので、株式が分散しているときにはその決議を成立させるのが困難な場合があります。また、種類株式は登記事項ですので、会社登記の変更登記手続きもすることになります。株式の種類に応じた株主名簿の備え置きも必要です。

②　信託の場合

　企業オーナー等の株主（甲）が委託者となりその有する株式を対象として信託契約を締結します。株式が譲渡制限株式であるときは、委託者（甲）と受託者（後継者や信託会社）は、発行会社であるX社に対して信託の対象とした株式についての譲渡等の承認請求手続きを行います。請求を受けたX社は、取締役会の決議等において承認をします。定款変更や登記手続きはありません。X社は、信託開始後に株主名簿の書換えを行い、委託者と受託者の各保有株式数の変更と、その株式が信託財産に属する旨の記載又は記録をすることになります。

(2)　利用期間中の管理

①　種類株式の場合

　種類株主総会を開く必要が生じます（会社法321以下）。また、一定の事項について、ある種類の種類株主に損害を及ぼすおそれがある場合にも種類株主総会での決議が、原則必要とされますが、定款に定めることで不要とすることもできます（会社法322）。また、招集手続きや議事録の作成等が必要になります。

②　信託の場合

　X社は、信託設定後、受託者を株主として扱うことになりますが、これは株式の譲渡により株主が変更した場合と同じであり、信託であることによる特別な手続きはありません。一方、受託者は、

受益者に対し、1年に1回の信託事務の執行状況に関する報告をする義務がありますし（信法37②・③）、その前提として、議決権行使や配当の受領等の信託事務に関する記録を作成することも必要です（信法37①）。議決権行使を指図に従って行う信託の場合は、指図の処理に関する事務もあります。

(3)　広範なニーズに対応できる信託の柔軟性

種類株式は、全部で9種類であり、組合せにより多様な用い方が可能ではありますが、内容は法定されたものに限られます。一方、信託は、より広範なニーズに対応した利用方法が考えられます。

①　統一的な議決権行使

共同相続や生前贈与により分散した株式を対象に信託を設定することにより、統一的な議決権行使が可能になります。創業者一族の現経営陣に対する影響力の確保に有益です。

②　議決権行使の委任

株式自体をより若年の後継者等に移転することで、高齢になった企業オーナーの認知症等により適切な議決権行使がなされない事態を回避することができます。

③　次の次の世代の後継者の指名

株式を法人受託者へ移転し、複数の受益者を、順序を付けて指定します（後継ぎ遺贈型受益者連続信託）。子世代の次の孫世代の後継者の指定や、いったん分家の後継者を指定し、その後、本家に戻すような利用が考えられます。

④　遺言書リスクを排除した確実な承継

委託者による受益者変更権を排除したり、委託者兼受益者による信託の終了について、後継者等の同意を要するなどとしたりして、信託の内容の変更や終了について後継者が関与できるようにするこ

とができます。遺言書の撤回や抵触、書換え等によって、講じたはずの承継対策が、後継者側が知ることなく無効になることを防ぐことができます。

⑤ 非後継者への配慮と後継者への経営権の集中

株式を対象に信託を設定することにより、株式が有する、会社経営権としての側面（株主総会での議決権等）と、個人財産であり相続財産として取り扱われるべき側面（配当受取権等）を、指図権と受益権とに再構成して、後継者と非後継者に分けて帰属させることができます。非後継者には相続財産を与えつつ、会社経営権は後継者に集中させることができます。

⑥ 将来の親族内承継を期した中継ぎ後継者

親族外の役職員に株式を贈与等により取得させると、その後の株式の買取りに多額の資金が必要になります。これに対して、親族外の役職員を受託者とすることで、贈与税や買取りの資金は不要になります。将来、親族に適切な後継者が現れた場合にその者へ株式を移転します。

（金森　健一）

Q X社株式を承継させるための信託において、民事信託と商事信託とで違いはありますか。

A 信託設定後の株主が誰であるか、株主としての権利行使についての判断を誰がするかなどで違いがあります。

✓ 解 説

(1) 株主となるのは誰か

株式を対象として信託を設定した場合には、受託者が株主になります。商事信託の場合は、信託銀行や信託会社が株主となります。民事信託の場合は、誰が受託者になるかについてバリエーションがあります。委託者であるオーナー自身（自己信託）、後継者（親族や従業員）、番頭格の従業員、法人などです。

(2) 権利行使に関する判断を誰がするか

① 信託利用中の議決権行使

受託者が株主である以上、その権利行使に関する判断は受託者が行うのが原則ですが、株主総会における議決権等の株主権の行使について指図する者（指図者）を信託契約において定めることで、権

利行使をする主体と、その判断をする主体を別にすることができます。

②　商事信託の場合

　商事信託では信託銀行や信託会社が株主となりますので、それらの主体が企業オーナーのように企業経営について判断することは困難です。したがって、通常、指図者についての定めを置き、企業オーナーや後継者からの指図に従って権利行使をする仕組みにします。

③　民事信託の場合

　民事信託の場合は、受託者自身が判断して権利を行使することができますし、そのようにするほうが適切な場合が多いと考えられます。指図者を置くことも禁止されませんが、確実な権利行使を期するならば、判断権者と株主とは分離するべきでないからです。指図に反した議決権行使が直ちに会社との関係においても無効であり決議の成立そのものを否定するとは言い難いためです（図表－5）。

◆図表－5◆　自社株承継信託における民事信託と商事信託の違い

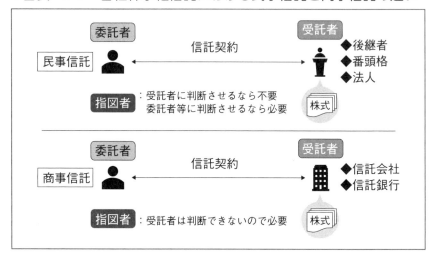

（金森　健一）

▶▶ QⅣ-3-4　自社株承継信託を自己信託で行う場合の注意点

　Ｘ社株式を承継させるための信託で自己信託を利用する場合にどのような注意点がありますか。

　信託事務の懈怠や忠実義務違反のおそれがあることや、適切な時期での次の受託者への交代などが手当てされないと却って信託が事業承継を妨げてしまうことになりかねません（図表－6）。

株式

➡ 信託設定後も従前の株主（権利者）のまま

✓ 受託者にとって理解が難しい
　（自分の物でも自分の物でない）

✓ 認知症対策として用いるには
　慎重さが必要

固有財産　信託財産

企業オーナー

✓　解　説

(1)　注意点①―自己信託の難解さ

　自己信託は、現に株式を保有している株主が委託者となり、自己を受託者として同株式を信託財産とするものです。信託財産となった以上、受益者でない限り、受託者はその利益を得ることはできません（信法8）。自己信託の場合、委託者兼受託者が単独受益者をも兼ねることは、信託法2条1項違反で当初から無効であるとの見解もありますし、仮に当初は有効としても1年間経過により信託が終了しますので、少なくも受益権の一部は他者に譲渡することになります。

　信託契約と異なり、自己信託では、株式の帰属は信託の前後で変わりません。依然として、株式は企業オーナー自身が保有しています。特に、企業オーナーにとっては、これまで我が子同然に扱ってきた会社の株式です。株式が手元にあるけれども、信託後は受益者のために管理するのであって、自分のものではないと言われても、理解しにくいところです。自分のものであるとの意識から、受益者

のために必要な報告やそのための記録や帳簿付けを行う動機付けは弱くならざるを得ません。また、信託についての理解不足により、会社からの配当を固有財産として取得してしまうおそれもあります。

(2)　注意点②──受託者自身の能力低下・喪失時対応

　企業オーナーの能力低下や喪失への備えとして、より若い世代の親族や法人である受託者に株式を移転するために信託が利用されています。一方、自己信託は、信託後も企業オーナーが株主のままです。企業オーナーの能力低下や喪失のリスクには、自己信託の設定のみでは対応できません。実際に、企業オーナーの能力が低下した場合に後継者等に引き継がせるための定めや準備が必要になります。

　まず、信託条項において新受託者候補の指定が必要であることはもちろんのこと、どのような事由の発生により受託者の任務を終了させ、新受託者に引き継がせるかも決めなくてはなりません。例えば、「委託者兼受託者が認知症になったとき」などという事由を定めたとします。しかし、認知症は程度がさまざまです。認知症であるかどうかの判断のばらつきも考えられますし、何よりも、本人自身がそれを受け容れられないこともあり得ます。誰がどのような判定を行ったときに受託者の任務終了事由とするかを明らかにすることが必要です。

　また、企業オーナーである前受託者から新受託者への株式の移転も譲渡制限株式であることによる制約を受けますので、会社法が定める譲渡等承認手続き（会社法 136 以下）をとらなくてはなりません。譲渡人である前受託者からの単独請求か、前受託者と譲受人である新受託者との共同請求にて行いますので、原則、譲渡人であ

る前受託者の手続き関与が必要です。前受託者がその時点で重度の認知症等であるときのことを踏まえて、定款において譲渡制限についての定めを変更するなどの対処が必要です。

（金森　健一）

▶▶ QⅣ-3-5　オーナー貸付金の信託のメリット

 　X社に対する貸付金を信託するメリットと留意点はどのようなものですか。

 　メリットは、貸付債権の共同相続人への分割帰属を回避し、受託者に集中させるとともに、一括返済を求めるなど会社の財産的基礎を危うくしかねない債権行使を防止することができます。留意点は、返済がまったくなされないと却って紛争を生じさせかねないことなどです。

✓ 解　説

(1)　しくみの概要

　企業オーナーが会社に対して有する貸付金債権を信託財産として、受託者が会社に対する債権者として計画的に返済金を受け取り、受益者である相続人に分配します（図表－7）。

◆図表－7◆　オーナー貸付金信託のスキーム図

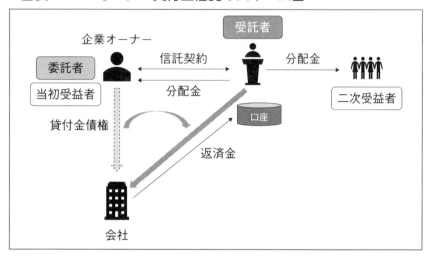

⑵　メリット

①　共同相続人による分割取得の回避

　会社に対する貸付金を有する企業オーナーの相続開始により、その貸付金債権は、共同相続人が相続分に従って分割取得します。分割取得された貸付金債権は、各相続人が自由に行使することができます。それまでは、企業オーナー自身が会社に対して返済を求めなかった貸付金債権であっても、相続人から返済が求められた場合にはこれを拒否することはできません。そのような事態に陥るのを回避するためには、あたかも企業オーナーの死亡前と同じ状態を維持するために信託により貸付金債権を受託者へ移転させることが有効です。

②　会社の財産的基礎を危うくしかねない債権行使の防止

　十分な返済資金がない状態で貸付金債権が行使されると、会社の

資産の換価や借入等による資金調達を強制されることになり、事業継続に深刻な影響を受けかねません。債権者である受託者と債務者である会社との間で、一括返済ではなく、計画的な返済計画を合意するなどして、会社の財産的基礎が危うくなることを避けながら、企業オーナーの相続人へ配慮することが可能になります。

(3)　留　意　点

　貸付金債権を受託者へ移転することで、上記(2)で述べたような各相続人、特に事業について関心がない、又は事業を妨害する意図のある相続人からの債権行使を防ぐことができます。しかし、返済がまったくなされないとなると、いくらその旨が信託契約の受託者の義務とされていても、受益者とされた相続人の不満が噴出し、却って紛争を生じさせかねません。債権の回収と分配を確実に行うなど、相続人の利益にも配慮が必要です。

（金森　健一）

▸▸ QIV-3-6 後継者の決め直しと信託

Q 　信託を利用して後継者を決め直すしくみを作ることはできますか。

A 　後継者候補に会社経営に関する権限を持たせるにあたり、信託により、株式自体を承継させる場合や議決権行使に関する指図権を取得させる方法があります。いずれの方法も、後継者候補が不適任であるときは、一定の条件のもとに他の後継者候補に変更することができます。

✓ 解　説

(1) いったん与えた権限を取戻し又は変更する方法

　株式を信託財産とした場合、受託者（後継者か信託会社や信託銀行）が株主になります（QIV-3-3 参照）。後継者が受託者となる場合（民事信託）には、受託者を変更することにより株主を変更することができます。また、信託会社や信託銀行が株主である場合には、議決権行使に関する指図者を変更する方法が考えられます。

(2) 信託の終了

　信託が終了すると、受託者は、信託財産に属する株式を残余財産として、信託契約にて定められた残余財産受益者や帰属権利者に引

き渡さなければなりません（信法177四、182①）。委託者兼受益者である企業オーナーの生存中に信託が終了する場合には、贈与税課税が発生しないように株式を同オーナーに戻すことになります。もっとも、信託契約において別の後継候補者を帰属権利者に指定しておくことも考えられます。

(3) 受託者の変更

信託法56条1項7号によれば、受託者の任務終了事由について信託契約に別段の定めをすることができ、例えば、「委託者からの受託者に対する受託者の任務を終了する旨の意思表示があったとき」などとすることも可能です。新受託者の候補者に就任催告をし、その承諾が得られたら、新受託者が就任します。

(4) 株主を変更する場合の留意点

信託の終了による帰属先の変更であっても受託者の変更であっても、それ自体が株式の譲渡（会社法127）にあたりますので、株式が譲渡制限株式である場合には、会社による承認手続きが必要です（図表－8）。

◆図表－8◆　後継者の変更方法

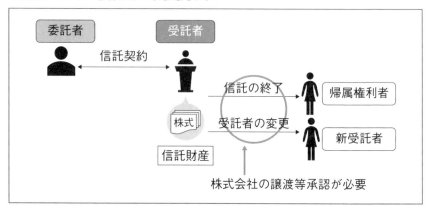

(5)　議決権行使に係る指図権の帰属の変更

　受託者が信託会社等である場合（商事信託）は、企業オーナーである委託者自らが留保した指図権が後継者に委託されているかと思いますので、その委託に係る契約を解除して、新たな候補者との間で委託契約を締結し、議決権行使に係る指図権の行使を委託します。

（金森　健一）

Q　遺留分侵害を避けるためには、どのような信託が考えられますか。

A　委託者（被相続人）の財産の一部のみを信託財産とするもの、受益権割合を遺留分相当割合としつつ受益者が実質的な利益を受けられるもの等が考えられます。

✓　解　説

(1)　遺留分制度の信託への適用

①　二つの見解

　民法1046条は、遺贈や贈与が遺留分を侵害した場合には、その侵害額分の金銭の支払いを請求することができる旨が定められていますが、信託についても同条が類推適用されます。ただし、信託の場合、遺贈や贈与と異なり、目的財産の権利とその財産から得られる利益が受託者と受益者に分属するために、同条改正前の遺留分減殺請求制度のときから、どのように遺留分制度を適用するべきかについて複数の見解が主張されています。主な見解は次の二つです。

(イ)　信託財産の移転を遺留分侵害行為とする見解

　委託者から受託者に対する財産の移転が相続財産からの財産の流出であり、それが遺留分を侵害するという見解です。

㈠ 受益権の付与を遺留分侵害行為とする見解

　信託により目的財産から得られるはずであった利益が受益者に帰属し、その分、遺留分権利者が得られなかったことが遺留分を侵害するという見解です。

② **見解の相違点**

　遺留分制度が信託に対しても適用されることは明らかであるものの、その適用のされ方については、理論上も実務上も見解が一致していません（図表－9）。

◆図表－9◆　見解の主な相違点の概要

	信託財産移転	受益権帰属
遺留分侵害行為 （取消対象）	信託設定行為 （信託財産移転行為）	受益権付与行為
遺留分算定の基礎財産	委託者から受託者へ移転した信託財産の総額	受益権により給付を受ける信託財産の総額
請求の相手方	受託者	受益者
旧制度下における効果	信託財産を受託者と遺留分権利者とで共有	受益権を受益者と遺留分権利者とで準共有

(2)　全部を信託財産とする信託の危険性

　委託者がその全財産を信託財産とする場合（いわゆる注ぎ込み信託も含みます）、その財産の帰属はすべて信託によって定まることになりますので、共同相続人の一部の者のみが受益者や帰属権利者とされている場合には、遺留分権利者の遺留分を侵害することになります。財産の全部を信託財産とする場合には、遺留分権利者が遺留分相当の受益権や残余財産の給付を受けられるように信託契約に

て定めることが必要です。もっとも、そのような指定を受ける者が受益者又は帰属権利者とされ、信託の関係者としての権限が与えられることの適否も検討するべきです。受益者（帰属権利者の場合は信託の清算中は受益者とみなされます（信法183⑥））である以上は、単独で行使することができる受益者の権利（信法92各号）の行使や、他の受益者との間での受益者としての意思決定を妨害することにより、信託の運営が阻害される懸念もあります。そのような懸念がある場合には、あえて信託の関係者とせず、遺言や生前贈与等の信託外の方法により、遺留分相当の財産を与える方法が考えられます。

　全財産を信託の対象とするべきかどうかは、遺留分侵害への配慮と対策を踏まえたうえで、信託の運営を阻害するおそれのある者を信託内に引き入れるか、信託外で対応するかという視点が関係してくるといえます。

(3)　遺留分相当割合の受益権割合とする信託の留意点

　遺留分権利者にも受益権を与えることとした場合、その受益権割合をその者の遺留分と同じ割合とすれば遺留分侵害とならないかどうかは、さらなる検討を要するでしょう。例えば、設例の長女の遺留分は4分の1ですが、同じ割合の受益権を与えれば長女の遺留分は侵害されないでしょうか。もし、信託契約において、この受益権が長女の死亡により消滅し、その消滅した分に相当する別の受益権を二女の子（孫）が取得するという内容とされていれば、実際に長女が取得するとされる受益権は、4分の1の価値はないとされるおそれがあります。受益権割合に関する形式的な数合せだけでは、受益権の実質的な価値の評価がなされず、結果として遺留分侵害とさ

れるおそれがありますので、慎重に検討するべきです。

（金森　健一）

▸▸　QⅣ-3-8　遺留分制度の変更と信託利用への影響

Q 　遺留分制度が遺留分減殺請求から遺留分侵害額請求に変更されたことにより相続対策としての信託の利用にはどのような影響がありますか。

A 　遺留分権利者による請求があっても信託財産や受益権には直接影響がないことや、請求された金額相当額の金銭の調達の必要性がより高まることなどが考えられます。

✓　解　説

(1)　遺留分減殺請求がされた場合の信託への影響

①　旧制度下での見解

　信託が遺留分を侵害したとして、相続法改正前の遺留分減殺請求がなされた場合において、それにより信託のどの部分が取消しの対象となるかについて大きく分けて二つの見解があります（QⅣ-3-7参照）。

(イ)　信託財産移転行為説の場合

　委託者から受託者に対する財産権の移転が委託者（被相続人）の

相続財産からの流出であるとして、これを取消しの対象とする見解です。これによると、信託財産の移転が取り消される結果、信託の対象とされた財産について、受託者と遺留分権利者との間で共有関係が生じることになります。

㈑　受益権付与行為説の場合

委託者から受益者への利益の付与が受益者による受贈に当たるとして、これを取消しの対象とする見解です。これによると、受益者への受益権の付与が取り消される結果、受益権について受益者と遺留分権利者との間で準共有関係が生じることになります。

② 旧制度下での実務対応

上記二つの見解については、理論的にも決着がついておらず、判例もなかったことから（裁判例は、東京地判平 30.9.12・金法 2104 号 78 ページがあります）、実務的には、信託への影響がより大きい信託財産移転行為説を前提にして、遺留分を侵害する見込みを確認し、可能性を払拭できない場合には、受託者に対する融資等の金融取引を謝絶するといった取扱いも見られました。

(2) 遺留分侵害額請求がされた場合の信託への影響

① 遺留分侵害額請求権の行使の効果

遺留分侵害額請求権は、その行使により遺留分侵害額相当額の金銭の支払請求権を発生させるに留まります（民法 1046 ①）。したがって、上記(1)で述べた（準）共有状態を招くことはありません。もっとも、請求の相手方が、受託者であるのか受益者であるのかについては未だ決着がついておらず、実務上は制度改正後もいずれに対しても請求することになろうかと思います。また、遺留分侵害行為や遺留分の算定の基礎財産についても結論が出ていません。

②　信託への影響

受託者又は受益者が遺留分侵害額相当額の金銭支払債務を負うこととなっても、信託がそれにより直接影響を受けることはありません。しかし、受託者が金銭支払義務を負う場合にそれが信託財産責任負担債務（信法21①）であるのか、固有財産により負担すべきであるのかは明らかでありません。

(3)　新たな資金調達需要の喚起

遺留分侵害額請求の相手方が受託者の場合であって、生じた金銭債務が信託財産責任負担債務であるにもかかわらず、信託財産において支払原資が不足するときは、信託を継続するために、受託者による資金調達をしなければなりません。受託者による金銭の借入れができる信託契約条項としつつ、対応可能な金融機関との取引が必要になります。裁判所による期限の許与が認められていますが（民法1047⑤）、資金調達ができなければ、画餅に帰すことになりかねません（図表－10）。

◆図表－10◆　遺留分制度の改正と信託への影響

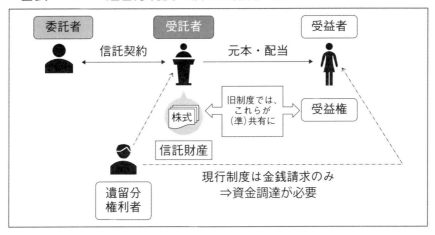

（金森　健一）

4 信託税務の視点

▶▶ QⅣ-4-1 株式を信託した場合の受益権の
　　　　　 相続税法上の評価

　　株式を信託しようと考えています。相続税法上、
受益権は相続や贈与などの課税時期においてどのよ
うに評価されますか。また、信託財産である株式が、
上場会社の株式か、非上場会社の株式かによって、
その評価方法に違いはありますか。

　　受益権の評価は、信託財産に対する受益者の権利
の内容に基づき、原則として、課税時期における信
託財産の価額（財産評価基本通達に基づき評価した
金額）をもとに評価します。信託財産が上場株式で
あれば同通達の上場株式の評価方法により、非上場
株式であれば同通達の取引相場のない株式の評価方
法により、それぞれ評価することになります。

✓ 解　説

(1) 受益権の評価（財基通 202）

次の区分に応じ評価します。

① 元本と収益の受益者が同一の場合

(イ) 受益者が1人の場合

課税時期における信託財産の価額が評価額となります。

(ロ) 受益者が複数の場合

課税時期における信託財産の価額（上記(イ)）に、それぞれの受益割合を乗じたものが評価額になります。

② 元本と収益の受益者が異なる場合（複層化信託）

複層化信託の受益権は、元本受益権と収益受益権に分け評価します。詳細はQV-4-1を参照してください。

(2) 上場株式の評価方法

上場株式については市場価格があるので、それに基づいて評価します（財基通169～172）。

(3) 非上場株式の評価方法

非上場株式（取引相場のない株式）については、原則として、その株式を受益権を通じて有することになる株主が、その株式を発行した会社の経営支配力を持っている同族株主等か、それ以外の株主かの区分により、それぞれ原則的評価方式、又は特例的評価方式である配当還元方式により評価します（財基通178～189-4）。

（猪狩　祐介）

甲（委託者）は、Ｘ社株式を信託財産、受益者を 長女、議決権行使の指図者を甲とする信託契約を無 償で締結しました。この場合の受益権は、どのよう に評価されますか。無議決権株式の評価と違いはあ りますか。

 　議決権行使の指図権が設定された受益権について も、指図権の有無は考慮せずに（指図権の設定がな いものとして）評価するものと考えられます。

✓ 解 説

(1)　指図権が設定された信託受益権の評価

　議決権行使の指図権が設定された受益権についても、指図権の有 無は考慮せずに評価するものと考えられます。

　なお、「無議決権株式の評価の例外」（QⅣ-2-4(1)③(ロ)参照）に 準じて評価する方法も考えられます。しかし、無議決権株式とは異 なり、「無議決権株式の評価から減額した分の評価額を、議決権株 式の評価に加えて評価する」（結果として、株式の評価総額は変わ らない）というような評価をすることが難しい場合が多いと思わ れ、受益権の評価においてのみ一定の評価減を適用すれば、株式の 評価総額は小さくなり、租税回避に利用されることが考えられるた

め、受益権の評価に対してこのような減額を適用することはなじまないと考えます。

（猪狩　祐介）

▶▶ QⅣ-4-3　指図者と受益者の課税の違い

 Q　QⅣ-4-2 に記載する信託の効力が発生した場合における、受益者及び議決権行使の指図者の課税関係について教えてください。

 A　税務上、信託によってX社株式を有することになるとみなされる受益者に対しては、委託者である甲から贈与があったものとみなされ、贈与税が課税されますが、受益者ではない指図者に対して課税は行われません。

✓ 解　説

（1）　税務上の取扱い

①　受　益　者

信託の効力が発生した場合において、受益者から委託者に対して適正な対価の負担がない場合には、相続税法上、委託者から受益者へ、その信託に関する権利の贈与があったものとみなして、受益者に贈与税が課税されます（相法9の2①）。

② 議決権行使の指図者

議決権行使の指図者については、信託の効力発生に伴って取得する財産的価値はないものとして、課税関係は生じません。

（猪狩　祐介）

▶▶ QⅣ-4-4　受託者の変更に関する課税上の取扱い

Q　受託者が辞任又は死亡したことにより、受託者を変更した場合の課税関係はどうなりますか。

A　受託者に変更があったとしても、受益者が変更されなければ、相続税法上、信託財産を実質的に有する者に変更はないので、課税が行われることはありません。

✓ 解　説

（1）　受託者変更時の課税

信託財産の民法上の所有者である受託者が辞任又は死亡したことにより、受託者が変更された場合であっても、受益者が変更されなければ、信託財産の実質的な所有者は変わらないため、これに伴って課税関係は生じません（相法9の2）。

（猪狩　祐介）

(1)　事業承継のタイミングと適切な承継方法

【甲の経営継続や事業承継のタイミングに関する意向の確認と、その意向に沿った承継方法の選択】

　甲が経営を継続するか否か、事業承継にいつ着手するかについては、後継者の選定と育成が関わってきます。本事例の後継者（長女の夫）はＸ社に所属していますが、自社に所属してない者を後継者にしようとする場合も、できれば入社させて、経営者としての資質・熱意を見極める必要があります。また、甲は、後継者を教育し、Ｘ社の経営者としてやっていけるだけの能力・スキルを身に付けさせる必要があります。

　「事業承継ガイドライン」（中小企業庁）21 ページでは「後継者教育等の準備に要する期間を考慮し、経営者が概ね 60 歳に達した頃には事業承継の準備に取りかかることが望ましく、またそのような社会的な認識を醸成することが大切である。」「もちろん、早期・計画的な事業承継への取組は、一義的には経営者本人の自覚に委ねられるが、日常の多忙さ等から対応が後手に回りがちなため、国や自治体、支援機関が概ね 60 歳を迎えた経営者に対して承継準備に取り組むきっかけを提供していくことが重要である。」と述べられています。

　また、親族内承継において、甲の経営継続の必要性や事業承継のタイミングは、後継者以外の親族との調整にも関わってきます。株主である親族はもちろん、そうでない親族にとってもどのような事業承継がなされるかは重大な関心事ですし、推定相続人にとっては、将来自分がどのような財産を取得するかという問題にも通じる

からです。事業承継後の親族の協力を得るためにも、親族に納得してもらえる体制を構築していく必要があります。

　同様に、事業承継を成立させるためには、従業員・取引先・金融機関とも協議をしておく必要があります。

　そのような周辺環境を踏まえ、甲の事業継続や事業承継のタイミングを検討していく必要があります。

(2)　承継方法と課税の種類

【各承継方法によった場合の課税の種類と概算額の把握】

　甲から後継者に対するＸ社株式の承継方法として、売買、贈与、相続が考えられます。

　売買の場合には、対価が相当であれば、甲が譲渡所得税を負担することがあるものの、原則として、後継者が税金を負担することはありません。

　贈与の場合、受贈者である後継者に贈与税が課されます。原則として１年ごとに贈与された財産について課税されますが、贈与者の相続時に贈与財産の価額を相続財産に加算し、相続税として支払う方法（相続時精算課税）を選択できる場合があります。一般に、贈与税より相続税のほうが税率は低いので、相続時精算課税を選択したほうが良いようにも思えますが、贈与財産の価額が低い場合は、贈与税の非課税枠を利用して税額を抑えることが可能な場合もあるため、相続時精算課税を利用するかについては慎重に検討する必要があります。

　相続（遺贈を含みます）の場合は、相続税が課されますが、非上場株式等については、相続税の納税猶予・免除の制度が認められています。

　贈与税や相続税の概算額を把握するにあたり、取引相場のない株

式をどのように評価するかが問題となります。この点につき、国税庁は、財産評価基本通達において、評価方法のあり方を示しています。原則として、株式を取得した者が、その取得時点において同族株主等である場合には、類似業種比準方式と純資産方式が使用（併用）され、同族株主以外の株主等である場合には、配当還元方式によって評価します。

(3)　遺留分侵害による負担の軽減

【遺留分侵害により後継者が負う負担を軽減するための承継方法の検討】

遺留分が侵害された場合、遺留分権利者は、侵害者に対し、遺留分侵害額に相当する金銭の支払いを請求することができます（民法1046）。相続法改正前は、遺留分減殺請求権が行使されると、目的物上の権利が当然に遺留分権利者に復帰すると解されていました（最判昭41.7.14・民集20巻6号1183ページ）が、改正により、遺留分権利者の権利が金銭支払請求権となりましたので、遺留分を侵害した後継者の負担は、専ら金銭負担ということになりました。

金銭負担を軽減するための方法として、生命保険を活用することが考えられます。甲が保険契約者兼被保険者となり、受取人を後継者とした場合、後継者が受け取る死亡保険金は、甲の遺産にならず、また、原則として特別受益にも当たらない（最決平16.10.29・民集58巻7号1979ページ）ので、後継者は遺留分の侵害額を拡大することなく、遺留分侵害に対処するための金銭を取得することができます。もっとも、上記最高裁決定は、「保険金受取人である相続人とその他の共同相続人との間に生ずる不公平が民法903条の趣旨に照らし到底是認することができないほどに著しいものであると評価すべき特段の事情が存する場合には、同条の類推適用により、

当該死亡保険金請求権は特別受益に準じて持戻しの対象となると解するのが相当である。上記特段の事情の有無については、保険金の額、この額の遺産の総額に対する比率のほか、同居の有無、被相続人の介護等に対する貢献の度合いなどの保険金受取人である相続人及び他の共同相続人と被相続人との関係、各相続人の生活実態等の諸般の事情を総合考慮して判断すべきである。」と判示しており、事情によっては特別受益と同様に持戻しが必要になる場合があるので注意が必要です。

（金澤　耕作）

V 相続人以外の者への資産承継（特別寄与料）

事例設定

　甲は、個人商店を営んでいる。甲には離婚した先妻との間の長女と二女がいるが、いずれも遠方に住んでいるため、内縁の妻、長男（甲と内縁の妻との間の子）とその妻が甲を助けて個人商店の運営に無償で従事してきた。甲の資産内容は、自宅及び賃貸用の不動産と預金である。甲の相続人は長女、二女及び長男である。甲に遺言はない（図表－1）。

◆図表－1◆　甲の親族関係と財産の状況

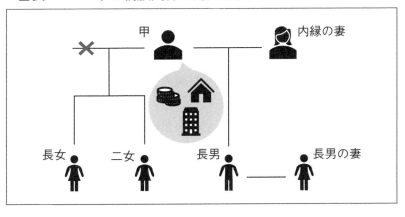

▶▶ QV-1-1 特別寄与料の支払請求制度の概要

Q 特別寄与者による特別寄与料の請求とはどのような制度ですか。寄与分とどのように違いますか。

A 相続人でない親族が被相続人に対する療養看護その他の労務の提供により被相続人の財産の維持又は増加について特別の寄与をした場合に、相続人に対し、その寄与に応じた金銭の支払いを請求できる制度です。請求の要件や、遺産分割手続き外で請求できる点が寄与分と異なります。

✓ 解 説

(1) 要 件

特別寄与料の請求の要件は、ⓐ相続人以外の被相続人の親族であること、ⓑ無償で労務の提供をしたこと、ⓒ被相続人の財産が維持又は増加したこと、ⓓ上記ⓑとⓒに因果関係があること、ⓔ特別の寄与があることです（民法 1050）。

① 要 件 ⓐ

相続人である者は対象となりません。相続人の特別の貢献は、遺産分割において寄与分として考慮されるからです。また、相続人に

なり得たにもかかわらず、相続欠格、廃除又は相続放棄により相続人でない者も対象外です。また、内縁の配偶者や同性のパートナーも「親族」に含まれず、対象となりません。

② **要件ⓑ～ⓔ**

「特別の寄与」があるとされるために主張・立証しなければならない事実は、「療養看護型」と「家事従事型」とで異なります。

㈠ **「療養看護型」**

病気療養中の被相続人の療養看護に従事した場合には、ⓐ療養看護の必要性（療養看護を必要とする病状であったことと、近親者による療養看護を必要としていたこと）、ⓑ特別な貢献（特別の寄与者の貢献に報いるのが相当と認められる程度の顕著な貢献であること）、ⓒ無償性（無償又はこれに近い状態でなされたこと。通常の介護報酬と比較して著しく少額である場合には認められることがある一方で、請求者が被相続人の資産や収入で生活していれば認められないことがあります）、ⓓ継続性（一切の事情を考慮した個別判断ですが、少なくとも1年以上を必要とされる場合が多いとされます）、ⓔ専従性（療養看護が片手間なものではなく、かなりの負担を要するものであること）、ⓕ財産の維持又は増加との因果関係（療養看護をしたことにより、職業看護人に支払うべき報酬等の看護費用の出費を免れたという結果が生じたこと）が要件です（家事部141ページ）。

㈡ **「家事従事型」**

家業である農業や商工業等被相続人の事業に従事した場合には、ⓐ特別な貢献（特別の寄与者の貢献に報いるのが相当と認められる程度の顕著な貢献であること）、ⓑ無償性（世間一般並みの労働報酬に比べて著しく少額であれば認められることがありますが、請求者が被相続人の資産や収入で生活していた場合には認められないこ

とがあります）、ⓒ継続性（一切の事情を考慮して個別に判断するとされるものの、最低3年程度の期間が必要とされています）、ⓓ専従性（片手間ではなく、かなりの負担を要する者である必要があり、週に1、2回手伝っていた程度では認められないことが多いとされています）、ⓔ財産の維持又は増加との因果関係（被相続人が経営する会社への労務提供は、会社に対する貢献であり、原則特別の寄与とはされません）が要件です（家事部144ページ）。

(2) 寄与分との違い

特別寄与料の制度と寄与分との違いは、図表－2のとおりです。

◆図表－2◆　寄与分と特別寄与料の比較

	寄与分	特別寄与料
請求権者	相続人	被相続人の親族（相続人を除く）
効果	相続財産の価額からの控除と具体的相続分への加算	特別寄与料の支払請求（金銭の受取り）
寄与の意味合い	被相続人と相続人の身分関係に基づいて通常期待される程度を超える高度な貢献	貢献の程度が一定程度を超えること、その貢献に報いるのが相当と認められる程度の顕著な貢献
寄与の種類	家業従事型、金銭等出資型、療養看護型、扶養型、財産管理型、その他	家業従事型、療養看護型
遺産分割の要否	必要	不要
管轄（申立先）	相手方の住所地又は当事者が合意で定める家庭裁判所。遺産分割調停又は審判事件が係属しているときはその家庭裁判所	相続開始地又は当事者が合意で定める家庭裁判所
期間制限	審判においては裁判所が定めた期間内	相続の開始及び相続人を知ったときから6か月（消滅時効）又は相続開始の時から1年（除斥期間）

（金森　健一）

QV-1-2　特別寄与料請求の手続き

> **Q** 　特別寄与料を請求するには、具体的にはどのような手続きをすればよいですか。

> **A** 　特別寄与者と請求の相手方である相続人との協議、調停又は審判の各手続きを行うことになります。特別寄与者が相続の開始及び相続人を知った時から6か月又は相続開始の時から1年という請求に関する期間制限があります。

✓ 解　説

(1)　各手続きの概要

　当事者間で協議をし、協議が調わないとき又は協議をすることができないときは、協議に代わる処分の申立てを家庭裁判所に対して行います。

① 協　　議

　特別寄与者は、その選択に従い、相続人(相続分譲受人及び包括受遺者を含みます)の1人又は数人に対して請求することができます。1人に対して請求することができる金額は、特別寄与料の額にその相続人の法定相続分又は指定相続分を乗じた金額が上限です。そのため、特別寄与料の全額について支払いを受けるには、相続人全員に対して請求しなければなりません。なお、具体的な権利とし

ての特別寄与料請求権は、特別の寄与や相続開始といった民法
1050条1項所定の要件が充足するのみでは未確定な権利として生
じるにすぎず、協議又は審判によって初めて形成されるものですの
で（家事部115ページ）、協議や審判が成立して初めて具体的な金
額の支払いを求めることができることになります。

② 調　停

相手方である相続人、相続分譲受人又は包括受遺者の住所を管轄
し又は当事者が合意で定める家庭裁判所に対して申し立てます（家
事事件手続法245）。

③ 審　判

相続開始地（被相続人の最後の住所地）を管轄し又は当事者が合
意で定める家庭裁判所に対して申し立てます（家事事件手続法216
の2、66①）。調停を経ずに審判申立てがなされた場合、親族間の
紛争はできるかぎり円滑に解決すべきとの要請があるとして、付調
停にして（家事事件手続法274①）、調停を先行させることが相当
な場合が多いと想定されます（家事部122ページ）。

（2）　権利行使期間（除斥期間）

家庭裁判所に対する調停・審判の申立ては、特別寄与者が相続の
開始及び相続人を知ったときから6か月以内及び相続開始の時から
1年以内にしなければなりません。ただし、期間経過後の申立てに
ついて相手方が調停に応じる可能性がある場合などには調停手続き
を進める運用も考えられる（審判移行はしません）とされています
（家事部122ページ）。したがって、家庭裁判所へ申立てを行わない
協議については権利行使期間の制限がありません。

（金森　健一）

長男の妻の貢献が特別の寄与に当たるとして、その特別寄与料はどのように決まりますか。

　　原則は協議により定まり、協議に代わる処分において家庭裁判所が一定の事情を考慮することになっています。また、各相続人に請求することができる上限額もあります。

✓ 解　説

(1)　特別寄与料の額の決定方法と考慮要素

　特別寄与料の金額は、協議により定まります（民法 1050 ①）。協議により定まらない場合に、家庭裁判所が処分（審判）により定めるときは、寄与の時期、方法及び程度、相続財産の額その他一切の事情を考慮して定めることとなります（民法 1050 ②・③）。一切の事情としては、相続債務の額、被相続人による遺言の内容、各相続人の遺留分、特別寄与者が生前に受けた利益（対価性を有するものを除きます）等が含まれるとの指摘もあります（堂薗 167 ページ）。

　具体的な算定方法については、概ね寄与分の制度において相続人が被相続人に対する療養看護等の労務の提供をした場合と同様の取扱いがされることになるものと考えられることが指摘されています（堂薗 167 ページ）。療養看護型の寄与分に関する実務の代表的な考

え方によると、寄与分の額は、第三者が同様の療養看護を行った場合における日当額に療養看護の日数を乗じた上で、これに一定の裁量割合を乗じて算定するものとされており、特別寄与料の額の算定においてもこのような考え方が参考にされるものと考えられる旨の指摘もあります（堂薗167ページ）。この点、寄与分の算定における裁量割合では通常0.5から0.8程度を適宜修正し0.7あたりが平均であるとし、特別寄与料については同じ幅の範囲で、特別寄与者が扶養義務を負っていない等の事情等の個別具体的な事情を考慮して裁量割合を定めるべきとの指摘もあります（家事部117ページ以下）。

(2)　上 限 額

　特別寄与料の額は、被相続人が相続開始の時において有した財産の価額から遺贈の価額を控除した残額を超えることができません（民法1050④）。

　仮に、被相続人が特別寄与者以外の者に相続財産の全部を遺贈するという内容の遺言書があった場合には、相続財産から遺贈の価額を控除した残額はゼロとなるため、特別寄与料の請求はできないことになります。

　また、ここで控除される「遺贈」（民法1050④）の金額には、特定遺贈によるもののみが含まれ、包括遺贈や特定財産承継遺言（いわゆる「相続させる旨」の遺言）は含まれません。つまり、「相続させる旨」の遺言により相続財産の全部が承継されても、特別寄与者は、承継した相続人に対して特別寄与料の請求をすることができます（堂薗168ページ参照）。

（金森　健一）

▶▶ QV-1-4　遺産分割と相続人でない親族の貢献

 Q　甲の相続人間の遺産分割協議において長男の妻の貢献を考慮してもらうことはできますか。

 A　遺産分割において、「相続人の補助者」構成により相続人（事例中の長男）の寄与分の中で考慮されることがあります。

✓ **解　説**

(1)　「相続人の補助者」構成とは

①　相続人の寄与分としての考慮

　長男の妻は、甲の相続人ではありませんので、寄与分を主張することができません。しかし、下級審裁判例にて「相続人である長男の相続分」として考慮される余地が認められています。

②　裁　判　例

　「相続人の履行補助者」構成により相続人でない者の寄与行為を相続人の寄与分において考慮した裁判例として次のものがあります（中込223ページ）。

(イ)　東京高裁平成22年9月13日決定（家月63巻6号82ページ）

　　子の妻による被相続人の介護

㈠　東京家裁平成 12 年 3 月 8 日審判（家月 52 巻 8 号 35 ページ）

　　子の妻子による被相続人の介助

㈡　横浜家裁平成 6 年 7 月 27 日審判（家月 47 巻 8 号 72 ページ）

　　子の妻による被相続人が営む農業の維持

㈢　神戸家裁豊岡支部平成 4 年 12 月 28 日審判（家月 46 巻 7

　号 57 ページ）

　　子の妻による被相続人の看護

⑵　被相続人よりも相続人（長男）が先に死亡した場合

　甲の相続人である長男が死亡すると、寄与分が認められるべき相続人本人（長男）が不在であり、その妻は遺産分割に参加することができないため、その寄与行為を考慮することができなくなります。長男の妻は、相続人でない親族であるとして、特別寄与料の請求（民法 1050 ①）によることになります。

（金森　健一）

特別寄与料の請求は、すでに成立した遺産分割協議にどのような影響を与えますか。

特別寄与者による特別寄与料の請求は、これによって、すでに成立した遺産分割に影響を及ぼすことはありません。

✓ 解 説

(1) 特別寄与料の請求の遺産分割の効力への関係

　一部又は全部の相続人に対する特別寄与料の請求がなされた場合、そのことのみにより、すでに成立した遺産分割の効力が否定されることはありません（家事部 122 ページ）。

(2) 遺産分割の錯誤無効（取消し）の場合

　この点に関して、「遺産分割協議の錯誤取消し等の問題は、これとは別に残る」との指摘があります（潮見 353 ページ）。遺産分割協議の錯誤無効（取消し）は、「錯誤が『法律行為の基礎とした事情についての錯誤』か否か」に留意すべきであるとされます（潮見285 ページ）。これによると、特別寄与者への特別寄与料の支払いが「遺産分割協議の基礎とした事情についての錯誤」に当たる場合には、錯誤無効（取消し）となり得ますが、具体的にどのような場

合に該当することになるかは明らかではありません。

（金森　健一）

　　　内縁の妻等、親族でない者の貢献に報いるための
方法にはどのようなものがありますか。

　　　①被相続人との準委任契約に基づく報酬・費用償
還請求、②事務管理を理由とする有益費用償還請求、
③不当利得返還請求などによることになります。し
かし、これらは、認められるのが困難な場合が多い
と考えられます。

✓　解　説

(1)　準委任契約に基づく報酬・費用償還請求

　準委任契約（民法656、643）の受任者は、報酬に関する特約が
あれば報酬の請求（民法648）を、また、費用償還請求をすること
ができます（民法650）。もっとも、特約がないかぎり無報酬であ
ることが原則ですので、生前の被相続人と、被相続人の財産の維
持・増加に貢献した者（以下、単に「貢献した者」といいます）と
の間で報酬特約がないかぎり、報酬を請求することはできません。
仮に親族であった場合には、親族間であるために、金銭での清算を

行わない旨の黙示の合意があったと認定されることで、報酬特約が否定される事案が多いと考えられています（一問一答177ページ参照）。

(2)　事務管理を理由とする有益費用償還請求

事務管理（民法697）は、「有益な費用」について償還請求することができますが（民法702①）、報酬を請求することはできません。また、本人と管理者との間で準委任契約などの契約があると認められる場合には、事務管理の成立自体が否定されるべきとの見解もあります。これによると、生前の被相続人と貢献をした者との間では、上記(1)の報酬特約のない準委任契約があったとされると、事務管理が成立しません（一問一答177ページ参照）。

(3)　不当利得返還請求

貢献した者による役務の提供により、被相続人が財産の維持・増加という「利得」を得たといえても、それが「法律上の原因」がないものであることが必要です（民法703）。もっとも、上記(2)で述べたように、生前の被相続人と貢献をした者との間で上記(1)の報酬特約のない準委任契約が黙示的に締結されたとされてしまうと、被相続人の利得は、同契約という「法律上の原因」があることとされ、不当利得が成立しません（一問一答178ページ参照）。

(4)　特別寄与料の制度の必要性

以上のように、財産法の既存の法理では、被相続人の財産の維持・増加に対して労務の提供により貢献をした者は、それに見合う報いを得ることができませんので、民法1050条が定める特別寄与料の制度の活用は、実務上重要と考えられます。

（5）　内縁の妻等の救済策

　特別寄与料の制度は、相続人でない「親族」が対象者ですので、内縁の妻等の親族ではない者は保護されません。貢献をした人に対する報いは、遺言等被相続人の生前に対策をするのがよいでしょう。

（金森　健一）

2 相続税務の視点

▶▶ QV-2-1　特別寄与料の額が確定した場合における特別寄与者の課税上の取扱い

　特別寄与者が支払いを受けるべき特別寄与料の額が確定した場合における特別寄与者の課税上の取扱いはどのようになりますか。

　特別寄与料の額が確定した場合には、特別寄与者が、その特別寄与料の額に相当する金額を被相続人から遺贈により取得したものとみなして、相続税が課税されます。

(1) 特別寄与料を受け取る特別寄与者の相続税の計算

　特別寄与者が支払いを受けるべき特別寄与料の額が確定した場合には、その特別寄与者が、その特別寄与料の額に相当する金額を被相続人から遺贈により取得したものとみなして、相続税が課税されます（相法4②）。

　特別寄与料は相続人以外の親族から相続人に対して請求するものであり、被相続人から相続又は遺贈により取得した財産ではないものの、被相続人の死亡と密接な関係を有し、経済的には遺産の取得に近い性質を有します。そのため、一連の相続の中で課税関係を処理することが適当であると考えられます。また、被相続人が相続人以外の者に対して財産を遺贈した場合との課税のバランスをとる必要もあることから、特別寄与料に対しては、（所得税や贈与税ではなく）相続税を課税することとされました。

　なお、特別寄与者の相続税の計算方法は、相続人以外の者が遺贈により財産を取得した場合と同様です。すなわち、法定相続人ではないことから、基礎控除のうち法定相続人数比例部分（600万円）の適用はなく、相続税の総額を計算する際の法定相続分もありません。その後、受領した特別寄与料により相続税の総額を按分し、特別寄与者の負担する相続税額を計算します。

　また、特別寄与者の多くは相続税額の2割加算の対象となります[※]（相法18①）。これは、特別寄与者が相続人ではないという点で受遺者（相続人を除く）と変わりなく、遺贈とのバランスからも2割加算の対象となるものです。

※　被相続人に直系卑属（子や孫）がいる場合における、被相続人の親は、相続人ではないことから、特別寄与者となり得ますが、相続税額の２割加算の対象とはなりません（**第２部Ⅰ4**(3)参照）。

(2)　相続税の申告及び納付期限

特別寄与料の額が確定したために新たに相続税の申告義務が生じた特別寄与者は、その確定したことを知った日の翌日から10か月以内に相続税の申告書を提出し、相続税を納付しなければなりません（相法29①、33）。

また、申告期限までに特別寄与料以外の財産を遺贈により取得し、申告を済ませている場合も同様に、特別寄与料の額が確定したことを知った日の翌日から10か月以内に修正申告書を提出し、相続税を納付しなければなりません（相法31②）。

（髙木　駿）

▶▶ QV-2-2　特別寄与料の額が確定した場合における相続人の課税上の取扱い

 相続人が支払うべき特別寄与料の額が確定した場合における相続人の課税上の取扱いはどのようになりますか。

 特別寄与料の額が確定した場合には、相続人が支払うべき特別寄与料の額は、その相続人に係る相続税の課税価格から控除します。

(1)　特別寄与料を支払う相続人の相続税の計算

　特別寄与者が支払いを受けるべき特別寄与料の額がその特別寄与者に係る相続税の課税価格に算入される場合には、その特別寄与料を支払うべき相続人が相続又は遺贈により取得した財産については、その相続人に係る相続税の課税価格に算入すべき価額は、その財産の価額からその特別寄与料の額のうちその者の負担に属する部分の金額※を控除した金額になります（相法13④）。

　これは特別寄与料を支払った相続人については、その支払いは被相続人の死亡に基因するものであり、遺産の中から支払うにせよ固有財産から支払うにせよ、その支払った金額分は担税力が減殺されることから、課税財産から減額することが適当と考えられたことによるものです。また、課税財産から減額することにより、相続人及び特別寄与者全員の課税対象となる財産の合計が遺産総額に一致することになります。

※　負担割合…相続人が複数ある場合には、各相続人は、特別寄与料の額に法定相続分又は指定相続分の割合を乗じた額を負担します（民法1050⑤）。

(2)　相続税の更正の請求

　相続税の申告及び納付後に相続人が支払うべき特別寄与料の額が確定した場合には、相続人はその特別寄与料の額が確定したことを知った日の翌日から4か月以内に更正の請求をすることができます（相法32①七）。

（髙木　駿）

Q 相続人間の遺産分割において、被相続人甲の長男（以下、「乙」）の妻（以下、「丙」）の貢献が乙の寄与分として考慮された場合、相続税はどのように計算しますか。丙には何らかの申告義務がありますか。

A 遺産分割において、丙の貢献は相続人である乙の寄与分の中で考慮されることがあります。この場合、相続税の総額には影響しませんが、乙の相続分が増加することになるため、乙の相続税額は増加します。なお、丙がその寄与分の額に相当する財産を取得するわけではないため、丙に申告義務が生じることはありません。

✓ **解 説**

(1) 寄与分がある場合の相続税の計算

　寄与分は相続財産の一部であり、かつ、それを取得するのは相続人であるため、寄与の有無によって相続税の総額に影響を与えることはありません。ただし、各相続人の納付すべき相続税額は、相続税の総額を実際の相続分に応じて負担することになるため、乙については寄与分に対応する分の相続税額が増加することになります。

(2)　相続税の申告義務者

　丙については、寄与分の額に相当する財産を取得するわけではなく、あくまでも乙との夫婦一体での寄与分が乙の相続分に加算されることになるため、申告義務を有するのは相続人である長女、二女及び長男（乙）の３人のみであり、丙に申告義務が生じることはありません。

> **＜参考＞寄与分がある場合の具体的相続分の計算**
> 　寄与分がある場合の具体的相続分の計算方法は、次のとおりです。
> 第１ステップ：相続財産の総額から寄与分相当額を控除する…
> 　　　　　　　（A）
> 第２ステップ：（A）を法定相続分で分割する…（B）
> 第３ステップ：寄与分がある相続人については、（B）に寄与分
> 　　　　　　　を加算する

　本事例において、仮に相続人が長女、二女及び長男（乙）の３人、法定相続分で分割、相続財産の総額が9,000万円、寄与分相当額が300万円とした場合、各相続人の具体的相続分は図表－3のように計算します。

◆図表－3◆　本事例における具体的相続分の計算例　（単位：万円）

相続人	具体的相続分
長女（寄与なし）	（9,000 － 300）× 1／3 ＝ 2,900
二女（寄与なし）	（9,000 － 300）× 1／3 ＝ 2,900
長男（寄与あり）	（9,000 － 300）× 1／3 ＋ 300 ＝ 3,200

（髙木　駿）

3 信託法務の視点

▶▶ QV-3-1 信託による内縁の妻の生活保障と
　　　　　　承継対策

Q 　信託により、内縁の妻の生活を保障しつつ、子に不動産を承継させることはできますか。

A 　居住用不動産を対象とする信託を設定し、内縁の妻へは居住利用についての受益権を、子に不動産自体の引渡しを受ける受益権をそれぞれ与えるなどの方法が考えられます。

✓ 解　説

(1) 不動産を信託財産とする場合の受益債権の内容

　元本と収益という視点でみると、信託の対象となった不動産については、次のような利益を受けられる受益債権が考えられます（図表−4）。

◆図表－4◆　不動産の元本及び収益とそれらの帰属先

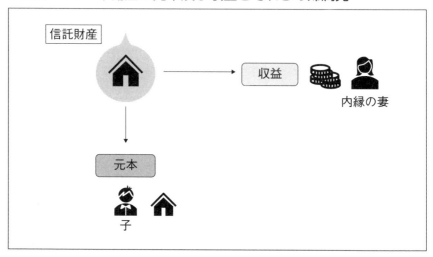

①　元本に関する受益債権

　元本は不動産自体です。これに関する受益債権は、その不動産の権利（所有権）の移転と引渡しを受託者に対し請求する権利となります。

②　収益に関する受益債権

　収益は、信託財産の管理及び運用によって生じる利益です。これに関する受益債権は、まず、不動産を賃貸した場合に得られる賃料相当額の金銭の支払いを請求することができる権利となります。また、不動産の使用（居住）させることを求める権利は、本来であれば賃料相当額の負担をすべきところを免れている点に経済的な利益があるといえます。

(2)　内縁の妻が取得する受益権

　始期は信託開始時、終期は内縁の妻の死亡時、受益債権の内容

は、受託者に対して信託財産に属する不動産に居住させるように請求することです。これに加えて、信託法「の規定に基づいて受託者その他の者に対し一定の行為を請求することができる権利」（信法2⑦。以下、「共益権」と呼びます）も行使することができます。もっとも、権利行使にあたっては、後述のように、原則、内縁の妻と子との意見の一致が求められます。

(3)　子が取得する受益権

　始期と終期は、上記(2)の内縁の妻が取得する受益権のそれらと同じです。この信託は、受益者連続信託（信法91参照）ではありません。信託設定時から、内縁の妻と子がそれぞれ内容の異なる受益権を取得する信託です。受益債権の内容は、信託終了時以降に信託財産に属する不動産の所有権の移転と引渡しを請求することです。受益権の発生に条件が付されるのではなく、受益権の発生を前提としつつ、受益債権に基づく給付に停止条件が付されることになります。そのため、受益者である子は、信託期間中、受託者に対し不動産の所有権の移転と引渡しを求めることはできませんが、共益権を行使して、受託者の任務懈怠による損失填補責任等の追及をしたり（信法40①）、受託者の解任（信法58①）において、受益者としてその意思決定に参加したりすることができます（信法105①本文）。

（金森　健一）

Q　　信託により、不動産の共有を回避しつつ、徐々に財産を集約していくことはできますか。

A　　共有持分を有する者全員を委託者兼受益者とする信託を設定します。不動産の管理や運用の方法について誰が判断するかに関するルール作りも必要になります。また、受益権を集約する際にも注意を要します。

✓　解　説

(1)　受託者への権利集中による共有状態の解消

　信託をすることで受託者が対象財産の権利者になりますので、持分を有する者がそれぞれ委託者になり同一の受託者との間で信託を設定することで、共有を単独所有へ転換することができます。

(2)　信託財産の管理・運用方法の決定手法

①　受託者による管理と判断者のアレンジメント

　信託において財産の権利者は受託者です。しかし、通常の所有者と異なり、信託目的等の信託契約の定めにより受託者の権限に制約を加えることができますので、元々の共有者の意見を取り入れて受託者に財産の管理や運用をさせることもできます（図表−5）。

◆図表−5◆ 信託財産の管理と判断

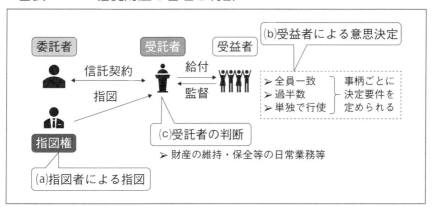

(ｲ)　指図者による指図

　信託財産の管理及び処分について指図する者（指図者）を定め、信託契約において受託者はその指図に従うように定めます。いわば、手を動かす者（受託者）と判断する者（指図者）といった役割分担による負担軽減や相互牽制を期待することができます。

(ﾛ)　受益者による意思決定

　各委託者は自分が有していた共有持分を対象として信託を設定し、それに見合う受益権を取得します（自益信託）。そのため、共有者を委託者とする信託では、受益者は複数となります。信託法は、受益者が複数の場合には、全員一致を原則としています（信法105①本文）。信託の変更等、受益者が信託に関する意思決定に関与する場合には、受益者全員の一致がないかぎり、変更等ができないことになります。そのような場合に備えて、別段の定め（信法105①ただし書）として、例えば、受益権の価格の過半数によるなどとすることが考えられます。ただし、受益者が単独で行使することができる権利（信法92各号）や、受託者の損失填補責任の免除

のように、別段の定めが許されず、受益者全員の一致が求められるものがありますので（信法105④）、信託法のルールの確認が必要です。

⑻　受託者の判断

　信託財産の維持や保全のための修繕など日常的な管理については受託者自身の判断に委ねることで、煩雑な意思決定の手間を省くこともできます。

②　信託契約の定めと協議の重要性

　受託者1人に任せておくか、指図者や受益者の意見に従って行わせるかのどちらにするかは、信託契約の定め次第ですので、これを定めるにあたっては、関係者でよく協議する必要があります。

(3)　分散した受益権の集約化

　親族間で共有している不動産に信託を設定した場合に発生する受益権は、各委託者が取得することになりますが、その委託者の相続においては、原則、受益権自体が相続財産となります。このように、不動産所有権の共有が解消されても受益者としての権限が各人に残りますので、徐々に受益者の数を減らしたいというニーズがあるときもあります。このときに気を付けたいのは、①当初の受益者が死亡した場合にその受益権を消滅させ、特定の者にのみ新しい受益権が発生する信託や、②特定の者の意思表示により他の者の受益権が当然に発生又は消滅するとされている信託です。いずれも、その保有者の意思と無関係に受益権を強制的に失わせるものです。受益権の割合において、数字上は、遺留分と同じ割合とされていても、このような制限により実質的には、その数字どおりの価値が認められず、その評価をめぐって争いになる危険性もあります。受益権の集約をする際には、その都度受益者と個別に譲渡契約を結ぶ

か、受益者が受益権の時価に見合う経済的な利益が得られる方法により行うなど、受益者に不利益を生じさせないようにすることが肝要です。

（金森　健一）

4 信託税務の視点

▶▶ QV-4-1　複層化信託の受益権の税務上の評価

 Q　信託契約により、内縁の妻に対しては不動産の利用や収益を受けることができる収益受益権を、長女に対しては信託終了時の不動産を取得することができる元本受益権をそれぞれ与えた場合、相続税法上、それぞれの受益権はどのように評価されますか。

A　まず、収益受益権を、課税時期の現況において推算した将来受けるべきと見込まれる利益の価額をもとに評価㈣します。そして、信託財産の価額㈠から、その収益受益権の価額㈣を控除した価額が、元本受益権の評価額となります。

(1)　複層化信託における受益権の評価

　元本と収益との受益者が異なる信託のことを「複層化信託」といいます。受益権の評価は、次のとおりです（財基通 202 (3)）。

①　収益受益者が取得する収益受益権……㋺

　信託の効力発生時や受益者変更時等の課税時期の現況において、収益受益者が将来受けるべき利益の価額を推算します。そして、その推算した利益の価額ごとに課税時期からそれぞれの受益の時期までの期間に応ずる基準年利率による複利現価率を乗じて計算した金額の合計額が収益受益権の評価額となります。

　複層化信託の信託財産が不動産である場合の収益受益権とは、信託期間中における信託財産である不動産の運用により得られる利益分配を受け取ることを受託者に請求することができる権利です。その推算した運用利益の価額ごとに課税時期からそれぞれの受益の時期までの期間に応ずる基準年利率による複利現価率を乗じて計算した金額の合計額が収益受益権の評価額となります。

　信託期間中の将来収益の見積りに大幅な修正がないと仮定した場合、収益受益権の評価額は信託期間の経過に応じて逓減していくことになります。

　なお、収益受益者が将来得られるべき運用利益の価額を合理的に推算することができる明確な根拠がない場合には、受益権の評価は難しくなります。

②　元本受益者が取得する元本受益権

　課税時期における信託財産の価額（相続税評価額）㋑から上記①により評価した収益受益権の価額㋺を控除したものが、元本受益権

の評価額となります。そのため、元本受益権の評価額と収益受益権の評価額(ロ)の合計額は、信託財産の価額(イ)と一致することになります。

　複層化信託の信託財産が不動産である場合の元本受益権とは、信託期間終了後の信託財産である不動産自体の権利（所有権）の引渡しを受託者に対し請求することができる権利です。

　信託期間中の信託財産の価額(イ)が一定であり、将来収益の見積りに大幅な修正がないと仮定した場合、元本受益権の評価額は信託期間の経過に応じて逓増していくことになります。

(2)　受益権が複層化された「受益者連続型信託」の受益権の評価

　次のような受益者が連続する信託のことを「受益者連続型信託」といいます（相法9の3①、相令1の8）。

---

① 　受益者の死亡等により、その受益者の有する受益権が消滅し、他の者が新たな受益権を取得する旨の定めのある信託
② 　受益者の死亡等により、その受益者の有する受益権が他の者に移転する旨の定めのある信託
③ 　受益者を指定する権利、又は受益者を変更する権利を有する者の定めのある信託

　複層化信託であっても、その信託が受益者連続型信託で、かつ、個人が受益者である場合には、その信託の受益権については、上記(1)の方法とは異なり、次のとおり評価します（相基通9の3-1(2)(3)）。

- 収益受益権……信託財産の価額
- 元本受益権……0

（髙木　駿）

▸▸ QV-4-2　受益者変更時の税務上の取扱い

Q 　受益者の変更があった場合の課税関係について教えてください。なお、受益者は変更前も変更後も個人であるものとします。

A 　受益者に変更があった場合には、信託財産の実質的な所有者が変更前の受益者から変更後の受益者に変わることから、税務上は、適正な対価の授受があれば、変更前の受益者から変更後の受益者に対して信託財産の譲渡があったものとみなされます。また、適正な対価の授受がなければ変更前の受益者から変更後の受益者に対して信託財産の贈与（受益者の死亡に伴い受益者の変更があった場合には遺贈）があったものとみなされます。

✓ 解　説

（1）　受益者の変更があった場合の課税関係

　税務上は、受益者が信託財産の所有者であるとみなされます。し

たがって、受益者に変更があった場合には、信託財産の実質的な所有者が、変更前の受益者から変更後の受益者に変わることから、次のような課税関係が生じます。

① 適正な対価の授受がない場合

適正な対価の授受がない場合は、変更前の受益者から変更後の受益者へ、信託財産[※]の贈与（変更前の受益者の死亡に伴い受益者の変更があった場合には遺贈）があったとみなされ、変更後の受益者に贈与税（遺贈の場合は相続税）が課税されます（相法7、9の2②・⑥）。

なお、個人間の低額譲渡により生じた譲渡損失は、なかったものとみなされます（所法59②）。

※ 低額譲渡の場合は、信託財産の時価から対価を控除した価額です。

② 適正な対価の授受がある場合

適正な対価の授受がある場合は、変更前の受益者から変更後の受益者へ信託財産の譲渡があったものとみなして、変更前の受益者の譲渡所得を計算します（所法13①、33）。

（髙木　駿）

特別寄与料の制度について考えられる税務面の負
担とその対応策にはどのようなものが考えられます
か。

　　　　相続税の総額の増加、特別寄与者の相続税申告及
び納付、相続人の更正の請求等の負担が挙げられま
す。したがって、当事者間で合意が得られるときは、
実務上、民法の特別寄与料の制度によらず、贈与等
によりその特別寄与料の額相当の金銭等を特別寄与
者に移転させること等も検討するとよいと考えます。

✓　解　説

(1)　特別寄与料の制度について考えられる負担

①　税務面の負担

　特別寄与者は、基本的に相続税額の2割加算の対象者でもあるた
め、特別寄与料の制度によった場合には、相続税の総額は増加しま
す。

　また、相続人が期限内申告書を提出した後に特別寄与料の額が確
定したような場合には、あらためて相続税の申告書等を作成しなけ
ればならないという実務上の煩雑さがあります（特別寄与者につい
ては期限内申告・納付、相続人については更正の請求）。

② その他の負担

上記①のほか、特別寄与者と相続人との協議が調わなければ家庭裁判所に対して協議に代わる処分を請求することができるものの、これらの協議や請求は特別寄与者にとっても、相続人にとっても負担となります。

(2) 相続開始前の対応策

被相続人の生前に、被相続人が特別寄与者に対して財産を渡したいと考えているのであれば、上記(1)のような負担を軽減するため、生前から次のような対策をしておくことを検討します。

---

① 特別寄与者へ生前贈与する

② 特別寄与者と養子縁組をする

③ 特別寄与者へ遺贈する（遺言により財産を渡す）

④ 特別寄与者を保険金の受取人に指定する

---

①の場合には、特別寄与者が被相続人から遺贈を受けなければ、贈与後3年以内に被相続人が死亡したとしても、特別寄与者に相続税の申告義務はありません。また、被相続人の意思による贈与であることから、相続人の理解も得られやすいと考えます。

②のように養子縁組をしただけで遺言がない場合や、③の特別寄与者に対する遺贈のケースのうち、包括遺贈があった場合には、特別寄与者も遺産分割協議に参加することとなる点には留意が必要です。

どういった対策をするかについてはケースバイケースであり、相続人と特別寄与者との関係性を考慮したうえで判断をすることが必要です。

(3) 相続開始後の対応策

　相続開始後に特別寄与料が議論になった場合において、相続人と特別寄与者の間で金額等の合意が得られるときは、特別寄与者の相続税申告及び納付、相続税額の2割加算、特別寄与料が確定したことによる相続人の更正の請求等の負担を考慮すると、民法の特別寄与料の制度によるのではなく、相続人から特別寄与者に対して特別寄与料相当額の金銭等の贈与をする（一定額以上の場合には、贈与税の申告及び納付義務は生じます）ことも実務上の対応策の一つと考えられます。

（髙木　駿）

(1)　相続分がない者に対する資産承継の方法についての把握と、遺言等による事前の承継対策の重要性

　相続分がない者に対して資産を承継する方法は、生前贈与のほか、遺贈と信託があります。

　相続人でない親族については、特別寄与料の請求の制度が設けられましたが、請求することができるのは、各相続人に対し各相続分までです。相続人全員を相手方としないと全額を受け取ることはできません。相続人が高齢者である場合も多いと思いますが、請求の相手方となるべき相続人が認知症等により判断能力が十分でないために、特別代理人等を選任しなくてはならない場合もありえます。そのような場合、特別寄与料を受け取ることは寄与者にとってはより重い負担となります。そのため、被相続人による生前の承継対策が重要となります。

(2)　各承継方法によった場合の課税の種類と概算額の把握の重要性

　特定の財産を特定の人に承継させるために採り得る方法が複数存在する場合において、そのメリットやデメリットを比較するにあたっては、権利の承継の確実性や法的な負担の大きさのほかに、どのような種類の課税がいつどの程度課されるかという点も実際の利用者にとっては、方法の選択をするのに重要な要素になります。資産税を専門とする税理士との連携を密にして、課税関係や概算額を把握したうえで、利用者に最適な承継方法を提案するのがよいで

しょう。

(3)　信託による取りまとめ機能の活用

　共同相続により生じた共有関係は、その後の財産管理や財産承継を困難にします。たとえば、所有者不明土地の問題や空き家の問題も、その原因の一つは、共有者が増えすぎてしまい適切な管理や処分できなくなってしまっていることにあるようです。

　一方、信託は、複数の共有者から単独の受託者に対して各持分を移転することによって、さらなる権利者の増加を防ぐことができます（いわゆる信託における権利者の数の転換機能）。もっとも、この場合、受益権の取扱いには慎重な検討を要します。なぜならば、各委託者にそれぞれが拠出したのと同じ割合の受益権を与えた後（自益信託）、各委託者が死亡した後の受益権を特定の者に集中させる内容の信託ですと、その受益権を与えられなかった他の相続人の遺留分を侵害するなどしてトラブルの原因となることがあるためです。受益権自体が一つの財産権であることを意識して、信託契約において受益権の内容やその取得者を定める必要があります。

（金森　健一）

編著者略歴

【編　者】
税理士法人タクトコンサルティング

e-mail：info@tactnet.com
URL：https://www.tactnet.com
TEL：03-5208-5400
FAX：03-5208-5490

税理士・公認会計士の専門家集団として、併設する株式会社タクトコンサルティングと連携して、相続対策と相続税申告、国際資産税、事業承継対策、資本政策、組織再編成、M＆A、信託、社団・財団、医療法人等の特殊業務に係る現状分析、問題点抽出、解決手段の立案・実行という一貫したサービスを提供している資産税専門のコンサルティングファーム。株式会社タクトコンサルティングではほがらか信託株式会社の信託媒介（信託契約代理業務）も取扱う。

その特性を生かし、全国の会計事務所と提携し、当該会計事務所の顧問先に対する資産税サービスを提供している。

【執筆者】（50音順）
青木　喬　税理士
（第3部Ⅱ-2、Ⅱ-4）
2006年　法政大学経営学部　卒業、都内会計事務所、辻本郷税理士法人勤務
　　　　を経て、
2015年　税理士試験合格
2016年　タクトコンサルティング　入社

猪狩　祐介　税理士

（第 3 部Ⅳ - 2、Ⅳ - 4）

2004 年　中央大学経済学部　卒業
2008 年　都内会計事務所勤務を経て、
2014 年　税理士試験合格
2017 年　タクトコンサルティング　入社

農家、中小企業オーナーの事業承継対策、相続税申告・譲渡所得申告等実務を中心とした業務に従事する。

鏡　理恵子　税理士

（第 3 部Ⅰ - 2、Ⅰ - 4）

2000 年　明治大学商学部　卒業、会計事務所、税理士法人プライスウォー
　　　　　ターハウスクーパース（現 PwC 税理士法人）勤務を経て、
2006 年　税理士試験合格
2008 年　生命保険会社経理部、相続専門税理士法人勤務を経て、
2017 年　タクトコンサルティング　入社

髙木　駿　公認会計士・税理士

（第 3 部Ⅴ - 2、Ⅴ - 4）

2011 年　公認会計士試験合格
2013 年　慶應義塾大学法学部政治学科　卒業
同年　　有限責任監査法人トーマツ　入社
2016 年　公認会計士登録
2018 年　タクトコンサルティング　入社
2019 年　税理士登録

廣瀬　理佐　税理士

（第2部Ⅱ）

1996年　早稲田大学教育学部　卒業、証券会社勤務を経て、

2002年　矢ノ目忠税理士事務所　入所

2003年　税理士試験合格

2006年　早稲田大学大学院ファイナンス研究科　修了

2007年　タクトコンサルティング　入社

主な著書に、『“守りから攻め”の相続対策Q&A』（ぎょうせい・共著）、『事業承継実務全書』（日本法令・共著）

宮田　房枝　税理士

（第2部Ⅰ）

2001年　税理士試験合格

2002年　上智大学経済学部　卒業、大原簿記学校税理士講座講師、新日本アーンスト アンド ヤング税理士法人（現 EY税理士法人）他会計事務所勤務を経て、

2011年　タクトコンサルティング　入社

信託法学会会員、主な著書に『相続税ハンドブック（令和元年度版）』（中央経済社）、『図解　相続対策で信託を使いこなす』（中央経済社）、『そこが知りたかった！民事信託Q&A100』（中央経済社）　等

吉濱　康倫　税理士

（第3部Ⅲ-2、Ⅲ-4）

2009年　早稲田大学法学部　卒業

2013年　都内会計事務所勤務を経て、

2014年　税理士試験合格

2017年　タクトコンサルティング　入社

主な著書に、『“守りから攻め”の事業承継対策Q&A』（ぎょうせい・共著）

【編　者】
ほがらか信託株式会社

e-mail：info2@hogaraka-trust.co.jp

URL：http://hogaraka-trust.co.jp/

TEL：03-3511-5695

FAX：03-3511-5696

弁護士法人中村綜合法律事務所（東京・麹町）を母体とする管理型信託会社（関東財務局長（信3）第8号）。

高齢者のための財産管理及び地域金融機関との連携による地方創生をミッションに、弁護士等の専門家と多数の信託業務経験者を擁する。

主な取扱いサービスとして、信託の引受け（商事信託）、民事信託コンサルティング、民事信託事務支援、遺言信託、遺産整理等があるほか、商事信託と民事信託を切り替え／併用したストラクチャーの構築と実行を得意とする。

弁護士法人中村綜合法律事務所

URL：http://www.n-law.or.jp/

TEL：03-3511-5611

FAX：03-3511-5612

予防法務を重視する、東京・麹町に事務所を構える総合法律事務所。注力している分野は、会社法、労働法、民泊事業等。

【執筆者】（50音順）

岡本　泰志　弁護士

（第3部Ⅱ-1）

1993年　名古屋大学法学部　卒業

同年　富士通株式会社　他民間企業勤務を経て、

2006年　中央大学法科大学院　修了

2006年　司法試験合格

2007年　司法研修所　修了、弁護士登録

2010年　弁護士法人中村綜合法律事務所　入所

2019年　同所　パートナー（現任）

金澤　耕作　弁護士

（第3部Ⅳ-1）

1975年　神奈川県生まれ

1998年　九州大学法学部　卒業

2007年　弁護士登録　都内法律事務所を経て、

2011年　弁護士法人中村綜合法律事務所　入所

2019年　同所　パートナー（現任）

金森　健一　弁護士

（第1部Ⅱ、第3部Ⅰ-1、Ⅰ-3、Ⅱ-3、Ⅲ-3、Ⅳ-3. Ⅴ-1、Ⅴ-3）

2010年　弁護士登録（東京弁護士会）

2012年　ほがらか信託株式会社　入社

2019年　同社副社長執行役員（現職）

信託法学会会員。主な取扱分野は、民事信託及び商事信託で、ストラクチャー構築、当局対応や金融機関へのアドバイス、信託会社設立支援等を行う。主な著書に『賃貸アパート・マンションの民事信託実務』（日本法令・共著）、『弁護士専門研修講座　民事信託の基礎と実務』（ぎょうせい・共著）　等

玉置　大悟　弁護士

（第1部Ⅰ）

1985 年　鹿児島県生まれ

2004 年　福岡県立小倉高等学校　卒業

2008 年　九州大学法学部　卒業

2010 年　大阪大学大学院高等司法研究科（法科大学院）　修了

2013 年　弁護士登録（東京弁護士会）

都内法律事務所を経て、

2015 年　弁護士法人中村綜合法律事務所　入所

主な著書に『民事弁護ガイドブック　第2版』（ぎょうせい・共著）

主な講演に、日本クレジット協会消費者相談室主催講義「加盟店破産と支払停止の抗弁について」など

福士　貴紀　弁護士・ファイナンシャル プランナー（ＡＦＰ）・公認会計士協会準会員

（第3部Ⅲ－1）

1987 年　東京都生まれ

2011 年　東京大学教育学部　卒業

2013 年　東北大学法学研究科法科大学院　修了

2015 年　弁護士登録、ヤフー株式会社を経て、弁護士法人中村綜合法律事務所入所

2017 年　AFP 登録

2020 年　公認会計士協会準会員登録

主な著書に「弁護士が弁護士のために説く債権法改正　事例編」（第一法規・共著）等

412

索　引

さ

新相続法と信託で解決する
相続法務・税務 Q&A　　　　　　　　　令和 2 年 2 月 10 日　初版発行

検印省略

日本法令 ®

〒 101 - 0032
東京都千代田区岩本町 1 丁目 2 番 19 号
https://www.horei.co.jp/

編　者　税 理 士 法 人
　　　　タクトコンサルティング
　　　　ほがらか信託株式会社
発行者　青　木　健　次
編集者　岩　倉　春　光
印刷所　日 本 ハ イ コ ム
製本所　国　宝　社

（営　業）　TEL　03 - 6858 - 6967　　E メール　syuppan@horei.co.jp
（通　販）　TEL　03 - 6858 - 6966　　E メール　book.order@horei.co.jp
（編　集）　FAX　03 - 6858 - 6957　　E メール　tankoubon@horei.co.jp

（バーチャルショップ）　https://www.horei.co.jp/iec/
（お 詫 び と 訂 正）　https://www.horei.co.jp/book/owabi.shtml

※万一、本書の内容に誤記等が判明した場合には、上記「お詫びと訂正」に最新情報を掲載
　しております。ホームページに掲載されていない内容につきましては、FAX または E メー
　ルで編集までお問合せください。

税界の情報をいちはやく、漏れなくお届け！

日本法令® 税理士情報サイト

(www.horei.co.jp/zjs)

世に溢れる多くの情報の中から、税理士及び業界人が知っておきたい情報のみ、厳選して毎日お届けします！

●官庁情報──国税庁をはじめとした官庁から公表される通達、Ｑ＆Ａ、パンフレット等の情報

●官報情報──官報に掲載される法律、施行令、施行規則、告示等

●注目判決・裁決例──最新の税務関係判決・裁決事例

●税の事件簿──脱税・申告漏れ事案をはじめとした税界関連ニュース

●税務関連商品──弊社発刊の税務関連書籍のほか、関連商品の紹介

税理士情報サイト 検索

メールマガジン「税界ダイジェスト」もご利用ください。

配信をご希望の方は
sjs-z@horei.co.jp
までご連絡下さい

■税理士情報サイトに関するお問い合せは、**日本法令** 会員係
[電話：03-6858-6965] まで
E-mail sjs-z@horei.co.jp